Geografie 5/6

Ausgabe Berlin

Autorinnen und Autoren:
Dr. Thomas Breitbach, Dr. Margret Buder, Christian Ernst,
Elisabeth Matheis, Edgar Reinert, Dr. Dieter Richter, Dr. Gudrun Weinert

Redaktion: Dr. Frank Erzner
Kartenherstellung: Peter Kast, Ingenieurbüro für Kartografie, Schwerin
Layout und technische Umsetzung: sign, Berlin

www.cornelsen.de
www.vwv.de

Die Links zu externen Webseiten Dritter, die in diesem Lehrwerk angegeben sind,
wurden vor Drucklegung sorgfältig auf ihre Aktualität geprüft. Der Verlag übernimmt
keine Gewähr für die Aktualität und den Inhalt dieser Seiten oder solcher,
die mit ihnen verlinkt sind.

1. Auflage, 3. Druck 2010

Alle Drucke dieser Auflage sind inhaltlich unverändert
und können im Unterricht nebeneinander verwendet werden.

© 2004 Cornelsen Verlag, Berlin

Das Werk und seine Teile sind urheberrechtlich geschützt.
Jede Nutzung in anderen als den gesetzlich zugelassenen Fällen bedarf
der vorherigen schriftlichen Einwilligung des Verlages.
Hinweis zu den §§ 46, 52a UrhG: Weder das Werk noch seine Teile dürfen ohne eine
solche Einwilligung eingescannt und in ein Netzwerk eingestellt oder
sonst öffentlich zugänglich gemacht werden.
Dies gilt auch für Intranets von Schulen und sonstigen Bildungseinrichtungen.

Druck: CS-Druck CornelsenStürtz, Berlin

ISBN 978-3-464-64602-1

 Inhalt gedruckt auf säurefreiem Papier aus nachhaltiger Forstwirtschaft.

Wir orientieren uns – der Planet Erde 7
Orientierung auf der Erde 8
Unsere Erde im Sonnensystem 8
Polartag und Polarnacht 10
Sieben Kontinente und
drei Ozeane 12
Orientierung auf der Erde 14
Entdeckungen 16
Zusammenfassung 18

Wir erkunden Deutschland . . 19
Deutschland im Überblick 20
Deutschland in Europa 20
Die politische Gliederung
Deutschlands 22
Die naturräumliche Gliederung
Deutschlands 24
Bundeshauptstadt Berlin 26
Stadt-Umland-Beziehungen 28

Die Küsten – zwischen
Wattenmeer und Kreidekliff 30
An den deutschen Küsten 30
Küstenformen an der Ostsee 32
Naturschutz für Küste
und Meer 34

Das Norddeutsche Tiefland –
von der Landwirtschaft geprägt 36
Landwirtschaftliche Nutzung 36
Zucker aus dem östlichen
Harzvorland 38
Fleisch auf unseren Tisch 40
Brodowin – ein Ökodorf in
Brandenburg 42

Ruhrgebiet und Niederlausitz –
Regionen im Wandel 44
Die Niederrhein-Ruhr-Ballung 44
Das Ruhrgebiet verändert sich . . . 46
Aus Wald entstand Kohle 48
Braunkohle aus der Lausitz 50
Von der Kohlegrube zur
Seenlandschaft 52

Das deutsche Mittelgebirgsland –
Entstehung und Veränderung 54
Das Mittelgebirgsland –
entstanden in Jahrmillionen 54
Das Mittelrheintal – ein
Durchbruchstal 56
Das Oberrheinische Tiefland –
ein Grabenbruch 58
Der Verdichtungsraum Mittlerer
Neckar 60

Die Alpen – ein Magnet für
Touristen 62
Der Alpenraum und seine
Nutzung 62
Sommerurlaub im Hochgebirge . . 64
Urlaub in Schnee und Eis 66
Fremdenverkehr verändert die
Alpengemeinden 68
Zusammenfassung 70

Wir lernen den Kontinent
Europa kennen 71
Europäische Union – die Grenzen
öffnen sich 72
Der Kontinent Europa 72
Spielend durch Europa 74
Europäische Einigung 76
Europa wächst zusammen 78

Europa – vom Atlantik zum Ural 80
Das Klima in Europa 80
Die Vegetation in Europa 82

Der Norden Europas –
vom Inlandeis geformt 84
Eis prägt den Norden Europas . . 84
Schären, Fjord und Fjell 86

Im Westen Europas –
dicht besiedelte Räume 88
Industrielle Entwicklung und
Bevölkerungsverteilung 88
Hauptstädte in Westeuropa 90
Paris 92

Die Mitte Europas – eine verkehrsgeografische Herausforderung 94
   Transitländer im Herzen Europas 94
   Mit der Eisenbahn durch Europa 96
   Verkehrswege in den Alpen 98

Der Osten Europas – Ressourcennutzung und Nachhaltigkeit 100
   Die Wolga – eine Lebensader Russlands 100
   Bodenschätze und Nachhaltigkeit 102
   Die Ukraine – reich an Bodenschätzen 104
   In der „Kornkammer" Osteuropas 106

Der Süden Europas – unruhige Natur 108
   Veränderung des Naturraums durch den Menschen – Karst ... 108
   Erdbeben in Südeuropa 110
   Vulkane in Südeuropa 112

Die Meere – mehr als Wasser 114
   Bedeutende europäische Meere 114
   Fischereiwirtschaft in Norwegen . 116
   Erdölwirtschaft vom Meeresgrund 118
   Bedrohtes Mittelmeer 120
   Zusammenfassung 122

Erleben – Erkunden – Erforschen: Geografie praktisch 123
   Deutsche und europäische Landschaften – wir legen eine Sammlung an 124
   Der Natur auf der Spur – Naturschutzgebiete in meiner Nähe .. 126
   Wir erkunden einen landwirtschaftlichen Betrieb – eine Recherche 128
   Wir erkunden einen Industriebetrieb – eine Recherche 130
   Das Verkehrsnetz in unserem Heimatraum – eine Kartierung .. 132
   Eine Reise – wir gestalten ein Poster................ 134
   Lesen und Auswerten eines Sachtextes 136
   Arbeit mit Diagrammen und Statistiken 138
   Klimadiagramme auswerten und zeichnen 140
   Karten und Maßstab 142
   Lesen und Auswerten von Karten 144
   Auswerten von Fotos 146
   Eine Befragung durchführen, recherchieren.............. 148
   Informationen aus dem Internet beschaffen 150
   Referat und Präsentation 152

Lexikon 154

Register 159

Bildquellenverzeichnis 160

Wir orientieren uns – der Planet Erde

Dieses Kapitel gibt dir einen Überblick unserer Erde, ihrer Einordnung ins Sonnensystem, ihrer Gestalt und ihrer Bewegungen. Du lernst, nach welchen Merkmalen die Erde sich gliedern lässt und wie man sich auf ihr orientieren kann. Damit hast du auch die erste Begegnung mit einem neuen Unterrichtsfach, der Geografie.

Orientierung auf der Erde

1961 sah der russische Kosmonaut Gagarin als erster Mensch die Erde aus dem Weltraum. „Zum ersten Mal in meinem Leben sah ich den Horizont als eine gebogene Linie", berichtete 1983 der deutsche Astronaut Ulf Merbold. Der Amerikaner Irwin, der 1969 zu der Mannschaft gehörte, die als erste zum Mond flog, schilderte seine Eindrücke so: „Die Erde erinnerte uns an eine im schwarzen Weltraum aufgehängte blaue Christbaumkugel. Im Laufe unseres Fluges schrumpfte sie auf die Größe einer Murmel. Es war die schönste Murmel, die ich je gesehen hatte." Wo befindet sich die Erde in unserem Sonnensystem?

Unsere Erde im Sonnensystem

Sonne, Mond und Sterne

Die Erde ist einer von neun Planeten, die sich um die Sonne bewegen und von ihr angestrahlt werden. Als einziger Planet hat die Erde eine Lufthülle. Sie ist eine der Voraussetzungen dafür, dass hier Pflanzen, Tiere und Menschen leben können. Weitere wichtige Voraussetzungen für das Leben auf der Erde sind das Vorkommen von Wasser und eine Ozonschicht in der Lufthülle, die vor tödlichen Strahlen im Sonnenlicht schützt.

Wie die Erde haben auch andere Planeten Monde als Begleiter. Der Erdmond bewegt sich einmal in vier Wochen um die Erde.

Unsere Sonne ist nur eine von vielen, die scheinbar im Weltraum fest stehen und selbst Licht aussenden. Am klaren Nachthimmel sind von der Erde aus etwa 5000 solcher Sonnen mit bloßem Auge zu erkennen.

Die Entfernungen im Weltraum sind unvorstellbar groß. Für die Strecke von der Erde zum Mond müsste ein modernes Düsenflugzeug, das 1000 Kilometer in der Stunde zurücklegt, 16 Tage lang ununterbrochen fliegen, zum nächsten Fixstern

M1 „Die Erde geht auf" – Blick vom Mond auf die Erde

M2 Die Planeten unseres Sonnensystems

fünf Millionen Jahre. Für die riesige Größe des Weltraums sind dies jedoch alles sehr geringe Entfernungen.

Die doppelte Bewegung der Erde

„Im Osten geht die Sonne auf, im Süden ist ihr Mittagslauf, im Westen will sie untergehen, im Norden ist sie nie zu sehen." Früher schlossen die Menschen daraus, dass sich die Sonne um die Erde bewegt. Vor 500 Jahren aber verblüffte der Astronom Nikolaus Kopernikus mit der Erkenntnis: „Die Sonne hat ihren festen Platz im Weltraum. Die Erde dreht sich in 24 Stunden einmal um ihre eigene Achse." „Das ist doch verrückt, da müsste uns doch ständig schwindelig werden", entgegneten viele Menschen damals. Heute wissen wir: Man bemerkt diese Drehung deshalb nicht, weil sich unsere gesamte Umgebung mitdreht.

Die Sonnenstrahlen treffen immer aus einer Richtung auf die Erde. Deshalb wird immer eine Hälfte beschienen. Auf ihr ist es Tag. Die andere Hälfte liegt im Schatten – auf ihr ist es Nacht. Da sich die Erde in 24 Stunden von Westen nach Osten einmal um ihre Achse dreht, wandern Tag und Nacht in dieser Zeit einmal um die ganze Erde. Diese Bewegung der Erde nennt man „Rotation".

Die Erde bewegt sich außerdem auch um die Sonne. Dazu braucht sie ein Jahr. Diese Bewegung der Erde wird „Revolution" genannt.

M3 Ein Modell auf dem Schulhof

- Die „Sonne" ist eine runde Scheibe mit 50 cm Durchmesser oder ein Wasserball mit 50 cm Durchmesser.
- Die „Erde" ist eine runde Scheibe mit 4 mm Durchmesser oder ein Kirschkern.
- Stellt euch auf dem Schulhof im Abstand von 50 m auf.
- Ihr könnt nun „Erde" und „Sonne" mit einer Schnur verbinden. Die „Sonne" steht fest und die „Erde" wandert auf einer Kreisbahn um die „Sonne".

M4 Unser Sonnensystem in der Milchstraße – der blaue Punkt markiert die Erde

1. Beschreibe die doppelte Bewegung der Erde.
2. Welche Folgen hat diese Bewegung für das Leben auf der Erde?

Du kannst
- ein Planetarium oder eine Sternwarte besuchen
- Informationen über die Planeten, die Sterne und die Sternbilder sammeln und die Sternbilder in einer wolkenlosen Nacht am Himmel suchen
- Berichte über die Weltraumforschung sammeln
- dich informieren, wann in Mitteleropa die nächste totale Sonnenfinsternis eintritt
- mit Globus und Taschenlampe die Entstehung von Tag und Nacht darstellen
- ein Modell von Sonne und Erde nachbauen (vgl. M3)

Orientierung auf der Erde

M1 Tromsö. Das Foto wurde nachts um 24.00 Uhr aufgenommen

M2 Tromsö. Das Foto wurde am Tag um 12.00 Uhr aufgenommen

Polartag und Polarnacht

Julius erhält von seinem norwegischen Brieffreund Ole Post aus Tromsö. Beim Betrachten der Fotos stutzt Julius. Hat Ole etwa die Texte zu den Bildern vertauscht? Falls aber die Bilder und Texte dazu übereinstimmen, warum ist es denn so anders als bei uns?

M3 Die Beleuchtung der Erde während eines Jahres

M4 Aus einem Brief von Ole aus Tromsö.
„... In Tromsö ist es keine Seltenheit, dass der Schnee ein halbes Jahr liegen bleibt. Fast alle haben sich an sechs Monate Winter gewöhnt, auch wenn es den ganzen Tag über dunkel bleibt. Und trotzdem wartet jeder sehnsüchtig auf das erste Sonnenlicht.
Besonders schön ist es bei uns in der Zeit vom 20. Mai bis zum 22. Juli. Denn dann ist die Sonne wieder da. Und sie geht nicht unter. Täglich ist es 24 Stunden lang hell. Während dieser Zeit kommen alle mit weniger Schlaf aus und sind viel fröhlicher.
An dem Wochenende, das dem 21. Juni am nächsten liegt, feiern wir Mittsommernacht mit einem großen Lagerfeuer, mit Gesang und Tanz ...".

Polartag und Polarnacht

M5 Der Sonnenbogen am Polartag

Die Beleuchtung der Erde

Im Laufe eines Jahres umrundet die Erde einmal die Sonne. Durch die immer gleich bleibende Schrägstellung der Erdachse ändert sich bei diesem Umlauf die Beleuchtung der Erde. Von Mitte März bis Mitte September ist die Nordhalbkugel mehr der Sonne zugewandt, von Mitte September bis Mitte März mehr die Südhalbkugel.

Polartag

In der Zeit vom 21. März bis zum 23. September wird das Gebiet zwischen dem nördlichen Polarkreis und dem Nordpol immer von der Sonne beleuchtet. Ihr Tagbogen sinkt nie unter den Horizont. Es ist immer hell. Diese Zeit nennt man den „Polartag". Weil es sogar um Mitternacht hell ist, spricht man auch von der „Mitternachtssonne". In den Gebieten, die südlich des nördlichen Polarkreises liegen, verschwindet während dieser Zeit die Sonne zwar kurz unter dem Horizont, aber der Himmel wird trotzdem nicht dunkel. Es ist die Zeit der hellen Nächte.

Polarnacht

Im Winterhalbjahr (23. September bis 21. März) steigt im Nordpolargebiet die Sonne auch zur Mittagszeit nicht über den Horizont. Es ist die Zeit der Polarnacht. Täglich bleibt es 24 Stunden lang dunkel. Meist zeigt sich nur gegen Mittag etwas Dämmerlicht.

In Nordeuropa kann man nachts mitunter farbige Lichterscheinungen am Himmel beobachten. Sie leuchten glühend rot, blauviolett oder grün auf und sehen wie eigentümlich geformte Blitze aus. Dieses Licht wird als „Polarlicht" bezeichnet.

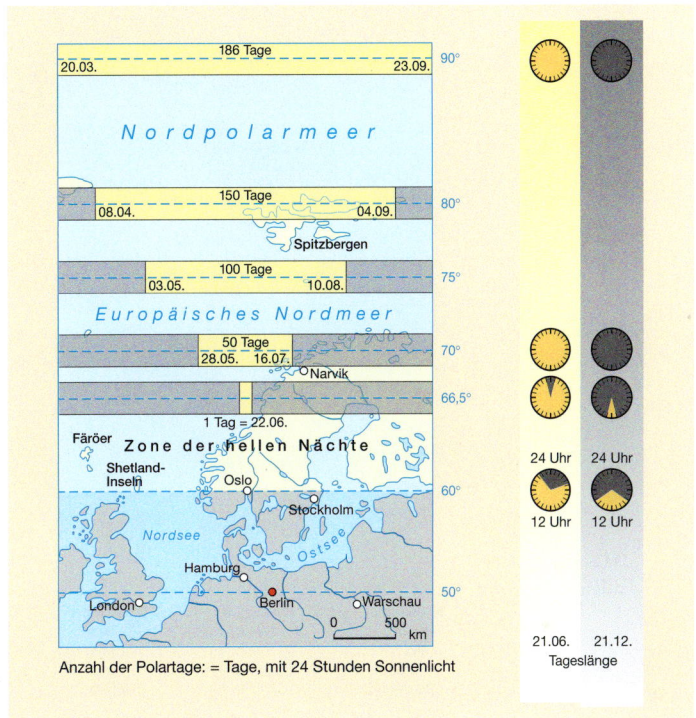

M6 Die Länge des Polartages

1. Vergleiche die Fotos M1 und M2 miteinander. In welchem Monat könnte das Foto M1 gemacht worden sein, in welchem Monat das Foto M2? Beziehe auch den Brief von Ole mit ein (M4).
2. Beschreibe den Sonnenbogen im Nordpolargebiet während eines Polartags (M5).
3. Weise anhand von M6 nach, dass im Nordpolargebiet der Polartag nicht überall gleich lang ist. Formuliere eine Regel über die Länge des Polartages. Überlege: Gilt diese Regel auch für die Polarnacht?
4. Suche auf der Weltkarte die Länder der Erde, in denen es Polartag und Polarnacht gibt (Atlas).

Sieben Kontinente und drei Ozeane

Ein Blick auf die Weltkarte oder auf den Globus zeigt, dass der größte Teil der Erdoberfläche von Wasser bedeckt ist. Die Festlandsfläche nimmt dagegen nur einen kleineren Teil ein, nämlich etwa ein Drittel.
Die Festlandsfläche ist in Erdteile oder Kontinente gegliedert. Diese erheben sich wie große Inseln aus der Wasserfläche. Einige Kontinente sind sogar miteinander verbunden.
Die riesige Wasserfläche der Erde (das Weltmeer) besteht aus Ozeanen. Wie sind die Ozeane durch die Kontinente gegliedert?

M1 Die Erde aus atlantischer Sicht

Kontinent	Fläche	Einwohner	Kontinent	Fläche	Einwohner
Europa	9,8 Mio. km²	685 Mio.	Asien	44,7 Mio. km²	3714 Mio.
Afrika	30,3 Mio. km²	794 Mio.	Australien und Ozeanien	8,9 Mio. km²	31 Mio.
Nordamerika	24,2 Mio. km²	314 Mio.	Antarktika	13,2 Mio. km²	-
Südamerika	17,8 Mio. km²	519 Mio.			

Ozean	Atlantischer Ozean (Atlantik)	Pazifischer Ozean (Pazifik, Stiller Ozean)	Indischer Ozean (Indik)
Fläche	106,2 Mio. km²	181,3 Mio. km²	74,1 Mio. km²

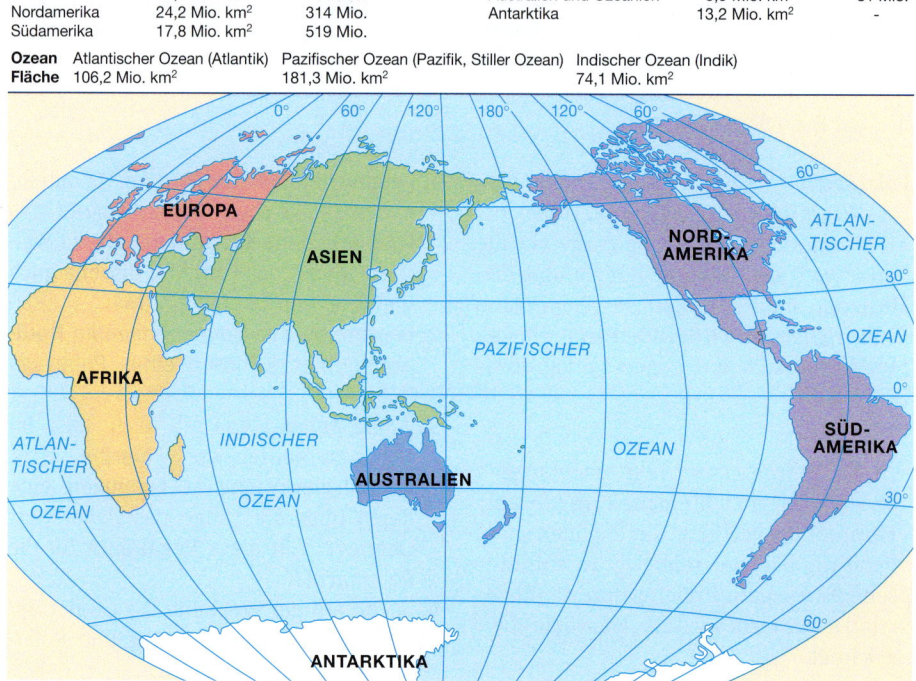

M2 Die Erde aus pazifischer Sicht

Sieben Kontinente und drei Ozeane 13

M3 Die „Vorderseite" eines modernen Globus

M4 Die „Rückseite" eines modernen Globus

Globus oder Weltkarte: Welcher Darstellung von der Erde wollen wir den Vorzug geben?
Globus ist ein lateinisches Wort. Übersetzt heißt es „Kugel". Der Globus ist ein verkleinertes Abbild der Erde.
Die Weltkarte im Buch oder im Atlas ist handlicher als ein Globus.
Alles, was auf dem Globus zu sehen ist, zeigt auch die Weltkarte. Aber nur der Globus gibt ein richtiges räumliches Bild von der Erde.
Sowohl der Globus als auch die Weltkarte zeigen die ganze Erde. Jedoch kann das Bild, das beide Darstellungen von der Erde vermitteln, sehr verschieden sein. Das hängt vor allem von der Blickrichtung ab. Wenn man auf den Globus schaut, dann sieht man immer nur eine Seite der Erdkugel. Die Weltkarte dagegen zeigt auf einen Blick die gesamte Erde.
Aber Weltkarten können verschiedene Bilder von der Erde vermitteln. In Europa zeigen wir die Erde vorwiegend aus atlantischer Sicht. In Amerika, Japan oder Australien wird die pazifische Sicht bevorzugt. Andere Blickrichtungen auf die Erde können den Eindruck einer Landhalbkugel und einer Wasserhalbkugel vermitteln oder die Westhalbkugel und die Osthalbkugel zeigen.

1. Wie sieht Antarktika auf einem Globus und wie auf der Weltkarte aus? Vergleiche.
2. Beschreibe die Abbildungen von der Erde aus atlantischer (M1) und pazifischer (M2) Sicht.
3. Beschreibe die Lage der Kontinente und Ozeane auf der Erde. Verwende die Begriffe „Nord-" und „Südhalbkugel".
4. Erkläre die Begriffe „Landhalbkugel" und „Wasserhalbkugel". Gib an, über welchem Teil der Erde sich der Betrachter befindet.
5. Welcher Teil (wie viel) der Erde ist mit Wasser bedeckt?
6. Ordne die Kontinente und Ozeane nach ihrer Flächengröße und nach der Bevölkerungszahl.

Die Titanic war das größte und prachtvollste Schiff ihrer Zeit. Sie galt als unsinkbar und sollte die Königin der Meere werden. Am 15. April 1912, um 2:20 Uhr morgens, versank dieses Wunderwerk der Technik auf seiner ersten Fahrt im Nordatlantik.
Mit äußerster Fahrt voraus (rund 40 Stundenkilometern) fuhr das Prunkstück der britischen Seefahrt durch die sternenklare Nacht. Als einer der Posten im Ausguck den Eisberg als Schatten in der Nacht erkannte, war es bereits zu spät. Der Luxusdampfer versank in kurzer Zeit in den eisigen Fluten. Für 1500 Passagiere gab es kein Entrinnen. Immerhin konnten etwa 700 Menschen gerettet werden, weil andere Schiffe, alarmiert durch SOS-Rufe der Titanic, Kurs auf die Unglücksstelle genommen hatten: 42° N/50° W.

Orientierung auf der Erde

42° N/50° W – eine Geheimsprache? Wie war es möglich, dass die in Seenot geratene Titanic in den Weiten des Nordatlantiks, mitten in der Nacht, gefunden werden konnte? Die Überlebenden verdanken ihre Rettung dem Funker Phillips, denn er hatte die Unglücksstelle genau angegeben: 42 Grad nördlicher Breite, 50 Grad westlicher Länge.

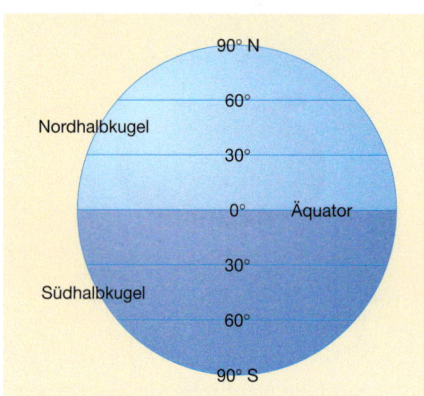

M1 Breitenkreise

Die Kapitäne der zu Hilfe eilenden Schiffe konnten diese Stelle genau bestimmen, weil auf ihren Karten ein Gitternetz von Linien eingezeichnet war, das eine leichte Orientierung überall auf See ermöglicht. Dieses Netz umspannt die gesamte Erde. Auf der Erdoberfläche sind diese Linien jedoch nicht zu sehen.
Um die Erde verläuft in gleichem Abstand zu den beiden Polen eine Linie, die man „Äquator" nennt. Diese Bezeichnung leitet sich von einem lateinischen Wort ab und bedeutet „Gleichmacher". Der Äquator teilt die Erde in eine nördliche und eine gleich große südliche Halbkugel.

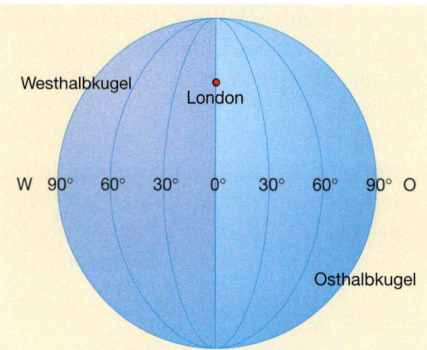

M2 Längenkreise

Zwischen dem Äquator und einem Pol verlaufen in gleichen Abständen 90 Parallelkreise, die auch „Breitenkreise" heißen. Der jeweils 90. Kreis ist nur noch ein Punkt, nämlich der Pol. Der längste Breitenkreis ist der Äquator, er hat die Breitenbezeichnung 0 (null) Grad.
Die Entfernung vom Äquator zum Pol wird in Grad angegeben. Vom Äquator nach Norden gibt man die nördliche Breite (N) an, nach Süden die südliche Breite (S). Der Abstand eines Ortes auf der Erdoberfläche vom Äquator ist seine geografische Breite.

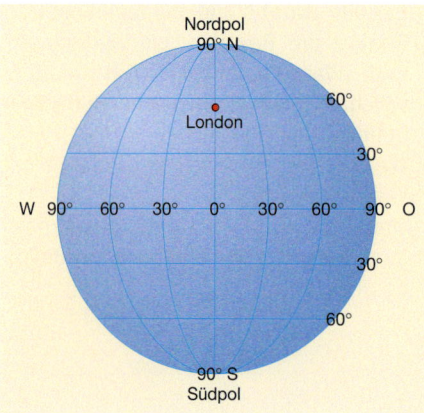

M3 Gradnetz

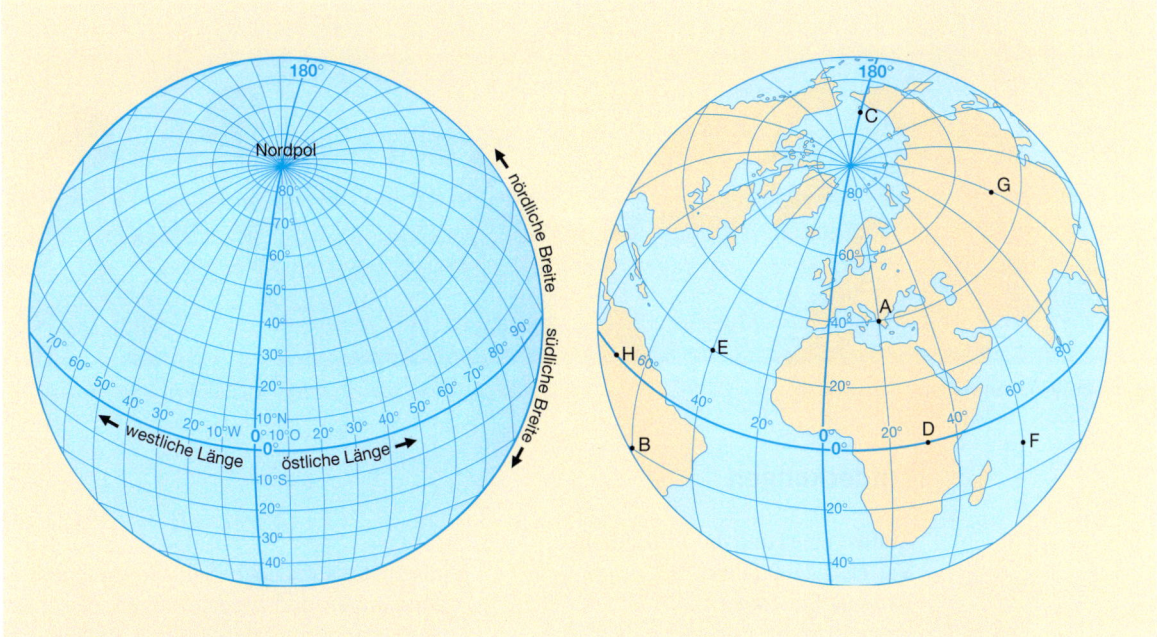

M4 Das Gradnetz auf der Erdkugel

Außer den waagerecht verlaufenden Breitenkreisen gibt es noch die senkrecht dazu verlaufenden Längenkreise. Sie werden auch „Meridiane" oder „Mittagslinien" genannt, weil alle Orte auf demselben Meridian zur selben Zeit Mittag (= höchster Tagesstand der Sonne) haben. Der wichtigste Längenkreis ist der Meridian, der durch die Sternwarte von Greenwich bei London läuft. Eine internationale Vereinbarung von 1911 legte fest, dass dieser Längenkreis der Nullmeridian für alle Staaten sein soll. Vom Nullmeridian aus zählt man die westlichen und die östlichen Längenkreise.

Es gibt 180 Meridiane nach Westen und 180 Meridiane nach Osten. Der Abstand eines Ortes vom Nullmeridian ist seine geografische Länge. Man unterscheidet eine westliche Länge (W) und eine östliche Länge (O). Die Lage eines jeden Punktes auf der Erdoberfläche, seine geografische Lage, ist mithilfe von Längen- und Breitenangaben genau bestimmbar.

Die Zusammenhänge und die Bedeutung all dieser Hilfslinien erkennt man am besten auf dem Globus.

1. Bestimme auf einer Weltkarte die Stelle, an der die Titanic sank.
2. Wie heißt der längste Breitenkreis? Welches sind die beiden kürzesten Breitenkreise?
3. Ermittle mithilfe einer Weltkarte im Atlas die Lage der Kontinente auf der Nord- und auf der Südhalbkugel.
4. Auf welcher Halbkugel der Erde liegen die Staaten Deutschland, Neuseeland, Norwegen, Argentinien, Madagaskar? Benutze den Globus oder den Atlas.
5. Gib die Längen- und Breitenkreise an, zwischen denen Berlin liegt.
6. Bestimme die geografische Lage der Punkte A bis H in der rechten Grafik von M4.

M5 Die Erde aus dem Weltraum betrachtet

Orientierung auf der Erde

M1 Eratosthenes im Hafen von Alexandria

Entdeckungen

Eratosthenes und der Erdumfang

Vor etwa 2200 Jahren fiel einem Griechen namens Eratosthenes im Hafen der ägyptischen Stadt Alexandria auf, dass von einem noch weit entfernten Segelschiff zunächst nur die Mastspitze zu sehen war. Je näher es auf die Hafeneinfahrt zukam, desto mehr war vom Schiff selbst zu sehen. Das legte den Schluss nahe, dass die Erdoberfläche gekrümmt sein muss. Beweisen konnte Eratosthenes diese Erkenntnis später auch noch: Seine komplizierten Messungen und Berechnungen zwischen Alexandria und der südlich gelegenen Stadt Assuan ergaben, dass die Erde eine Kugel mit einem Umfang von 39 000 Kilometern sei.

Nach neuesten Berechnungen beträgt der Erdumfang 40 076 Kilometer. Eratosthenes zeichnete auch eine Karte der Erde. Sie war in einigen Teilen erstaunlich genau.

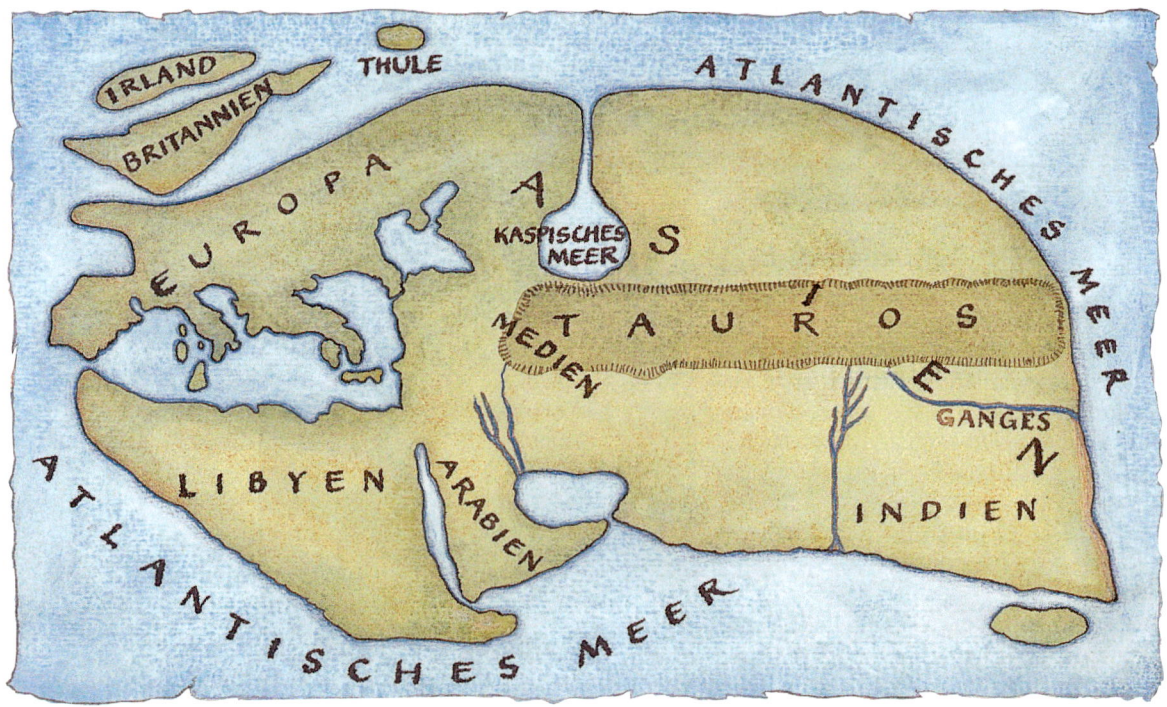

M2 Die Weltkarte des Eratosthenes

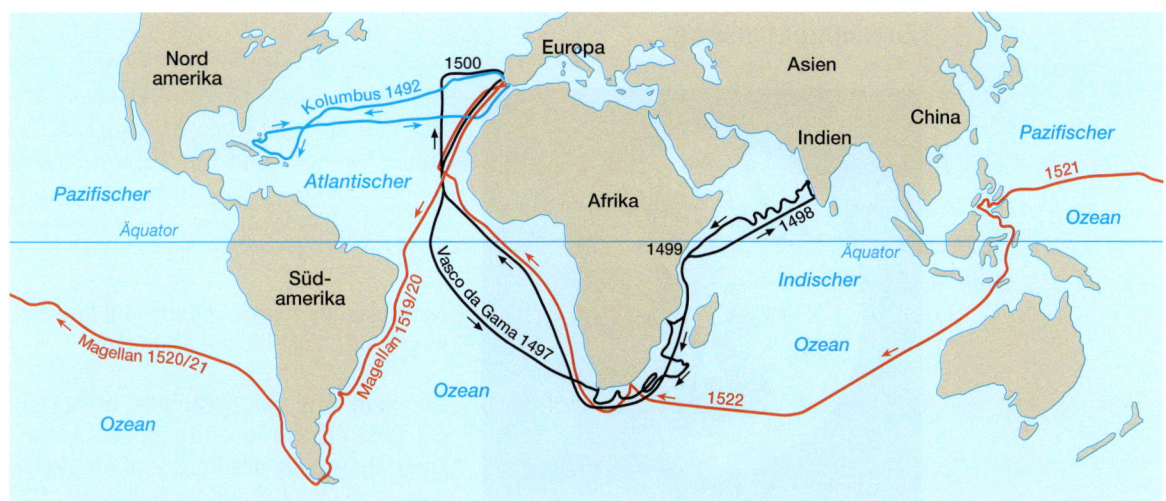

M3 Die wichtigsten Entdeckungsreisen im 15. und im 16. Jahrhundert

Die Entdeckung der Kontinente und Ozeane

Vor 500 Jahren wurden die aus Asien stammenden Gewürze in Europa mit Gold aufgewogen. Nur wenige Europäer, darunter Marco Polo aus Venedig, waren bis dahin in die fernen Länder Asiens vorgedrungen. Bekannt war nur der mühsame und gefährliche Landweg.

1497 wagte Vasco da Gama die Fahrt um Afrika, segelte weiter über den Indischen Ozean und ging an der Westküste Indiens an Land. Damit war ein Seeweg zu den Ländern Asiens gefunden.

Christoph Kolumbus, ein Seefahrer aus dem italienischen Genua, war davon überzeugt, denn er glaubte an die Kugelgestalt der Erde.

Im August 1492 begann die Fahrt ins Unbekannte, am 12. Oktober kam Land in Sicht. Es war eine Insel vor der Küste Amerikas. Kolumbus glaubte Zeit seines Lebens, den westlichen Seeweg nach Asien gefunden zu haben. Später stellte sich heraus, dass es sich um einen neuen Erdteil handelte.

Fernando Magellan, ein Portugiese, begann 1519 die erste Weltumseglung. Seine kleine Flotte aus fünf Segelschiffen umfuhr Südamerika auf der später nach ihm benannten Meeresstraße. Nach einer stürmischen Durchfahrt erreichte Magellan ein Meer, das ihm ruhig und friedlich erschien. So nannte er es den „Stillen Ozean" (portugiesisch pacifico = friedlich, still). Er erreichte als Erster Asien über einen westlichen Weg. Magellan sah seine Heimat aber nicht wieder; er kam im Kampf mit Eingeborenen auf den Philippinen ums Leben. Nur eines seiner fünf Schiffe kehrte 1522 nach Portugal zurück. Von den 270 Mann Besatzung überlebten nur 18.

Nach dieser Weltumseglung konnte es keinen Zweifel mehr daran geben, dass die Erde eine Kugel ist. Australien, die Antarktis und das Innere der Kontinente waren aber noch unbekannt.

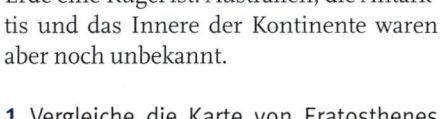

M4 Christoph Kolumbus

1. Vergleiche die Karte von Eratosthenes (M2) mit einer heutigen Weltkarte (M3). Nenne Unterschiede.
2. Erkläre, wie die Ureinwohner Amerikas – die Indianer – zu ihrem Namen kamen.
3. Erläutere den Zusammenhang zwischen den Absichten der Seefahrer und den Vorstellungen von der Gestalt der Erde in der damaligen Zeit.

M5 Kolumbus erreicht Amerika

Zusammenfassung

Die Erde ist einer von neun Planeten, die sich (auf kreisähnlichen Bahnen) um die Sonne bewegen und von ihr angestrahlt werden. Als einziger Planet besitzt sie eine Lufthülle (Atmosphäre), die Voraussetzung für alles Leben auf der Erde ist.

Der Abstand zwischen Sonne und Erde beträgt rund 150 Millionen Kilometer.

Innerhalb von etwa 24 Stunden dreht sich die Erde einmal um ihre eigene Achse. Diese Bewegung der Erde wird als „Rotation" bezeichnet. Hierdurch entstehen Tag und Nacht.

Außerdem bewegt sich die Erde auch um die Sonne. Dazu braucht sie ein Jahr (genau 365,25 Tage). Diese Bewegung der Erde wird als „Revolution" bezeichnet.

Die Schrägstellung der Erde bewirkt eine Ausprägung von Jahreszeiten. Am Äquator sind die Unterschiede gering. Zum Nordpol und Südpol hin wird der Unterschied zwischen den Jahreszeiten größer. In den polnahen Gebieten scheint im Sommer die Sonne mehrere Wochen (Polartag). Im Winter hingegen geht sie dort gar nicht auf (Polarnacht).

Das Gradnetz der Erde besteht aus einem Gitter von Längen- und Breitenkreisen, mit dessen Hilfe man die Lage jedes Ortes auf der Erde angeben kann. Die genaue Lage eines Ortes wird in Grad östlicher bzw. westlicher Länge und südlicher bzw. nördlicher Breite angegeben.

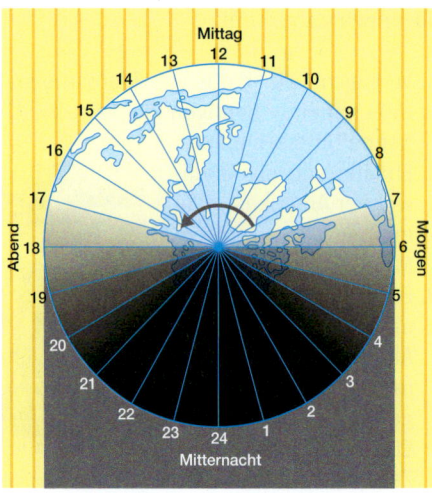

Die großen Landmassen der Erde werden als „Erdteile" oder „Kontinente" bezeichnet. Wir unterscheiden sieben Kontinente: Nordamerika, Südamerika, Europa, Asien, Afrika, Australien, Antarktis. Drei Ozeane gliedern das Weltmeer: Pazifischer Ozean, Atlantischer Ozean und Indischer Ozean.

Schon vor Jahrtausenden befassten sich Menschen mit der Erforschung der Erde. Seit dem 15. Jahrhundert wurden Entdeckungsreisen durchgeführt.

Wir erkunden Deutschland

Du erkundest im folgenden Kapitel Deutschland. Du wirst Naturräume näher betrachten und Wirtschaftsräume kennen lernen, die vom Menschen geprägt sind. Deutschlands Lage in Europa steht am Anfang der Untersuchung.

Deutschland im Überblick

Deutschland in Europa

Deutschland befindet sich in der Mitte Europas. Welche Auswirkungen hat dies auf das Verhältnis Deutschlands zu seinen Nachbarstaaten?

Deutschlands Lage in der Mitte Europas hatte für das Land im Laufe seiner Geschichte Vor- und Nachteile. Zwischen Deutschland und den anderen europäischen Staaten bestand immer ein reger kultureller und wirtschaftlicher Austausch. Aber zwischen Deutschland und anderen europäischen Staaten gab es auch viele Kriege im Streit um Grenzen oder im Kampf um die Vorherrschaft.

Heute hat Deutschland zu anderen Ländern in Europa enge wirtschaftliche und politische Beziehungen. Die Deutschen reisen viel ins Ausland, viele ausländische Touristen kommen zu uns. Deutsche Schüler besuchen europäische Partnerschulen. Die Menschen in Europa arbeiten auf vielen Gebieten zusammen.

M2 Offene und geschlossene Grenzen
Frau Donath fragte im Geografieunterricht, wer schon einmal die Grenze zu einem Nachbarland überschritten hat.
Julia berichtet: „Ich war bei meinem Onkel in Herzogenrath. Dort verläuft die Grenze zu den Niederlanden im Ort mitten auf der Neustraße. Die Häuser auf der einen Straßenseite gehören zu Deutschland, auf der anderen Straßenseite gehören sie zu Kerkrade in den Niederlanden. Aber jeder kann hin- und hergehen, wie er will."
Marko hat in Görlitz ganz andere Erfahrungen gemacht: „Wenn meine Eltern vor 2004 ihre polnischen Freunde in Zgorzelec (so heißt die Stadt Görlitz an der Neiße) besuchen wollten, dann mussten sie ihren Personalausweis vorzeigen. Oft wurden sie auch vom Zoll befragt. Früher war sogar eine Besuchserlaubnis vorgeschrieben."

Deutschland im Vergleich mit seinen Nachbarn (2005)		
Land	Fläche (in km²)	Einwohner (in Mio.)
Belgien	32 545	10,3
Dänemark	43 096	5,3
Frankreich	543 965	59,7
Luxemburg	2 586	0,4
Niederlande	41 526	16,2
Österreich	83 871	8,0
Polen	312 685	39,1
Schweiz	41 285	7,3
Tschechien	78 866	10,2
Deutschland	357 030	82,5

M1 Deutschland und seine Nachbarstaaten

Deutschland in Europa | 21

M3 Europäische Städte im Gradnetz

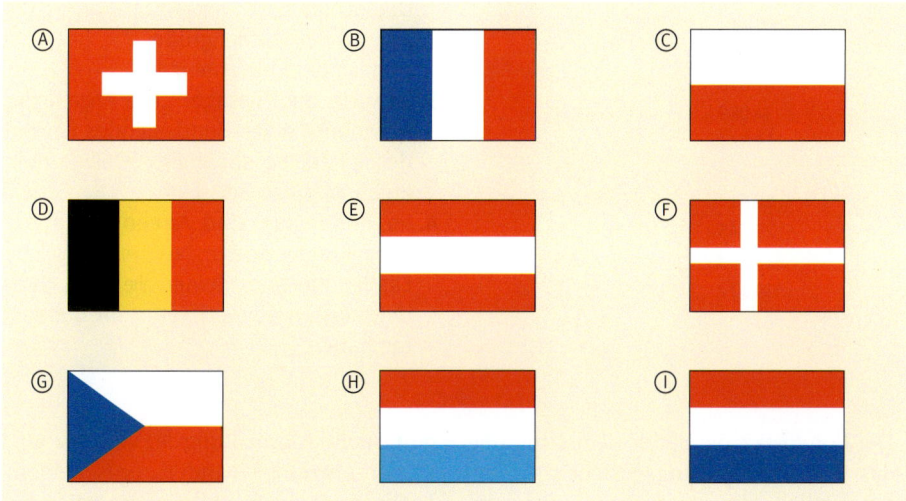

M4 Die Flaggen der deutschen Nachbarländer

1. Gliedere die Nachbarstaaten Deutschlands (M3) nach ihrer Lage im Norden, Westen, Süden, Osten. Lege hierzu eine Tabelle an.
2. Ordne die Nachbarstaaten Deutschlands (M1)
   a) nach ihrer Flächengröße
   b) nach der Einwohnerzahl.
3. Mit welchem Land hat Deutschland die längste gemeinsame Grenze, mit welchem Land die kürzeste (M3)?
4. Welche Nachbarländer Deutschlands haben auch die Amtssprache Deutsch?
5. Betrachte M4: Welche Flagge gehört zu welchem deutschen Nachbarland?

Die politische Gliederung Deutschlands

M1 Das Wappen der Bundesrepublik Deutschland

Die Bundesrepublik Deutschland ist ein Bundesstaat. Was verbirgt sich hinter dem Begriff „Bundesstaat"?

Deutschland besteht aus 16 Ländern. In der Umgangssprache werden sie auch als „Bundesländer" bezeichnet. Während 13 dieser Länder eine recht große Fläche haben, umfassen drei jeweils nur eine Stadt. Man nennt sie im Gegensatz zu den 13 Flächenländern deshalb „Stadtstaaten". Auch Berlin ist ein Stadtstaat; zugleich ist Berlin die Hauptstadt der Bundesrepublik Deutschland.

M3 Der Adler ist das Wappentier der Bundesrepublik Deutschland. Bereits Kaiser Karl der Große (768 bis 814) machte den Adler zum Zeichen seiner Macht.

M4 Die Farben Schwarz-Rot-Gold waren auf dem Wartburgfest 1817 das Erkennungszeichen eines Studentenbundes, der für die Einheit und Freiheit Deutschlands eintrat. Seither gelten diese Farben für Einheit und Freiheit in Deutschland. Sie wurden 1918 zu den Farben der deutschen Flagge.

Fläche, Bevölkerung Deutschlands (2005)

Land	Fläche (in km²)	Einwohner (in Mio.)
Baden-Württemberg	35 751	10,7
Bayern	70 549	12,4
Berlin	891	3,3
Brandenburg	29 477	2,5
Bremen	404	0,6
Hamburg	755	1,7
Hessen	21 114	6,0
Mecklenburg-Vorpommern	23 174	1,7
Niedersachsen	47 618	8,0
Nordrhein-Westfalen	34 089	18,0
Rheinland-Pfalz	19 847	4,0
Saarland	2 568	1,0
Sachsen	18 413	4,2
Sachsen-Anhalt	20 445	2,4
Schleswig-Holstein	15 763	2,8
Thüringen	16 172	2,3
Deutschland	357 030	82,5

1. Gliedere die Länder der Bundesrepublik Deutschland nach ihrer Lage im Norden, Westen, Süden, Osten und in der Mitte Deutschlands. Lege hierzu eine Tabelle an.
2. Ordne die Länder der Bundesrepublik Deutschland:
   a) nach der Flächengröße
   b) nach der Einwohnerzahl.
3. Bewerte die Aussage: „Die Anzahl der Einwohner eines Bundeslandes ist von dessen Fläche abhängig." Belege dein Ergebnis durch Beispiele.
4. Im Bundestag sind Abgeordnete aus allen Bundesländern vertreten. Welche Länder müssten deiner Meinung nach die meisten Abgeordneten im Bundestag haben?

M2 Die Flagge der Bundesrepublik Deutschland

Der Bundestag, die Bundesregierung und das Bundesverfassungsgericht sind verantwortlich für staatliche Angelegenheiten, die für alle 16 Länder der Bundesrepublik gleichermaßen gelten (z. B. Gesetzgebung, Außen- und Verteidigungspolitik, Einhaltung der Verfassung). In den einzelnen Ländern entscheiden Landesparlamente und Landesregierungen über Angelegenheiten, die nur für das einzelne Land gelten (z. B. Bildungspolitik, Landesverwaltung).

Die politische Gliederung Deutschlands 23

M5 Die politische Gliederung der Bundesrepublik Deutschland seit 1990

Die naturräumliche Gliederung Deutschlands

Deinen Heimatort und dessen Umgebung oder den Stadtteil, in dem du wohnst, wirst du gut kennen. Wer am Nordsee- oder Ostseestrand zum Badeurlaub war, auf den Brocken wanderte oder auf einen Berg in den Alpen stieg, wird darüber berichten können. Vielleicht kennst du auch schon Landschaften in Deutschland?

Küste und Tiefland

Für Martina und Karsten geht ein lang gehegter Wunsch in Erfüllung: Sie nehmen an einem Flug von der Ostseeküste zu den Alpen teil. In der Nähe von Bergen auf der Insel Rügen gehen sie an Bord der Maschine. Schon nach wenigen Minuten überfliegen sie den Strelasund. Rügen, die größte Insel in Deutschland, liegt hinter ihnen. Rechts erkennt man die Türme und Dächer von Stralsund. Sie fliegen nun über das Norddeutsche Tiefland. Bei diesem Wort denken die beiden an flaches Land. Und der Blick aus dem Fenster gibt ihnen auch Recht. Noch überfliegen sie die Niederungen der Peene. Aber dann wird das Land wellig, sogar hügelig. Sie haben die Mecklenburgische Seenplatte erreicht. Viele Seen, teils schmal und lang gestreckt, teils breit und vielgestaltig, beleben hier die Landschaft. Martina kennt den Namen des zweitgrößten Sees in Deutschland. Er heißt Müritz. Eindrucksvoll sind im Müritzgebiet auch die ausgedehnten Laubwälder zwischen den Seen.

Weiter südlich bestimmen zunächst Kiefernwälder und danach vor allem Wiesen das Bild. Ein Blick auf die Karte sagt ihnen, dass sie das Havelland überfliegen.

Dann erreichen sie das Elbtal genau an der Mündung der Saale in den Elbestrom. Wie klein die Schiffe sind. Im Nordwesten sind weithin die mächtigen Doppeltürme des Magdeburger Doms zu sehen.

Wiederum ändert sich die Landschaft. Wälder gibt es nun nicht mehr. Hier im Harzvorland herrscht Ackerland vor.

M1 Steilküste am Kap Arkona (Insel Rügen)

M2 Nördlicher Landrücken bei Rheinsberg

Mittelgebirgsland

Westlich der Saale wird die Landschaft immer hügliger. Die Saale und ihre Zuflüsse aus dem nahen Harz haben tiefe Täler. Da das Wetter gut ist, können Martina und Karsten sogar den Brocken erkennen. Aus der Karte wissen sie, dass er mit 1142 Metern der höchste Berg im Harz ist.

Aus dem Geografiebuch weiß Karsten auch, dass sie jetzt eine Hauptlandschaftsgrenze zwischen dem Norddeutschen Tiefland und dem deutschen Mittelgebirgsland überfliegen. Und er liest darin: „Das Thüringer Becken ist ein welliges Hügelland. Weite Talauen wechseln mit bewaldeten Höhen. Von Nordwesten nach Südosten erstreckt sich der Kamm des Thüringer Waldes." „Halte keine Vorträge und sieh zum Fenster hinaus", unterbricht ihn Martina, „sonst verpasst du noch den großen Beerberg und Suhl."

Doch Karsten lässt sich nicht unterbrechen. „Von Bamberg bis zum Grabfeldgau umrahmen Berg und Hügel die weite stromdurchglänzte Au, ich wollt, mir wüchsen Flügel", trägt er laut vor. So hat ein Dichter das Mainland besungen. Mitten hindurch zwischen Würzburg und Bamberg ziehen von Norden nach Süden die Hassberge, der Steigerwald und die Frankenhöhe. Und dann blicken sie voraus auf den Steilabfall der Schwäbischen Alb. Bei Aalen erreichen sie das Gebirge.

Alpen und Alpenvorland

Der Flug quer über Deutschland neigt sich dem Ende zu. Zwischen der Donau und dem Nordrand der Alpen ist es nur noch eine kurze Strecke. Nach Osten wird das nördliche Vorland der Alpen breiter. Schon lange vor der Landung in Friedrichshafen am Bodensee können Martina und Karsten die gewaltige Mauer der Alpen erkennen. Die Alpen gehören zum Hochgebirgsland.

„Gar nicht so dumm, etwas von der Geografie Deutschlands zu wissen, dann macht das Reisen viel mehr Spaß", stellen Martina und Karsten beim Aussteigen auf dem Flugplatz in Friedrichshafen fest.

M3 Thüringer Wald

M4 Allgäuer Alpen

1. Verfolge die Fluglinie von Martina und Karsten auf einer Atlaskarte. Orientiere dich an Flüssen und Städten.
2. Zeige die Grenzen der drei Hauptlandschaften auf einer Atlaskarte.
3. Ordne die Fotos den Hauptlandschaften zu und finde die gezeigten Landschaften in einer Atlaskarte.
4. Nenne für alle drei Hauptlandschaften typische Merkmale.

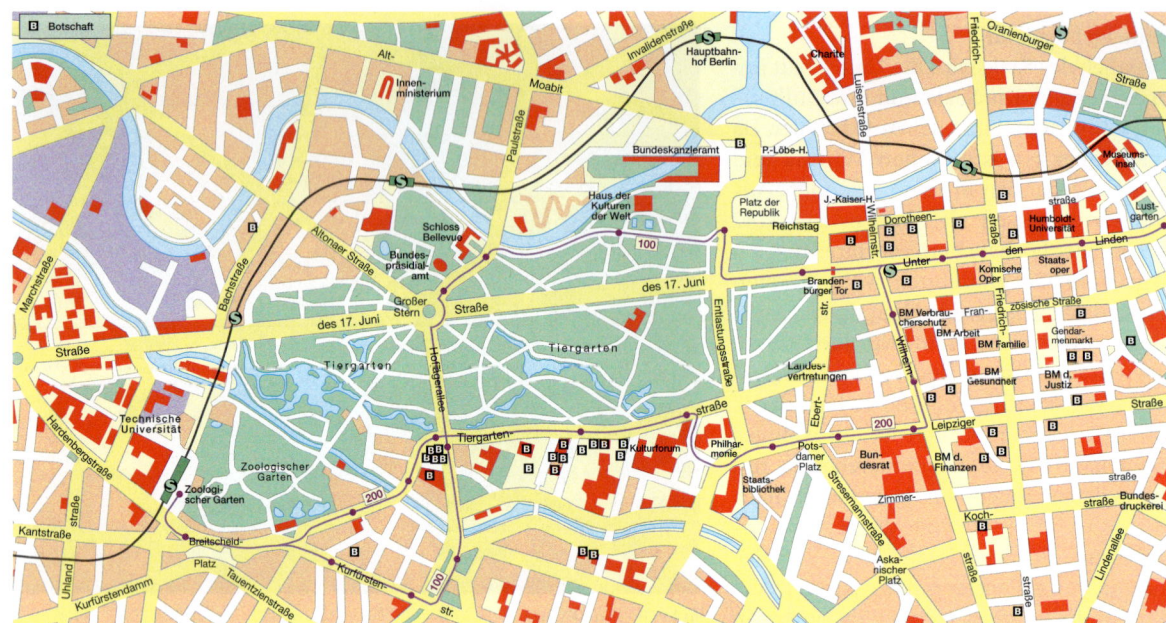

M1 Berliner Innenstadt

Bundeshauptstadt Berlin

Berlin ist die Hauptstadt Deutschlands. Was bedeutet das? Welche Einrichtungen sind typisch für eine Hauptstadt? Gibt es Gebäude, die man nur in einer Hauptstadt findet?

Lisa und Daniel wollen die Berliner Innenstadt erkunden. Ihre Geografielehrerin bat sie sich das Parlaments- und Regierungsviertel anzuschauen, damit sie im Geografieunterricht darüber berichten können. Um Geld zu sparen haben sich die beiden überlegt von einem Linienbus aus das Regierungsviertel zu erkunden. Lisa schlägt vor mit einem Bus der Linie 100 vom Bahnhof Zoologischer Garten zu starten.

„Wir kommen mit dem Bus zu mehreren wichtigen Gebäuden der Bundeshauptstadt. Der Bus fährt am Schloss Bellevue, dem Sitz des Bundespräsidenten, vorbei, danach hält er vor dem Reichstag. Das Reichstagsgebäude ist heute Sitz des Deutschen Bundestages, dem Parlament der Bundesrepublik Deutschland. Wir könnten dort aussteigen. Man kann nämlich die gläserne Kuppel des Reichstagsgebäudes besichtigen. Von dort hat man einen guten Blick zum Kanzleramt, dem Sitz des Bundeskanzlers.

Auch kann man von dort die neuen Parlamentsgebäude sehr gut sehen. Sie wurden wie ein Band errichtet, das an zwei Stellen den Fluss Spree überbrückt. In den Gebäuden befinden sich die Büros der Bundestagsabgeordneten und Sitzungssäle. In einem dieser Neubauten ist die Parlamentsbibliothek. Sie ist genau dort, wo früher einmal die Mauer stand, die Berlin in einen West- und einen Ostteil

M2 Am Brandenburger Tor

trennte. Der Bus fährt dann weiter am Brandenburger Tor vorbei. Wenn wir gut aufpassen, können wir auch das Auswärtige Amt während der Busfahrt sehen."
„Das klingt gut. Aber sollten wir nicht besser die Linie 200 nehmen? Da fahren wir am Tiergarten entlang, wo sich das Botschaftsviertel befindet. Wir kommen an den Botschaften von Norwegen, Schweden, Finnland und Island vorbei, auch an den Botschaften Japans, Italiens und Indiens. Wir fahren danach zwar nicht am Brandenburger Tor vorbei, aber dafür über den Potsdamer Platz, die neue Mitte Berlins. Dort können wir mit Europas schnellstem Fahrstuhl auf ein Hochhaus fahren und uns Berlin von oben aus anschauen."
„Das hat doch wohl nichts mit unserem Erkundungsauftrag zu tun", erwidert Lisa. „Na gut, der Bus fährt aber dann weiter in die Leipziger Straße, direkt vorbei am Bundesrat. In dem Gebäude sind die Regierungen der 16 Länder Deutschlands vertreten. Sie sind in einem alten Haus aus der Kaiserzeit untergebracht. Danach führt der Bus vorbei am Bundesfinanzministerium, aber auch am Bundesministerium für Verbraucherschutz, Ernährung und Landwirtschaft und am Bundesministerium für Arbeit und Sozialordnung. Danach biegt der Bus in die bekannte Berliner Prachtstraße Unter den Linden ein, in der sich viele historische Bauten befinden."
„Du vergisst schon wieder unsere Aufgabe. Aber, Moment mal, fahren da nicht auch die Busse der Linie 100 entlang? Ich habe da eine Idee!"

1. Welche Idee könnte Lisa gekommen sein? Überprüfe deine Lösung anhand der Karte (M1).
2. Erstelle eine Liste mit den Gebäuden des Parlaments- und Regierungsviertels, die mit den Bussen der Linie 100 und 200 zu erreichen sind.
3. Finde auf M3 das Reichstagsgebäude.
4. Nenne weitere Sehenswürdigkeiten, die sich mit den beiden Buslinien in Berlin entdecken lassen. Ordne deiner Lösung auch die Fotos M2 bis M5 zu.

M3 Über dem Parlamentsviertel

M4 Am Potsdamer Platz

M5 Am Schloss Bellevue

Stadt-Umland-Beziehungen

Alle großen Städte nehmen Einfluss auf ihr Umland. Die Beziehungen der Städte zu ihrem Umland sind vielfältig. Für Berlin kommt hinzu, dass ein Teil der Stadt über Jahre durch den Grenzverlauf keine Verbindungen zum Umland besaß.

Über Jahrzehnte war der Westteil Berlins von einer Grenze umgeben, die erst mit der Wiedervereinigung 1990 fiel. Der Westteil Berlins war als Folge der Teilung Deutschlands von seinem Umland abgeschnitten. Das westliche Umland Berlins war aber auch vom ehemaligen Ostteil Berlins nur schwer zu erreichen, denn der abgeriegelte Westteil musste zeitaufwändig umfahren werden.

Mit der Wiedervereinigung entwickelten sich erneut vielfältige Beziehungen zwischen Stadt und Umland. Zahlreiche Industriebetriebe verließen Berlin um sich im Umland anzusiedeln. Gewerbeparks wurden eingerichtet, die oft nicht in Siedlungsnähe, sondern in verkehrsgünstigen Lagen entstanden. Bisher nicht bebaute Landschaften wurden in die Planung und Entwicklung von Gewerbegebieten einbezogen. Bereits wenige Jahre nach der Wiedervereinigung gab es im Berliner Umland auf einer Fläche von 6000 Hektar neu entwickelte Gewerbestandorte.

Ähnlich rasch verbreiteten sich Einrichtungen des Einzelhandels. Innerhalb weniger Jahre wurden mehr als ein Dutzend Einkaufszentren auf ehemals landwirtschaftlichen Flächen errichtet. Fachmärkte mit fast 300 000 Quadratmetern Verkaufsfläche entstanden, darunter Gebäude mit bis zu 85 000 Quadratmetern. Der Einzelhandel in Berlin und in den Städten Brandenburgs wurde erheblich geschwächt, denn die Kundschaft fuhr offensichtlich lieber zu den neuen Einkaufszentren. Mitte der 1990er-Jahre verboten deshalb die Regierungen Berlins und Brandenburgs den Bau neuer großer Einkaufsmärkte im Berliner Umland.

M1 Wohnen in Bernau

M2 Einkaufszentrum Waltersdorf

M3 Wanderung zwischen Berlin und Umland

M4 Eine Mitarbeiterin aus einem Berliner Planungsamt berichtet
Viele Berliner verlegten ihren Wohnort ins Umland, weil dort die Baulandpreise niedriger sind und der Wunsch nach einem eigenen Haus sich schneller verwirklichen lässt. Allein in den ersten zehn Jahren nach der Wiedervereinigung entstanden mehr als 100 000 neue Wohnungen und Einfamilienhäuser. Der Fortzug aus Berlin hält an, allerdings nicht mehr in solch einem starken Maß wie noch Ende der 1990er-Jahre. Der Wunsch nach einem eigenen Haus im Grünen bleibt jedoch für viele Berliner ein erstrebenswertes Ziel.

Stadt-Umland-Beziehungen

M5 Reiterhof im Norden Berlins

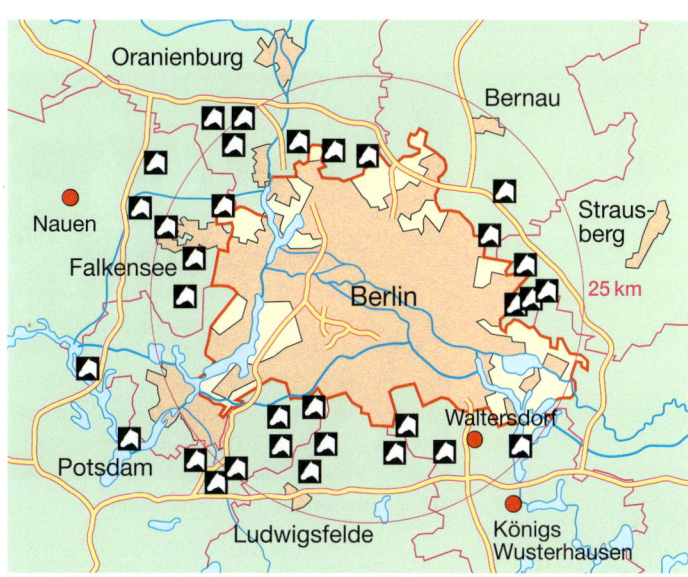

M6 Reiterstandorte im Umland von Berlin (Stand: 2002)

Solche Entwicklungen bleiben nicht ohne Folgen. So hat der Verkehr in den Umlandgemeinden stark zugenommen, da sich häufig der Arbeits- oder Ausbildungsplatz weiterhin in Berlin befindet. Die Bewohner der Umlandgemeinden werden Pendler. Auch die Ausstattung mit Freizeiteinrichtungen im Berliner Umland veränderte sich seit 1990. Die Bewohnerinnen und Bewohner des Berliner Westteils entdeckten das Umland für ihre Freizeitbeschäftigungen. Teilweise zogen ganze Vereine ins Umland. Sie bauten Reithallen, Springplätze, Pferdekliniken, Restaurants und vieles mehr.

Eine ähnliche Entwicklung erleben gegenwärtig die Golfplätze. Ihre Zahl hat sich ungefähr verdreifacht.

Zu weiteren Freizeiteinrichtungen gehören so genannte „Spaßbäder". Zwischen 1990 und 2003 wurden mehr als zwölf gebaut. In den nächsten Jahren sollen weitere hinzukommen. Manche Spaßbäder werden durch Badelandschaften sowie Heilbäder ergänzt.

Die wachsende Zahl der Einrichtungen wirkt sich belebend auf den Tourismus aus. 2001 wurden in Brandenburg über 100 Millionen Tagestouristen gezählt, ein Großteil davon kam aus Berlin. Zu möglichen neuen Anziehungspunkten im Berliner Umland gehören auch Freizeit- und Vergnügungsparks.

M7 In einem Spaßbad

1. Berichte über Verflechtungen zwischen Berlin und seinem Umland. Gehe hierbei auch auf die Pendler ein.
2. Nenne Probleme der Entwicklung im Berliner Umland seit der Wiedervereinigung Deutschlands.
3. Fasse die Veränderungen im Berliner Umland durch Nutzungen in der Freizeit (M5 bis M7 und Text) mit deinen Worten zusammen.
4. Erläutere das Diagramm M3. Beschreibe zunächst den Aufbau (was steht wo?). Erkläre danach, wie es zu „lesen" ist.

Die Küsten – zwischen Wattenmeer und Kreidekliff

M1 Hochwasser im Hafen von Husum

M2 Niedrigwasser im Hafen von Husum

An den deutschen Küsten

Deutschland grenzt an die Küsten von Nordsee und Ostsee. Diese Küstenräume wollen wir uns näher ansehen und herausfinden, ob es zwischen den natürlichen Gegebenheiten beider Räume Unterschiede gibt.
Wir blicken hier auf die Nordsee. Unendlich erscheint uns die Wasserfläche, und doch ist sie nur ein kleiner Teil des Atlantischen Ozeans.

Die Nordsee ist nur durch die Britischen Inseln vom Atlantischen Ozean getrennt. Sie ist ein Randmeer. Ihr Salzgehalt ist genauso hoch wie im Atlantik. „Nordsee ist Mordsee", sagt der Seemann. Die von Stürmen aufgewühlte See ist eine große Gefahr für die Schifffahrt. Stürme und Salzwasser bewirken, dass die Nordsee niemals zufriert. Nur im Schutz der Inselketten, die sich an der deutschen Nordseeküste entlangziehen, kommt es in außergewöhnlich kalten Wintern zur Eisbildung.

Die Ostsee ist an allen Seiten von Land umgeben. Nur drei schmale Meeresstreifen verbinden das Meer mit der Nordsee. Die Ostsee wird deshalb als „Binnenmeer" bezeichnet. Die mittlere Tiefe beträgt 55 Meter. Schwankungen des Wasserspiegels verursacht der Wind. Bläst Sturm mehrere Tage nach Osten, so treibt er das Wasser vor sich her. Dreht der Sturm, so schwappt das Wasser zurück.

Während an der Nordsee Ebbe und Flut auftreten, sind sie an den Küsten der Ostsee kaum zu bemerken. Außerdem ist das Wasser der Ostsee nur schwach salzig. Das hängt damit zusammen, dass viele Flüsse dem Binnenmeer ständig Süßwasser zuführen. Eine Folge dessen ist, dass die Ostsee an ihren Küsten im Winter zufrieren kann.

M3 Rückkehr von einer Wattwanderung

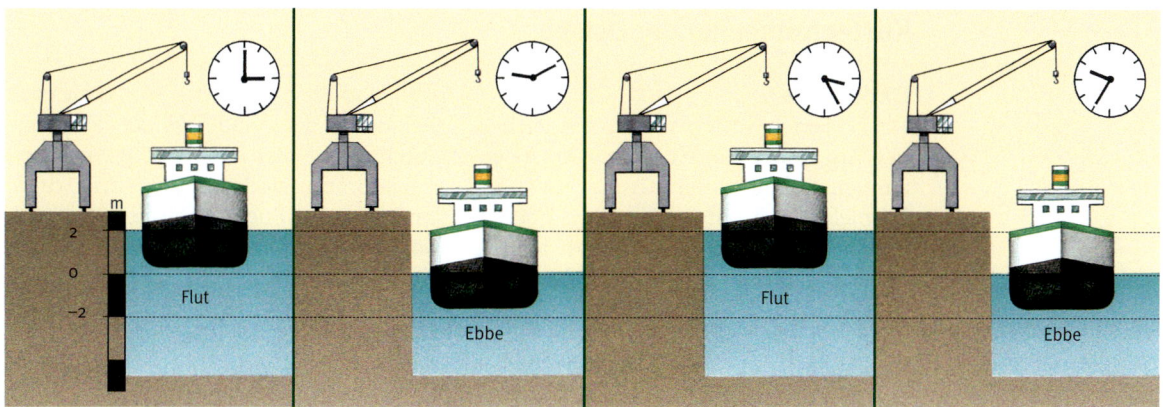

M4 Wechselnder Wasserstand in einem Nordseehafen

Das Meer kommt und geht

Die Nordseeküste – eine Gezeitenküste

An der Nordseeküste wechselt der Wasserstand regelmäßig seine Höhe. Diesen Wechsel von Absinken und Ansteigen des Meeresspiegels bezeichnet man als „Gezeiten". Der Zeitraum des ablaufenden Wassers wird „Ebbe" genannt, der des auflaufenden Wassers „Flut".

Der Zeitpunkt des höchsten Wasserstandes heißt „Hochwasser", der des niedrigsten Wasserstandes „Niedrigwasser". Der Unterschied zwischen Hoch- und Niedrigwasser wird „Tidenhub" genannt. Er beträgt an der deutschen Nordseeküste zwischen zwei und drei Metern.

Die Zeitspanne zwischen dem höchsten und niedrigsten Wasserstand umfasst sechs Stunden und zwölf Minuten. Jeden Tag verschiebt sich daher die Uhrzeit von Hoch- und Niedrigwasser.

Kurz nach Erreichen des Hochwassers beginnt das Wasser abzulaufen. Es fließt in breiter Front von den Sand- und Schlickflächen des Watts ab. Die größte Geschwindigkeit erreicht das abfließende Wasser in den Prielen. Das sind breite und tiefe Rinnen, die vor allem der Ebbstrom in das Watt gräbt. Darin fließt das Wasser mit einer Geschwindigkeit von ein bis zwei Metern in der Sekunde ab.

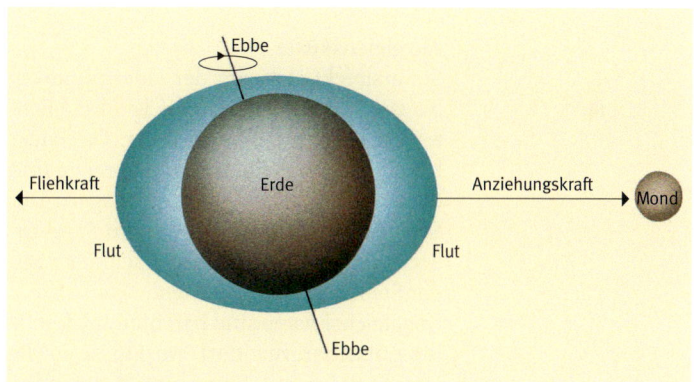

M5 Entstehung der Gezeiten

1. Nenne Staaten, die an die Nordsee und Staaten, die an die Ostsee grenzen. Erfasse sie geordnet nach Nord- und Ostsee in einer Liste (Atlas).
2. Du willst mit einem Schiff von Rostock in die Nordsee fahren. Zwischen welchen Reiserouten kannst du wählen? Beschreibe die Streckenführungen.
3. Beschreibe die Entstehung der Gezeiten (M1 bis M5 und Text). Beziehe hierzu auch die Erddrehung und die Wirkung des Mondes auf die Erde ein.
4. Nenne Auswirkungen der Gezeiten auf die Schifffahrt oder auf einen Badeurlaub an der deutschen Nordseeküste (M1 bis M4).

Küstenformen an der Ostsee

Fördenküste
Die Förden in Schleswig-Holstein reichen tief ins Binnenland hinein. Gletscherzungen hobelten den Grund aus. Das Schmelzwasser transportierte das Lockermaterial weg und grub Rinnen in den Untergrund. Als die Gletscher abschmolzen, drang das Meer in die Rinnen ein.

Boddenküste
Die Boddenküste erstreckt sich von Wismar bis zur Pommerschen Bucht. Bodden sind flache, stark zerlappte Buchten. In den seichten Bodden können nur kleine Schiffe fahren. Wegen der vielen Sandstrände ist diese Küste ein beliebtes Feriengebiet.

Ausgleichsküste
Sie erstreckt sich von der Odermündung bis zur Danziger Bucht. Sie ist eine buchtenlose, fast geradlinige Küste. Das Meer hat alle Küstenvorsprünge abgetragen und den Sand in den Buchten abgelagert. Der Strand ist flach und mit weißem Sand bedeckt. Mitunter wird diese Flachküste von der Steilküste unterbrochen.
Ausgleichsküsten sind hafenfeindlich. Häfen entstehen nur dort, wo Flüsse in die Ostsee münden. Bis zu 20 Meter hohe Dünen begleiten den Sandstrand. Dahinter liegen an vielen Stellen Strandseen. Sie waren ursprünglich Buchten. Wind und Wellen spülten Sand schräg zur Küste nach Osten. Wo der gerade Verlauf der Küste durch eine Bucht unterbrochen war, ließ die Strömung nach und der Sand wurde am Beginn der Bucht abgelagert. Die Sandwälle wuchsen allmählich über die Wasseroberfläche zu einem Haken an. Durch weitere Zufuhr von Sand wurde diese Landzunge immer länger, bis sie schließlich die Bucht vollständig abschnürte.

Nehrungsküste
Ein Sonderfall ist die Nehrungsküste. Lange schmale Dünen (Nehrungen) schließen große Meeresbuchten (Haffs) fast völlig vom Meer ab. Nur die Flüsse halten mit ihrer Strömung eine schmale Fahrrinne in die Ostsee offen.

An Flachküsten und Nehrungen treibt der Wind den Sand auch über den Strand. An Hindernissen bleibt er liegen und wächst allmählich zu einer Düne an. Der Wind bewegt sie jährlich um einige Meter nach Osten, sie sind Wanderdünen. Das Anpflanzen von Strandhafer und Kiefern soll diese Dünenwanderung aufhalten.

Im hohen Kliff gibt es Bernstein, ein verhärtetes Baumharz. Bei Stürmen und im Winter brechen Teile der Kliffküste herab. Der leichte Bernstein schwimmt auf.

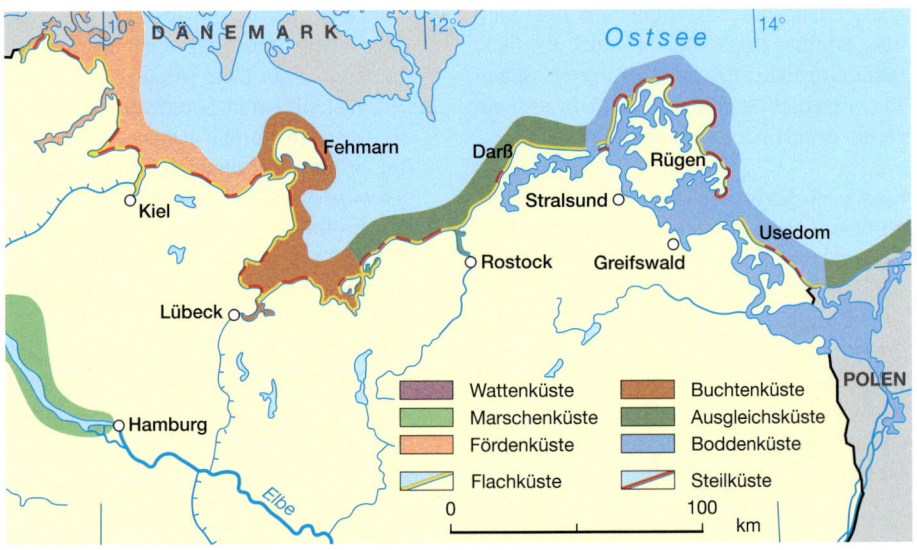

M1 Gliederung der deutschen Ostsee-Küste

Küstenformen an der Ostsee

Steilküste

Die Steilküste entsteht durch Rückversetzung. Die Wellen schlagen bei Sturm gegen das „Kliff", so heißt die steil aufragende Wand des Festlands. Sie unterhöhlen dessen untere Kante.

Im Winter greift auch der Frost an. Gefrierendes Wasser lockert das Material. Vom Frost gelockerte und von Regen durchnässte Teile des Kliffs stürzen ab.

Die Steilküste bleibt zwar erhalten, aber sie wandert von Jahr zu Jahr um Zentimeter landeinwärts.

Die Steine bleiben am Strand liegen. Der Sand, der Boden, herabgestürzte Sträucher und Bäume werden von den Wellen weggetragen. Von Menschen errichtete Steinwälle sollen das Kliff schützen.

Flachküste

Die Flachküste entsteht am sanft ansteigenden Festland. Vor diesem Küstenbereich brechen sich die Wellen schon weit draußen. Sie laufen am Strand aus und schütten einen Strandwall aus Sand auf. Das zurückfließende Wasser lagert Sand in 50 bis 100 Metern Entfernung vor der Küstenlinie als Sandbank ab.

Buhnen aus Holz oder Stein vermindern ein Wegschwemmen des Sandes. Der trockene Sand wird vom Wind zu Dünen angehäuft.

1. Nenne die Küstenformen an der deutschen Ostsee (M1) und beschreibe ihre Lage.
2. Welche Küstenformen eignen sich für die Anlage von Häfen, welche nicht?
3. Wodurch unterscheidet sich die Ostseeküste von der Nordseeküste?
4. Stelle gemeinsame und unterschiedliche Merkmale von Steil- und Flachküsten in einer Tabelle gegenüber.

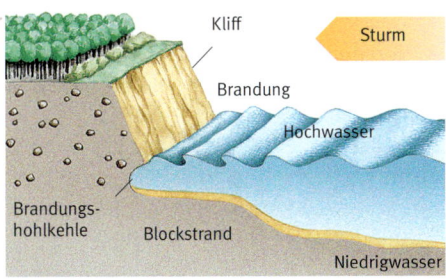
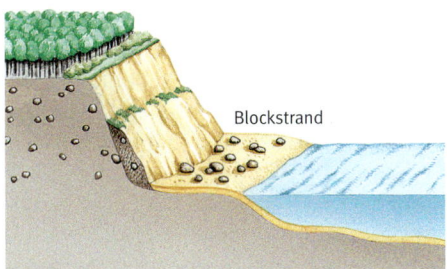
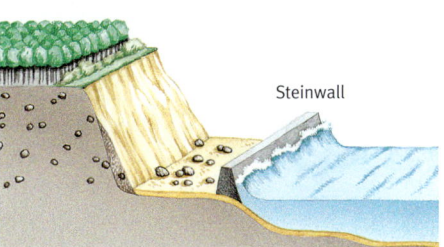

M2 Vorgänge an der Steilküste

M3 Ausgleichsküste

M4 Steilküste im Nordosten der Insel Rügen

M1 Seehunde auf einer Sandbank im Wattenmeer

Naturschutz für Küste und Meer

Jährlich besuchen etwa vier Millionen Urlauber die deutsche Nordseeküste. Was lockt sie an die Küste und wie schützt man das Wattenmeer vor den vielen Menschen?

Wenn du auf einer Karte die deutsche Nordseeküste betrachtest, erkennst du zahlreiche lang gestreckte, schmale Inseln, die nicht allzu weit vom Festland entfernt liegen. An der Küste Niedersachsens sind es die Ostfriesischen Inseln, in Schleswig-Holstein die Nordfriesischen Inseln. Sie alle sind Düneninseln, deren Untergrund aus Sand besteht. Mit ihren Sandstränden sind sie ideal für Badeferien. Deshalb gibt es auf jeder dieser Inseln ein Seebad. Auf Sylt entwickelten sich aus Fischerdörfern mehrere Badeorte.
Nur die Halligen haben eine rundliche Form. Sie bestehen aus Schlick- und Lehmboden der Marsch.

Wattenmeer

Das Watt an der Nordsee ist einmalig. Der Untergrund fällt flach ins Meer ab. Die Wellenkraft des Meeres hat das Material zu Sand und Schlick zerrieben.
Die Flut überspült das Watt, bei Ebbe fällt es trocken. Dann kann der Wanderer durch den zähen Schlick waten oder auf dem feuchten Sand gehen. Das flache Wattenmeer liegt zwischen den Inseln und dem Festland. Nur die Priele führen je nach Tiefe auch bei Ebbe noch Wasser. In ihnen fließen mit den Gezeiten riesige Wassermassen hin und her. Für Schiffe, die im Wattenmeer nur bei Flut und in tiefen Prielen fahren können, ist das Fahrwasser durch Stangen und Bojen gekennzeichnet.

Nationalpark Wattenmeer

Das Wattenmeer ist eine der wenigen natürlichen Landschaften in Deutschland. Es ist ein auf der Welt einzigartiger Lebensraum für Tiere und Pflanzen. Im Boden des Watts leben weit über 1000 Tierarten. Die kleinsten von ihnen sind nur unter dem Mikroskop zu erkennen. Hierzu gehört mehr als die Hälfte aller Tierarten im Watt. Zu den größeren Tieren gehört der Pierwurm. Seine gekringelten Kothäufchen findet man fast überall. Bodentiere sind auch die vielen verschiedenen Muscheln, Krebse, Schnecken und Krabben. Sie sind Nahrung für die größeren Tiere. Über 100 Vogelarten leben im Watt oder benutzen es als Brut-, Rast- oder Überwinterungsplatz. Jedes Jahr im Frühjahr und im Herbst rasten hier zeitweilig über drei Millionen Zugvögel aus Nordeuropa und aus Sibirien.
Bei Ebbe suchen Seehunde Sandbänke oder ruhige Stellen im Sandwatt am Rand tiefer Priele als Liege- und als Säugeplatz auf. Für zahlreiche Fische der Nordsee wie Hering, Seezunge und Scholle ist das Wattenmeer die „Kinderstube", es ist ihr Laich- und Aufzuchtgebiet.

Naturschutz für Küste und Meer

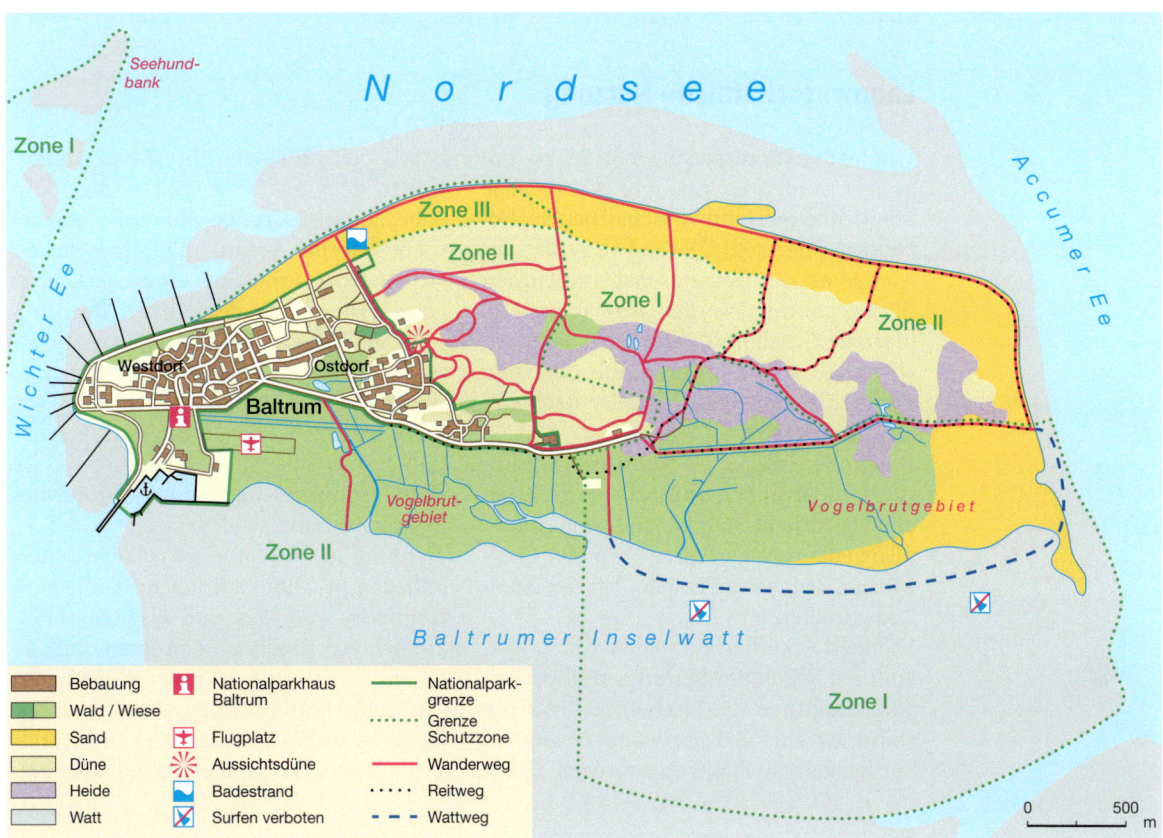

M2 Plan der Insel Baltrum

Tiere und Pflanzen haben sich den besonderen Umweltbedingungen angepasst. Pflanzen wie Queller, Andelgras und Strandflieder vertragen die Überflutung durch Salzwasser. Von den Salzpflanzungen ernähren sich über 400 Tierarten.

Aufgrund der Vielzahl an Pflanzen und Tieren wurde das Wattenmeer unter den besonderen Schutz dreier Nationalparks gestellt: Schleswig-Holsteinisches Wattenmeer, Hamburgisches Wattenmeer, Niedersächsisches Wattenmeer.

Die Gesamtfläche der Nationalparks ist in drei Schutzzonen unterteilt:
In den Ruhezonen (Schutzzone I) gelten die strengsten Schutzbestimmungen. Hier sind Wattwandern, Wandern, Radfahren oder Reiten nur auf bestimmten Wegen erlaubt.

Wassersportler dürfen außerhalb der Fahrwasser nur drei Stunden vor und nach dem Hochwasser fahren. Ansonsten ist der Zutritt verboten. Hierzu gehören Salzwiesen, Dünen, die Seehundbänke sowie die Brut-, Rast- und Mausergebiete der Vögel.
In den Zwischenzonen ist das Betreten vor allem während der Brutzeiten (1. April bis 31. Juli) untersagt. Autoverkehr ist nur auf bestimmten Straßen erlaubt.
Die Erholungszonen sind für den Bade- und Kurbetrieb ausgewiesen.

1. Erkläre Besonderheiten des Naturraums Wattenmeer.
2. Beschreibe die Ausstattung der Insel Baltrum. Verwende die Begriffe aus der Zeichenerklärung der Karte (M2).
3. Formuliert Empfehlungen für ein umweltgerechtes Verhalten beim Urlaub auf einer Nordseeinsel.

Das Norddeutsche Tiefland – von der Landwirtschaft geprägt

Landwirtschaftliche Nutzung

Wie auf den vorausgegangenen Seiten festgestellt werden konnte, gibt es vielfältige Möglichkeiten landwirtschaftlicher Nutzungen. Hier soll die Landwirtschaft des Norddeutschen Tieflands insgesamt in den Blick genommen werden. Außerdem wird hier eine Einteilung (Systematik) der Landwirtschaft vorgenommen, die über den norddeutschen Raum und Deutschland hinaus üblich ist.

Die große Gruppe des Ackerbaus wird in vier Untergruppen aufgegliedert: Getreide-, Hackfrucht-, Ölpflanzen- und Futterpflanzenanbau. Um diese Form der Landwirtschaft zu betreiben benötigt der Bauer Bodenflächen.

Ebenfalls Ackerflächen werden für Sonderkulturen benötigt. Allerdings sind bei den Sonderkulturen die Flächen relativ klein. Dafür ist aber der Aufwand besonders hoch, den diese Pflanzen erfordern. Daher haben diese Pflanzen ihre Bezeichnung.

Neben dem Ackerbau gibt es die Viehhaltung, die im Grunde ohne Ackerland betrieben werden könnte. Allerdings stellen sich hier zwei Probleme: Einerseits benötigen die Tiere Futter, deshalb betreiben einige Landwirte sowohl Futterpflanzenanbau als auch Viehwirtschaft. Andererseits müssen die Ausscheidungen (Exkremente) der Tiere beseitigt werden. Sie dürfen nicht „einfach so" ins Abwassersystem (in die Kanalisation) geleitet werden oder im Boden versickern.

Tierische Ausscheidungen werden unterschieden in Gülle und Jauche. Gülle sind Gemische aus Kot- und Harnausscheidungen von Rindern, Schweinen und Geflügel. Jauche sind Harnausscheidungen von Rindern und Schweinen. Nach streng festgelegten Vorgaben, ist es den Landwirten gestattet, die tierischen Ausschei-

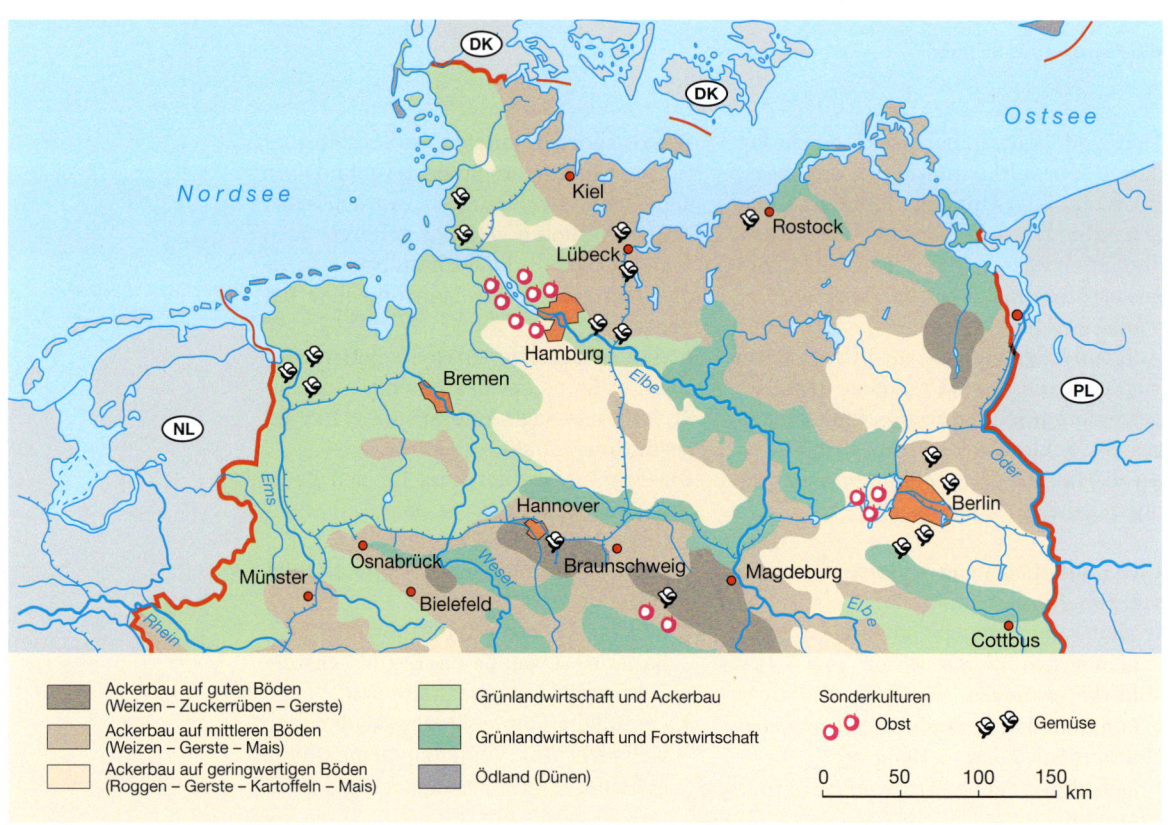

M1 Landwirtschaft im Norddeutschen Tiefland

Landwirtschaftliche Nutzung 37

M2 Landwirtschaftliche Erzeugnisse Europas (Auswahl)

dungen auf den Feldern auszubringen (Gülleverordnung).
Die Bodenqualität ist entscheidend für die Ackerpflanzen, die ein Landwirt überhaupt anbauen kann. Anspruchsvolle Pflanzen benötigen hochwertige Böden. Auf weniger wertvollen Böden sind nur Grünland- und Forstwirtschaft möglich.

1. Wiederhole die Aufteilung der Landwirtschaft (Text, M2).
2. Beschreibe die Lage der landwirtschaftlichen Großräume Norddeutschlands (M1).
3. Erläutere den Zusammenhang zwischen Ackerpflanze und Bodengüte.
4. Fasse zusammen, was eine Gülleverordnung regelt (Text, M3).

M3 Ein Landwirt bringt Gülle aus

Zucker aus dem östlichen Harzvorland

M1 Zuckerfabrik Könnern

Vom östlichen Rand des Harzes bis zu den Flüssen Elbe und Mulde erstreckt sich ein Hügelland, das von Ackerbau geprägt ist. Die Landwirte bauen in diesem Gebiet vorwiegend Zuckerrüben und Weizen an. Grünlandflächen und Wälder, wie beispielsweise in der Eifel, fehlen hier. Warum wird im östlichen Harzvorland vor allem Ackerbau betrieben und weshalb werden gerade Zuckerrüben und Weizen angebaut?

M3 Bei der Zuckerrübenernte
Im Herbst beginnt die Zuckerrübenernte. Vom frühen Morgen bis zum späten Abend wird auf den riesigen Feldern geerntet. Lastwagen fahren die Rüben vom Acker direkt zur Zuckerfabrik.
Die Erntezeit erstreckt sich über zwei bis drei Monate.
Während dieser Zeit verfolgen die Landwirte die Wettervorhersagen sehr genau. Nasses Wetter ist für die Zuckerrübenernte ungünstig, denn bei Regen wird der Boden zäh und klebrig. Die Arbeit auf dem Feld ist dann eine Qual.
Außerdem achten sie auch auf Hinweise zu Nachtfrösten, denn bei gefrorenem Boden brechen die Spitzen der Zuckerrüben beim Herausziehen sehr leicht ab. Aber gerade sie enthalten den meisten Zucker.

Aussaat im Frühjahr

Pflege während der Wachstumszeit

Verarbeitung der Zuckerrüben
In der Zuckerfabrik werden die Rüben zu Zucker verarbeitet. Die Verarbeitung muss recht schnell nach der Ernte erfolgen, denn bei längerer Lagerung der Zuckerrüben nimmt der Zuckergehalt sehr rasch ab.
Nach der Anlieferung werden die Zuckerrüben gewaschen und geschnitzelt. Die Schnitzel werden danach ausgepresst. Der Rübensaft, der dabei herausläuft, wird zu Sirup verarbeitet. Aus ihm wird Haushaltszucker gewonnen.
Aber auch die ausgepressten Rübenschnitzel werden weiter genutzt. Sie dienen ebenso wie die frischen Rübenblätter als Futter in den Rinder- und Schweinemastbetrieben.

Ernte im Spätherbst

M2 Zuckerrübenanbau von März bis November

Zucker aus dem östlichen Harzvorland

Börden

Das östliche Harzvorland gehört zum Gebiet der Börden, das sich am Nordrand der deutschen Mittelgebirge entlangzieht.

Die Böden der Börden haben sich in einem langen Zeitraum herausgebildet. Vor mehr als 10 000 Jahren trugen vom Norden wehende Winde Ton-, Kalk- und Sandstaub heran und lagerten ihn vor dem Rand der Mittelgebirge ab. Dieses feine Ablagerungsmaterial wird als „Löss" bezeichnet.

Auf dem Löss wuchs später ein dichter Laubwald. Aus dessen Laub und aus abgestorbenen Wurzeln von Gräsern, Kräutern und Sträuchern bildete sich eine dicke Schicht aus schwarzem Humus, der den Löss von oben nach unten durchsetzt. Aufgrund des hohen Humusanteils ist der Boden auf Löss sehr fruchtbar. Auf ihm wachsen Zuckerrüben und Weizen besonders gut.

Fruchtwechsel

Baute man auf den Feldern Jahr für Jahr dieselbe Frucht an, so würden die Erträge sehr schnell abnehmen, weil die Pflanzen dem Boden fortwährend dieselben Nährstoffe entziehen. Das ist auch bei Boden auf Löss so.

Um dem einseitigen Nährstoffentzug vorzubeugen werden im jährlichen Rhythmus die Anbaupflanzen gewechselt. Der Landwirt betreibt Fruchtwechselwirtschaft. Der Anbau wechselt zwischen Halm- und Blattfrüchten. Der Fruchtwechsel beugt auch der Ausbreitung von Pflanzenschädlingen und Pflanzenkrankheiten vor.

Anbaupflanzen im östlichen Harzvorland	
Anbaupflanze	Nutzung
Weizen	Mehl
Gerste	Malz zum Bierbrauen, Graupen
Raps	Speiseöl, technische Öle, Biodiesel, Viehfutter
Gemüse	Frischgemüse, Konserven, Tiefkühlkost

M4 Anbaupflanzen im östlichen Harzvorland und ihre Nutzungen

Merkmale von Boden auf Löss
- sehr fruchtbarer Boden
- tief reichend
- krümelig
- stark durchwurzelt
- hoher Humusanteil
- reich an Pflanzennährstoffen und Bodenwasser
- durch viele Wurmgänge aufgelockert
- frei von Steinen

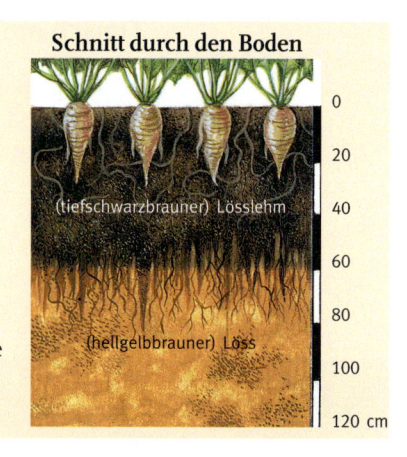

M5 Boden auf Löss

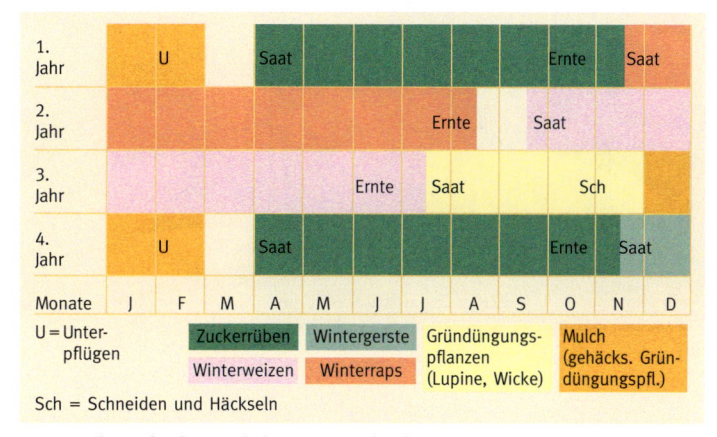

M6 Fruchtwechsel im östlichen Harzvorland

1. Suche auf einer physischen Karte (siehe hierzu auch S. 144) das östliche Harzvorland und die Stadt Könnern (Atlas).
2. Beschreibe den Anbau und die Verarbeitung von Zuckerrüben (M2, M3; Text).
3. Weshalb werden Zuckerfabriken in der Nähe der Zuckerrübenfelder errichtet (Text)?
4. Begründe, weshalb Böden auf Löss besonders fruchtbar sind (M5).
5. Stelle in einer Tabelle einen vierjährigen Arbeitskalender für einen landwirtschaftlichen Betrieb im östlichen Harzvorland zusammen. Welche Arbeiten könnten im fünften Jahr anfallen (M2, M4, M6)?
6. Verfolge auf einer Landwirtschaftskarte den Gürtel der Börden am Nordrand der deutschen Mittelgebirge. Notiere sie!

Fleisch auf unseren Tisch

Immer billiger – immer mehr. Mit Sonderangeboten locken Supermarktketten Kunden an. Während sich früher viele Menschen allenfalls einmal in der Woche, meist am Sonntag, Fleisch leisten konnten, gehören heute Fleischgerichte zum täglichen Speiseplan. Ist billig und mehr aber auch gleichzeitig besser?

M1 In einem Schweinemastbetrieb

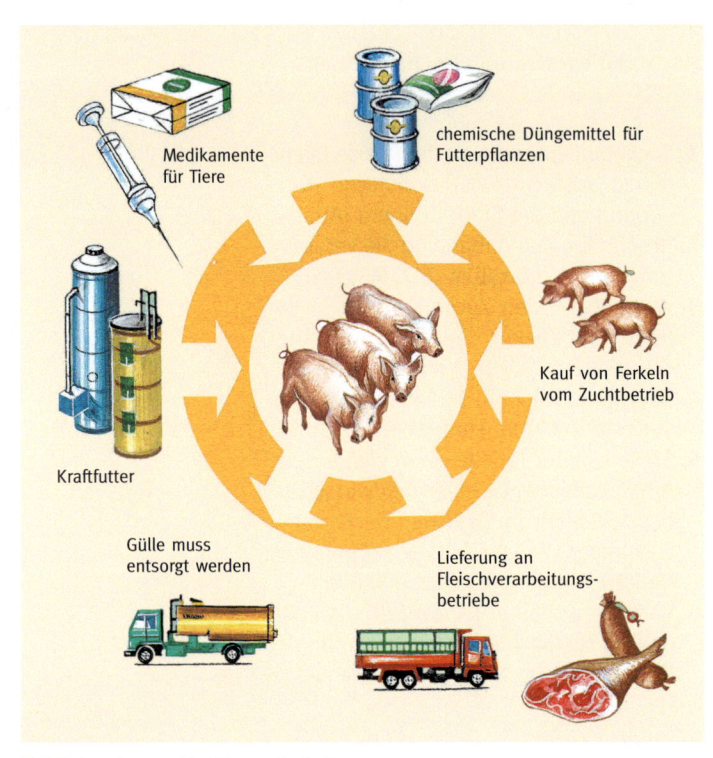

M2 Schweinemast in Massentierhaltung

Was sich ein Arbeitnehmer vom Lohn einer Arbeitsstunde kaufen konnte

	1961	2000
Rindfleisch	640 g	1440 g
Butter	850 g	3740 g
Milch	8,7 l	26,1 l
Eier	34 St.	93 St.

M3 Lohn und Kaufkraft

Niedrige Preise durch Massentierhaltung

„Je mehr Fleisch die Landwirtschaft produziert, umso niedriger ist der Preis für die Verbraucher", sagt Herr Mülders, der bei Vechta einen Schweinemastbetrieb mit 15 000 Schweinen betreibt. Er meint aber auch, dass das Glück der Verbraucher das Pech der Produzenten sei, denn für ein Schwein bekommt er heute weit weniger Geld als früher. Also muss er mehr Schweine halten. Aus diesem Grund hat er seinen Betrieb auf Schweinemast spezialisiert.

Ein Schweinemastbetrieb

Herr Mülders ist Vertragsmäster. Sein Betrieb liefert Schweine für eine Großhandelskette. Die Ferkel erhält er aus einer Zuchtstation. Etwa 100 Tage lang werden sie dann in seinem Betrieb bis zur Schlachtreife gefüttert. Dazu liefert die Großhandelskette besonders energiereiches Kraftfutter, denn jeder Tag, den ein Tier länger als vorgesehen gefüttert werden müsste, verursacht Verlust. Die Mastanlage läuft computergesteuert: Futtermittelversorgung, Entsorgung der Ausscheidungen, Abtransport der Tiere. Der Computer ist sogar mit der Großhandelskette vernetzt.

Massentierhaltung in der Krise?

Tierschützer protestieren schon lange gegen die unwürdige Massentierhaltung von Schweinen, Rindern und Hühnern. Immer wieder gab es zudem Tierseuchen, wie beispielsweise die Schweinepest, die sich in den großen Stallanlagen rasend schnell ausbreiten.

In Einzelfällen wurden in Mastbetrieben den Tieren sogar Medikamente zur beschleunigten Gewichtszunahme verabreicht, obwohl das streng verboten ist.

Artgerechte Tierhaltung

Artgerechte Tierhaltung bedeutet, dass Nutztiere so gehalten werden, wie es ihrer natürlichen Lebensweise nahe kommt. So bleiben beispielsweise die Ferkel länger beim Muttertier oder die Tiere erhalten mehr Raum für ihre Bewegungsfreiheit oder sie erhalten kein Kraftfutter und wachsen stattdessen langsamer auf.

Artgerechte Tierhaltung bedeutet aber auch weniger Tiere je Betrieb. Damit die Landwirte dennoch ihren Betrieb wirtschaftlich führen können, muss der gesamte Betriebsablauf von der Aufzucht der Jungtiere bis zur Vermarktung umgestellt werden. Manche Bauern vermarkten deshalb ihre Tiere selbst oder schließen sich mit Metzgereien zusammen, die nur Fleisch aus artgerechter Tierhaltung anbieten.

Meist sind die Landwirte und die Metzger Verbänden angeschlossen, die genau festgelegt haben, wie das Fleisch produziert werden muss.

M5 Hühner in Freilandhaltung und in Legebatterien

- Haltung einer kleinen Anzahl von Tieren
- lange Verweildauer der Tiere – langsameres Wachstum
- geschmackvolleres Fleisch
- Stallanlagen mit Einstreu der Liegeplätze, Auslauf im Freien
- Futter vom eigenen Hof, Anbau ohne chemische Düngemittel und Pflanzenschutzmittel
- Fleischverkauf oft direkt vom Hof oder in Zusammenarbeit mit Metzgereien

M6 Artgerechte Tierhaltung

M4 Wir haben die Wahl
Metzgermeister Körber verkauft Fleisch aus artgerechter Tierhaltung. „Zugegeben, das Fleisch ist etwas teurer", sagt er. „Man kann aber trotzdem sparen: Es muss ja nicht immer das wertvollste Stück Fleisch sein. Beim Schnitzel bieten sich statt teurem Nackenfleisch auch preiswertere Stücke vom Rippenbogen an, statt Schweinefilet kann es auch einmal ein Hüftstück sein. Und noch eine Sparmöglichkeit: Lieber halb so viel Fleisch und dafür doppelt so gut essen!"

1. Erläutere die Produktion von Schweinefleisch in der Massentierhaltung (M1, M2, Text).
2. Artgerechte Tierhaltung und naturschonende Futtermittelproduktion gehören zusammen. Erläutere diesen Zusammenhang (M6, Text).
3. Stellt Meinungen für und gegen die Massentierhaltung zusammen. Führt in der Klasse eine Diskussion zu diesem Thema.
4. Informiere dich in Metzgereien deines Wohnortes über Angebote aus artgerechter Tierhaltung. Lass dir auch die Grundsätze des Verbandes geben, dem die Metzgerei angeschlossen ist. Stelle Preisvergleiche an.
5. Sammle Rezepte für fleischarme und fleischlose (vegetarische) Speisen.

Brodowin – ein Ökodorf in Brandenburg

M1 Feldarbeiten im ökologischen Landbau

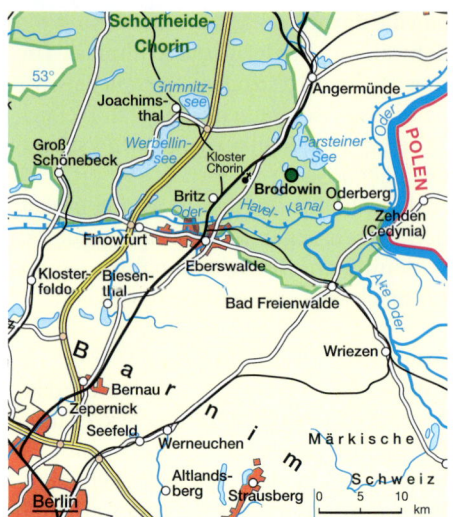

M2 Das Dorf Brodowin

Gesetzliches Prüfsiegel für Produkte des ökologischen Landbaus

Markenzeichen für Bioprodukte aus dem ökologischen Landbau

Das Dorf Brodowin liegt nordöstlich von Berlin im Landschaftsschutzgebiet Schorfheide-Chorin. Es ist eingebettet in eine Hügellandschaft mit Seen, Buchenwäldern sowie weiten Acker- und Grünlandflächen. Fast alle Landwirte Brodowins betreiben ökologischen Landbau. Was ist ökologischer Landbau und wieso wurde Brodowin zu einem Ökodorf?

M3 Brodowin – ein Ökodorf
Ökologischer Landbau kennzeichnet seit vielen Jahren die landwirtschaftliche Produktion in Brodowin.
Da das Dorf in einem Landschaftsschutzgebiet liegt, war es fast selbstverständlich, dass Umweltschutz auch im Feldbau und in der Tierhaltung „groß zu schreiben" ist. Anfangs war jedoch keinesfalls das gesamte Dorf für diese Form der Landwirtschaft, denn die Produktion ist aufwändiger und die Produkte für die Kunden sind teurer.
Sie schafft aber auch mehr Arbeitsplätze. Und was besonders wichtig ist: Die Erzeugnisse sind gesünder für die Ernährung der Menschen. Erzeugnisse aus Brodowin werden bis nach Berlin verkauft.

M4 Ökologischer Landbau
Die Umstellung von herkömmlicher Landwirtschaft auf ökokologischen Landbau stellte auch neue Ansprüche an die Landwirte. Die Pflege des Bodens wurde zu einer entscheidenden Frage, denn die Pflanzen sollen sich ausreichend von dem ernähren, was der Boden von Natur aus zu bieten hat. Jetzt heißt es: keinen Kunstdünger in den Boden, dafür Gründüngung, Kompostierung und Mulchung (= Aufbringen von zerkleinerten Pflanzen). Auch der Einsatz von künstlich hergestellten Pflanzenschutzmitteln gehört der Vergangenheit an, denn diese haben nicht nur die Pflanzen, sondern auch den Boden belastet.
Die natürliche Fruchtbarkeit des Bodens und das saftige Grünland in den Niederungen bieten gute Voraussetzungen für den Ackerbau und die Viehhaltung.

Ökologischer Landbau erfordert zwar mehr Arbeitskräfte, aber dafür weniger große und teure Maschinen. Auch die artgerechte Haltung und natürliche Ernährung der Tiere ist aufwändiger. In Brodowin werden deshalb etwa ein Drittel weniger Tiere gehalten als früher.

Brodowin – ein Ökodorf in Brandenburg

M5 Stoffkreislauf in einem Betrieb mit ökologischem Landbau

Die Entwicklung des ökologischen Landbaus

In den zurückliegenden Jahrzehnten hat sich die ökologische Landwirtschaft in Deutschland gut entwickelt. Es gab 2005 rund 16 500 Ökobauern. Das bedeutet, dass von 100 landwirtschaftlichen Betrieben derzeit etwa vier ökologischen Landbau betreiben.
Betriebe des ökologischen Landbaus bewirtschaften insgesamt eine Fläche von rund 734 000 Hektar. Das ist etwa der dreiundzwanzigste Teil der gesamten landwirtschaftlich genutzten Fläche in Deutschland.

Zielsetzungen der ökologischen Landwirtschaft

Der ökologische Landbau will gesunde Nahrungsmittel und hochwertige Rohstoffe erzeugen.
Durch eine umweltverträgliche Wirtschaftsweise soll die natürliche Fruchtbarkeit des Bodens erhalten bleiben oder wiederhergestellt werden.
Belastungen des Bodens und des im Boden enthaltenen Wassers durch Schadstoffe (chemische Düngemittel, Pflanzenschutzmittel) sollen vermieden werden. Die Dörfer sollen als ländliche Lebensräume erhalten bleiben.

M6 Entwicklung des ökologischen Landbaus in Deutschland

1. Wodurch wurde die Gründung des Ökodorfes Brodowin beeinflusst (M3)?
2. Ordne das Gebiet um Brodowin (M2) in eine Atlaskarte von Deutschland ein. Miss die ungefähre Entfernung vom Ort Chorin bis zum Stadtrand von Berlin.
3. Erläutere den Stoffkreislauf beim ökologischen Landbau (M5). Geh dabei vom Ackerboden aus.
4. Stelle wesentliche Unterschiede zwischen dem herkömmlichen und dem ökologischen Landbau in einer Tabelle gegenüber. Nutze dazu M4 und M5 auf diesen Seiten.
5. Beschreibe die Entwicklung des ökologischen Landbaus in Deutschland (Text, M6). Beziehe auch die Zielsetzungen in deine Überlegungen ein.
6. Erkundigt euch in Geschäften über das Angebot von Ökoprodukten. Legt eine Liste der Erzeugnisse an und vergleicht deren Preise mit Erzeugnissen aus anderer Produktion.

Ruhrgebiet und Niederlausitz – Regionen im Wandel

Die Niederrhein-Ruhr-Ballung

Rund zehn Millionen Menschen wohnen und arbeiten in der Niederrhein-Ruhr-Ballung, allein sechs Millionen im Ruhrgebiet. Was ist ein Ballungsgebiet und warum ist gerade im Ruhrgebiet ein solches Ballungsgebiet entstanden?

M1 Seit einer Stunde fährt der Intercityexpress 825 von Berlin nach Düsseldorf vorbei an Einfamilienhäusern, Reihenhäusern und dicht geschlossenen Häuserreihen, Hochhäusern und Einkaufszentren, an Hochöfen, Fördertürmen und Chemiefabriken, an alten Industriehallen und neuen Gewerbegebieten.
Hamm, Dortmund, Bochum, Essen, Duisburg und schließlich Düsseldorf – eine Großstadt reiht sich an die nächste. Doch nicht selten liegen Ackerflächen und Weideland mit Bauernhöfen, Gärtnereien oder kleine Waldstücke zwischen den bebauten Flächen.
Durch ein Gewirr von Verkehrswegen überquert der Zug mit Tempo 120 km/h Kanäle und unterfährt unzählige Straßenbrücken. Wir fahren durch das größte industrielle Ballungsgebiet Europas: die Niederrhein-Ruhr-Ballung.

An der Mündung der Ruhr in den Rhein entwickelte sich in Duisburg der Rhein-Ruhr-Hafen Duisport, der größte Binnenhafen Deutschlands. In diesem Hafen legen sogar kleinere Seeschiffe an, die zwischen Häfen in Großbritannien, Nordeuropa und entlang der Küsten des Mittelmeers verkehren. Autobahnen und Eisenbahnstrecken verlaufen in der Nähe des Hafens. Der internationale Flughafen Düsseldorf verbindet Duisburg mit den Wirtschaftszentren der Welt.

M4 Der Duisburger Hafen – Deutschlands größter Binnenhafen

M2 Mit dem ICE 825 von Hamm nach Düsseldorf

Hamm	9.19 Uhr
Dortmund	9.38 Uhr
Bochum	9.50 Uhr
Essen	10.01 Uhr
Duisburg	10.21 Uhr
Düsseldorf	10.35 Uhr

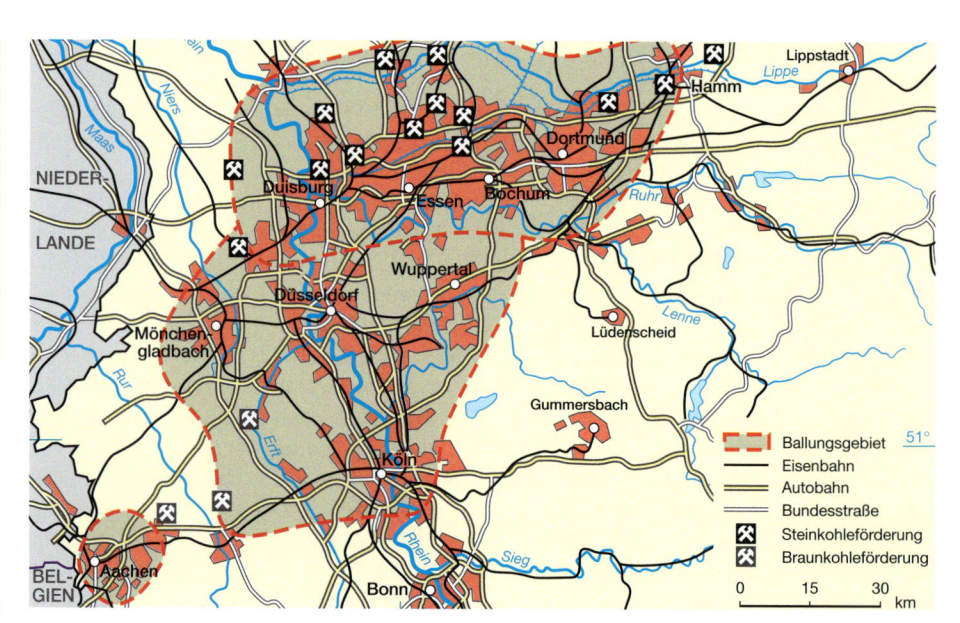

M3 Die Niederrhein-Ruhr-Ballung

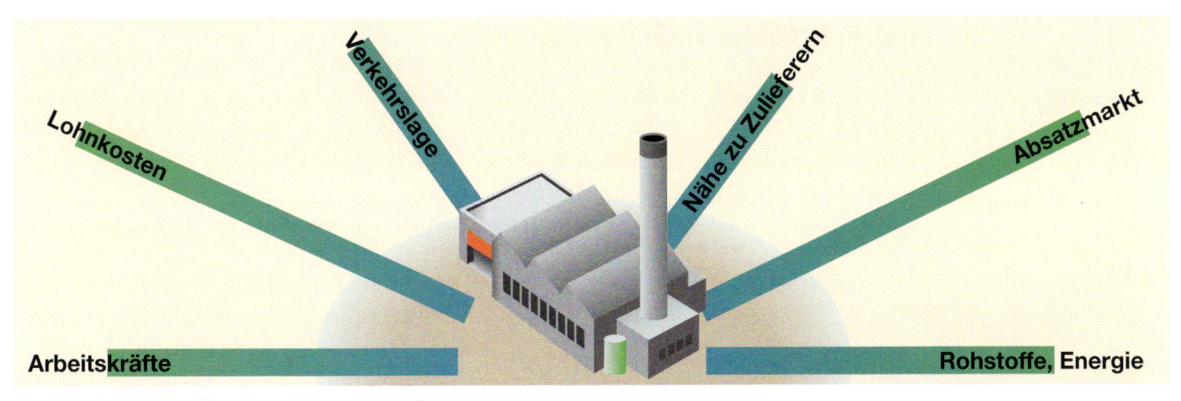

M5 Standortfaktoren für ein Industrieunternehmen

Die Niederrhein-Ruhr-Ballung ist das älteste und seit mehr als 100 Jahren auch das flächengrößte und bedeutendste Ballungsgebiet in Deutschland. Es gliedert sich in das Ruhrgebiet und in das südlich davon gelegene Niederrheingebiet. Das Ruhrgebiet trägt seinen Namen, weil vor etwa 150 Jahren im Tal der Ruhr die Entwicklung dieses Ballungsgebietes begann.

Gründe für die Entstehung

Zu Beginn des 19. Jahrhunderts hatte eine Erfindung die Wirtschaft grundlegend verändert – die Erfindung der Dampfmaschine. Besonders der Maschinenbau entwickelte sich dadurch als aufstrebender Industriezweig. Er verbrauchte viel Eisen, das mit neuen Produktionsverfahren hergestellt wurde. Für die Roheisengewinnung verbrauchte man viel Kohle um das Eisenerz zum Schmelzen zu bringen. Diese Kohle war im Ruhrgebiet in ausreichender Menge vorhanden. So entwickelte sich in den 1830er-Jahren der Steinkohlebergbau und die Eisenverarbeitung im Ruhrgebiet. Eisenerze wurden im nahen Sauerland gefördert und später aus dem Ausland eingekauft. Um die Kohlebergwerke herum siedelten sich weitere Fabrikanlagen an. Es war die Zeit der beginnenden Industrialisierung. Diese Industriebetriebe hatten auch einen enormen Bedarf an Arbeitskräften. Menschen, die vorher in der Landwirtschaft tätig waren, kamen aus anderen Teilen Deutschlands um im Ruhrgebiet zu arbeiten. So waren die Steinkohlenvorkommen und ihr Abbau ein wichtiger Standortfaktor für die Entstehung dieses Ballungsraums.

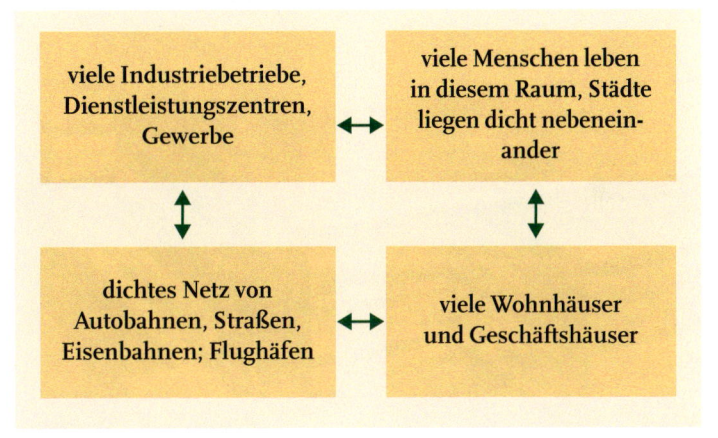

M6 Merkmale eines Verdichtungsraums

1. Verfolge auf der Karte (M3) die Fahrt des Intercity (M1 und M2).
2. Stelle die Nord-Süd- und die West-Ost-Ausdehnung der Niederrhein-Ruhr-Ballung fest (M3). Vergleiche nun in einem Atlas mit der Ausdehnung (Fläche) deines Heimatraumes.
3. Erkläre, wie sich das Ruhrgebiet zu einem bedeutenden Verdichtungsraum entwickelt hat. Benutze in diesem Zusammenhang auch den Begriff „Standortfaktor" (M5).
4. Erkläre mit M1 und M6, warum für die Niederrhein-Ruhr-Ballung die Merkmale eines Ballungsgebietes zutreffen.
5. Das Ruhrgebiet galt früher als ein „Schmelztiegel" verschiedener Volksgruppen. Erkläre diese Bezeichnung (Text).

Das Ruhrgebiet verändert sich

Kohle und Stahl prägen über 150 Jahre das Ruhrgebiet. Seit den 1970er-Jahren vollzieht sich im größten deutschen Verdichtungsraum ein Wandel, denn der Steinkohlenbergbau und die Schwerindustrie verlieren an Bedeutung. Warum vollzieht sich im Ruhrgebiet dieser Wandel und welche Folgen sind damit verbunden?

Steinkohlenbergbau im Ruhrgebiet

Das Ruhrgebiet verrät seinen Reichtum an Steinkohle nicht auf den ersten Blick. Nicht ahnen kann der Auswärtige, dass sich „unter Tage" industrielle Anlagen befinden, die in ihren Ausmaßen selbst die größten Industriebetriebe übertreffen. Technologisch steht der Bergbau im Ruhrgebiet heute weltweit an der Spitze.

Zum Steinkohlenbergwerk (Tiefbau) gehören über Tage Fördertürme, Schachtgebäude, Grubenlüfter, Aufbereitungsanlagen. Unter Tage führen senkrechte Förderschächte in die Welt des Bergmanns.

Förderschächte haben einen Durchmesser von sechs bis acht Metern. Sie nehmen Fördereinrichtungen für Menschen, Material und Kohle auf, Zu- und Ableitungen für Strom, Druckluft, Wasser, Telefon. Sie besorgen die Frischluftzufuhr (Bewetterung).

Im Ruhrgebiet erreichen die Schächte eine Tiefe von 600 bis zu mehr als 1300 Metern unter der Erdoberfläche. Ein Grubenfeld ist so groß, dass viele Bergleute vom Schacht bis zur Arbeit vor Ort am Kohlestreb bis zu 45 Minuten mit dem Zug, der Einschienenhängebahn oder dem Sessellift unterwegs sind.

M1 Schnitt durch ein Steinkohlenbergwerk

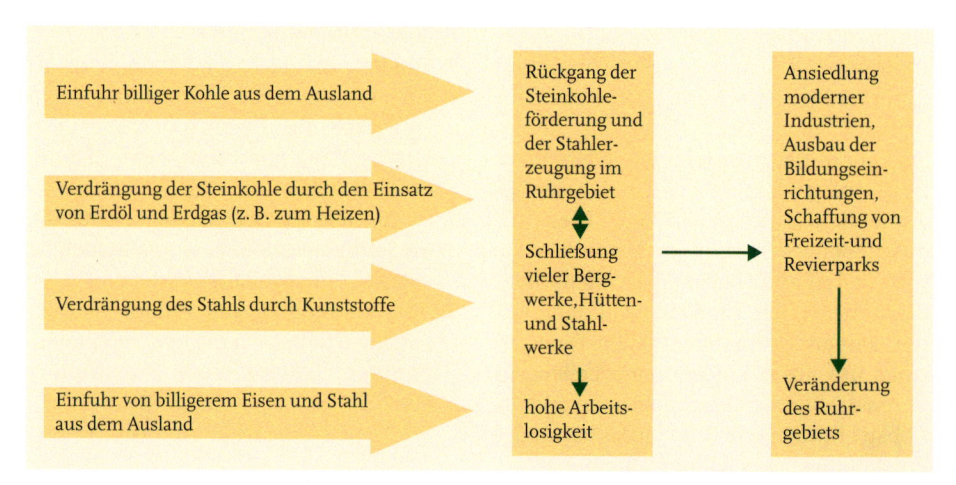

M2 Rückgang der Industrie im Ruhrgebiet

Das Ruhrgebiet verändert sich

M3 Freizeitpark im Ruhrgebiet

Menschen verändern das Ruhrgebiet
Mit dem Niedergang des Bergbaus stand der Wirtschaftsraum Ruhrgebiet vor einer gewaltigen Aufgabe: Die Menschen brauchten neue Arbeitsplätze. Das Land Nordrhein-Westfalen, die Bundesregierung, die Unternehmen und die Gewerkschaften entwickelten Pläne zur Modernisierung des Gebietes. Mithilfe von Fördergeldern wurden neue Betriebe gegründet oder aus dem In- und Ausland angesiedelt und dadurch zukunftsfähige Arbeitsplätze geschaffen. Diese grundlegende Veränderung einer Wirtschaftsregion nennt man „Strukturwandel".

M4 Solarzellenfabrik in Gelsenkirchen

1. Erkläre den Abbau der Steinkohle. Verwende dazu die Begriffe „Tiefbau", „Förderturm", „Schacht", „Deckgebirge" und „Flöz" (M1).
2. Erläutere Ursachen des Rückgangs des Steinkohlenbergbaus sowie der Eisen schaffenden Industrie in Deutschland.
3. Beschreibe den Wandel im Ruhrgebiet. Berücksichtige dabei die abgebildeten und beschriebenen Veränderungen (M2 bis M5).

M5 Ruhruniversität Bochum

Aus Wald entstand Kohle

Miriam hat ein Stück Steinkohle mitgebracht. Ihr Vater hatte gesagt, dass Steinkohle ein Gestein sei. Sie fragt nun: Wieso ist Kohle ein Gestein, wo sie doch brennen kann? Um eine Antwort auf die Frage zu finden müssen wir einen Blick in die Geschichte der Erde werfen.

Vor etwa 350 Millionen Jahren waren große Teile Mitteleuropas von einem Meer bedeckt. Die Küstenlinie dieses Meeres verlief am Nordrand des heutigen Mittelgebirgslandes. Das Tiefland entlang der Küste bot alle Voraussetzungen für die Entstehung von Steinkohle.

1. Sumpfwald wächst
Es herrscht ein feuchtes und warmes Klima. Im Küstentiefland wachsen üppige Wälder. Ganz allmählich senkt sich das Tiefland ab, oft weniger als einen Zentimeter in hundert Jahren. Ebenso langsam wird dabei der Waldboden vom Meer überflutet.

2. Ein Torflager entsteht
Abgestorbene Bäume versinken im Sumpf und häufen sich dort an. Auf der Moderschicht am Grund des flachen Meeres wachsen immer wieder neue Bäume. Auch diese Bäume sterben ab und versinken im Moor. In Jahrtausenden bildet sich aus dem abgestorbenen Holz schließlich Torf. Sand und Ton decken das riesige Torflager luftdicht ab.

3. Weitere Torflager kommen dazu
Oftmals verharrt die Erdoberfläche in ihrer Lage oder hebt sich sogar an. Wieder breitet sich Sumpfwald aus. Bei erneutem Absinken der Erdoberfläche bildet sich ein neues Torflager. Diese Vorgänge wiederholen sich während vieler Millionen Jahre. Dabei entstehen übereinander liegend viele Torfschichten.

4. Druck und Hitze erzeugen Kohle
Unter dem Druck der Sand- und Tonschichten und der dabei entstehenden Hitze wird Torf ganz langsam zu Braunkohle umgewandelt. Die Sand- und Tonschichten verfestigen sich zu Sandstein und Schiefergestein. Unter deren Druck wird aus der Braunkohle schließlich Steinkohle.

M1 Die Entstehung von Kohle

Aus Wald entstand Kohle | 49

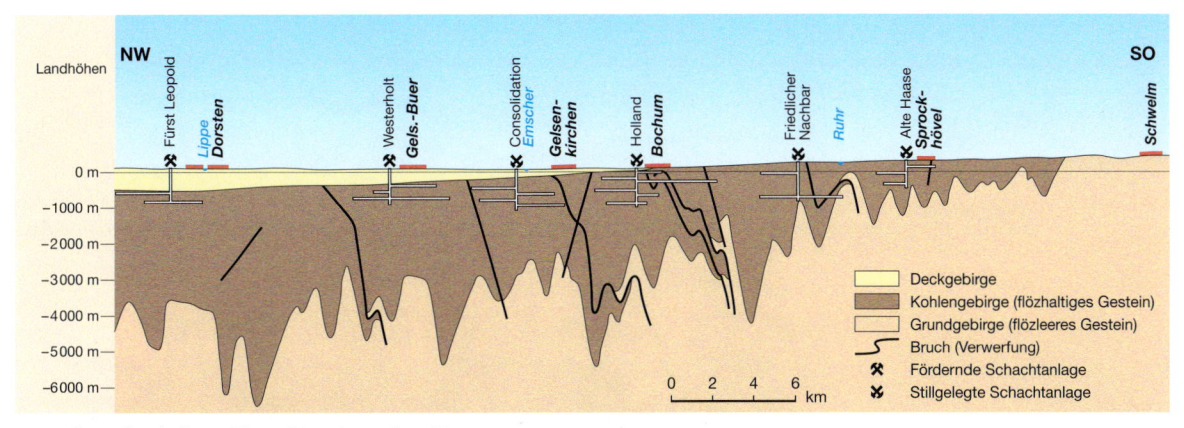

M2 Schnitt durch das Kohlengebirge im Ruhrgebiet

Das Kohlengebirge

Die Steinkohlenvorkommen sind keine einheitliche Lagerstätte. So folgen die Kohlenschichten in unterschiedlichen Abständen aufeinander. Sie sind auch unterschiedlich mächtig. Die Kohlenschichten sind insgesamt nur relativ dünn. Bergleute bezeichnen sie als „Flöze" (das Wort ist verwandt mit dem Begriff „flach").

Zwischen den Flözen liegen Schichten aus nicht nutzbaren Gesteinen. Man nennt sie „taubes Gestein". Die Flöze und das taube Gestein bilden zusammen das Kohlengebirge. Über dem Kohlengebirge lagert das Deckgebirge aus Kalkstein und Sandstein und unter dem Kohlengebirge befindet sich flözleeres Gestein aus Granit.

Bewegungen in der Erdkruste veränderten vor Millionen Jahren das Steinkohlengebirge. Die Gesteinsschichten wurden verbogen und gegeneinander verschoben. Dabei entstanden Falten und Brüche (Verwerfungen) im Gestein. Außerdem wurde der nördliche Teil des Steinkohlengebirges abgesenkt.

Kohle ist ein wichtiger Bodenschatz. Früher konnte man nur die Kohle fördern, die an der Oberfläche lag. Durch die Einführung immer besserer Technik können die Kohlenflöze sogar in mehr als 1000 Meter Tiefe abgebaut werden. Die Braunkohle in Deutschland liegt nicht so tief wie die Steinkohle. Sie wird nicht im Tief-, sondern im Tagebau gewonnen.

M3 Torf

M4 Braunkohle

M5 Steinkohle

1. Unter welchen Bedingungen entstand Kohle? Beschreibe die einzelnen Abschnitte der Kohleentstehung (M1).
2. Erläutere den „Schnitt durch das Kohlengebirge im Ruhrgebiet" (M2).
3. Suche auf einer Atlaskarte die Stein- und Braunkohlenlagerstätten in Deutschland. Zeichne ihre Lage in eine Umrisskarte ein.
4. Begründe, warum die Steinkohle meist tiefer in der Erde liegt als Braunkohle.

M1 Tagebau in der Lausitz

Braunkohle aus der Lausitz

Im Unterschied zur Steinkohle wird Braunkohle im Tagebau abgebaut. Dabei entstehen gewaltige Einschnitte in die Landschaft. Dörfer, Straßen, Eisenbahnen, Äcker, Wälder, ja sogar Flüsse müssen dem Tagebau weichen.
Die Braunkohle lagert etwa 50 bis 100 Meter unter der Erdoberfläche. Ein Schaufelradbagger von fast 100 Metern Höhe und über 200 Metern Länge räumt die Kohle frei. Der Bagger wird von einem Baggerführer gesteuert.
Mit dem riesigen Schaufelrad wird zuerst der Mutterboden abgetragen. Er wird besonders gelagert, damit er später wieder genutzt werden kann. Anschließend werden die Ton- und Sandschichten abgetragen, die über der Kohle lagern. Sie werden als „Abraum" bezeichnet. Über ein Transportband gelangt dieser Abraum auf die Kippe. Nun erst kann mit dem Abbau der Braunkohle begonnen werden. Dies übernimmt auch wieder der Schaufelradbagger. Eine Bandanlage transportiert die Braunkohle zum Kraftwerk.

Mit dem fortschreitenden Abbau wandert der Tagebau auf seiner gesamten Länge jährlich um etwa 250 Meter weiter. An der Abbauseite werden der Abraum abgegraben und Kohle gefördert. Auf der gegenüberliegenden Seite wächst die Abraumkippe. Vor Beginn der Kohleförderung muss das Grundwasser abgesenkt und auch während der Förderung ständig abgepumpt werden, damit der Tagebau nicht voll Wasser läuft.
Strenger Frost behindert den Betrieb des Tagebaus ebenso wie Tauwetter oder starke Regengüsse. Rohbraunkohle besteht zu mehr als der Hälfte aus Wasser. Ein Transport der Kohle über größere Entfernungen wäre nicht wirtschaftlich. Aus diesem Grunde wird Braunkohle in unmittelbarer Nähe des Tagebaus verarbeitet.
Das Kraftwerk Schwarze Pumpe bei Spremberg gehört zu den modernsten Wärmekraftwerken der Welt. Täglich werden hier 36 000 Tonnen Lausitzer Braunkohle zu Strom und Wärme verarbeitet. Das Kraftwerk versorgt auch die Orte Schwarze Pumpe, Spremberg und Hoyerswerda mit Fernwärme und liefert Dampf für eine benachbarte Brikettfabrik. Durch modernste technische Verfahren kann mehr als die Hälfte der in der Kohle enthaltenen Energie zu Strom umgewandelt werden.
Außerdem nutzt man die Abwärme zur Fischzucht und für den Betrieb von Gewächshäusern.

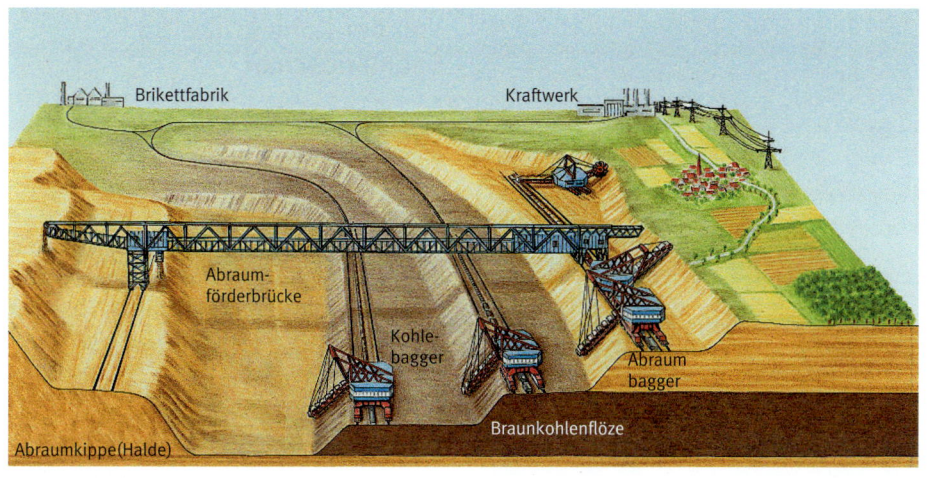

M2 Schnitt durch einen Tagebau in der Lausitz

Wärmekraftwerke erzeugen Strom

Braunkohle gehört wie Steinkohle, Erdöl, Erdgas und Kernbrennstoff zu den wichtigsten Energieträgern. Die gespeicherte Energie wird in Wärmekraftwerken zu elektrischem Strom umgewandelt.

Durch Verbrennung bzw. Kernspaltung entsteht Wärme, die Wasser in Wasserdampf verwandelt. Die Kraft des Wasserdampfes treibt über eine Turbine den Stromerzeuger (Generator) an.

1. Beschreibe die Arbeitsvorgänge in einem Braunkohlentagebau. Unterscheide nach Arbeiten vor der Förderung und während der Förderung von Braunkohle (M1, M2).
2. Vergleiche den Abbau von Steinkohle und Braunkohle. Stelle die Unterschiede in einer Liste zusammen.
3. Erläutere den Standort eines Braunkohlenkraftwerks.
4. Finde auf einer Altaskarte Braunkohlentagebaue und Wärmekraftwerke in Deutschland. Erkläre die Lage, die sie zueinander haben.
5. Ordne die Braunkohlenreviere Deutschlands in einer Tabelle der Größe nach (M3).
6. Beschreibe die Verwendung von Braun- und Steinkohle (M4, Text).

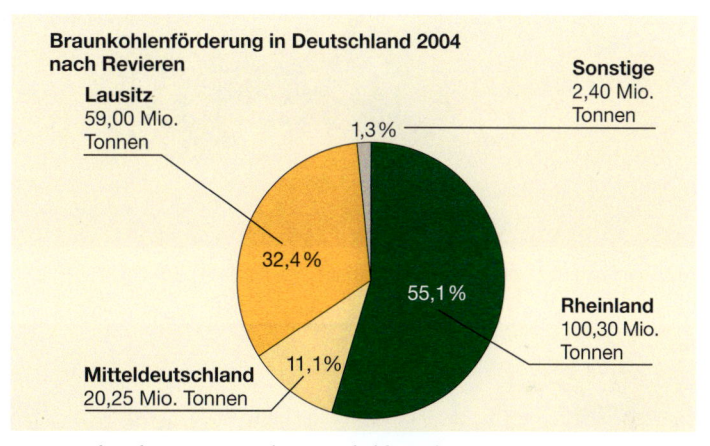

Braunkohlenförderung in Deutschland 2004 nach Revieren
- Lausitz 59,00 Mio. Tonnen — 32,4 %
- Mitteldeutschland 20,25 Mio. Tonnen — 11,1 %
- Rheinland 100,30 Mio. Tonnen — 55,1 %
- Sonstige 2,40 Mio. Tonnen — 1,3 %

M3 Anteil an der Erzeugung der Braunkohle nach Revieren

Verwendung der Braunkohle in Deutschland 2004
- Stromerzeugung 167,38 Mio. Tonnen — 92,0 %
- Veredlung (z. B. Brikett, Koks) 14,54 Mio. Tonnen — 8,0 %

M4 Verwendung der Braunkohle

M1 Verkippung eines Tagebaus

M2 Rekultivierte Flächen

M3 Feuchtbiotop

M4 Seenlandschaft

Von der Kohlegrube zur Seenlandschaft

„Der Bagger frisst uns auf", klagten die Menschen rings um Senftenberg. Unter ihren Wäldern, Feldern und Häusern lagerte Braunkohle. Eines Tages war es soweit: Die Menschen mussten Haus und Hof verlassen. Der Tagebau kam immer näher und bald war dort, wo einst die Menschen wohnten, ein tiefes Loch. Was sollte mit der Landschaft werden, wenn keine Kohle mehr in der Erde lagert?

Eine neue Landschaft entsteht

Der Braunkohlenbergbau zerstört die gewachsene Landschaft. Ein Blick in einen Tagebau macht die Ausmaße eines solchen Eingriffs deutlich.

Heute sind die Bergbaugesellschaften verpflichtet die zerstörten Landschaften wieder nutzbar zu machen. Sobald die ersten Partien eines Kohlenflözes abgebaut sind, beginnt die Wiederherstellung der Landschaft, die „Rekultivierung".

- Der vom Schaufelradbagger geförderte Abraum wird im Tagebau verkippt.
- Böschungen werden befestigt und bepflanzt, da sie abrutschen können.
- Wo eine Aufforstung vorgesehen ist, wird als oberste Schicht Kies und Lehm aufgeschüttet. Das macht den Boden einerseits so locker, dass die Wurzeln der Bäume tief in den Boden eindringen können, und andererseits kann der Lehm genug Wasser aufnehmen. Danach werden heimische Bäume gepflanzt.
- Für den Ackerbau fehlt aber noch der Humus. Deshalb werden in den ersten Jahren Raps sowie Klee, später Getreide und andere Pflanzen angebaut.
- In letzter Zeit gewinnen aber auch Naherholung und Naturschutz immer mehr an Bedeutung. Zunehmend werden die Ackerflächen durch Biotope, Seen und Feldgehölze aufgelockert.
- Das Tagebaurestloch wird geflutet. Dazu wird Wasser der Flüsse und Talsperren aus dem Umland zugeführt. Nach der Gestaltung der Uferbereiche sind die Strandgebiete heute Anziehungspunkt für viele Erholung Suchende.

Von der Kohlegrube zur Seenlandschaft

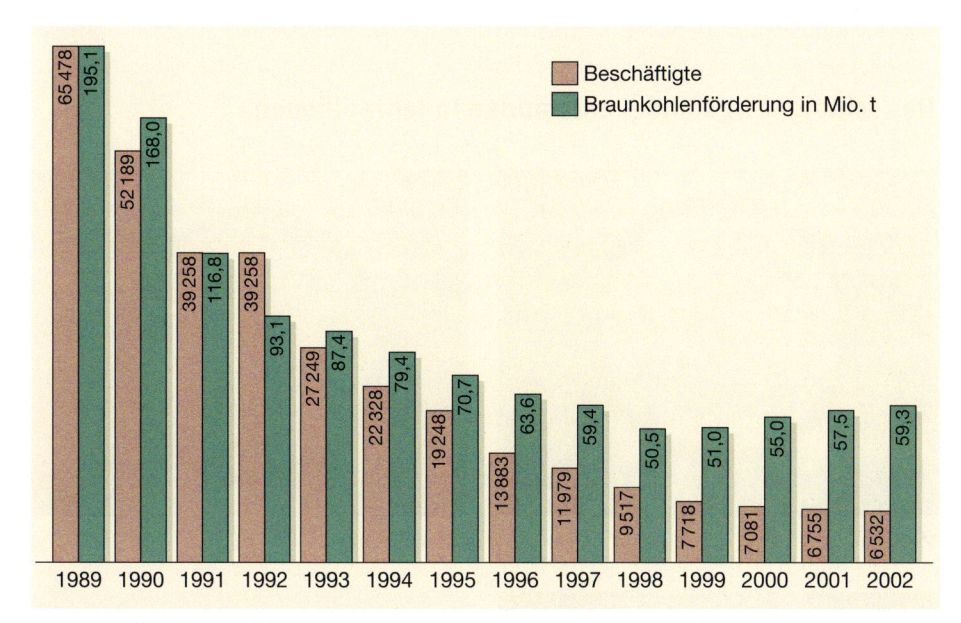

M5 Beschäftigte und Braunkohlenförderung im Lausitzer Revier

Veränderungen im Lausitzer Braunkohlenrevier

Wie im Steinkohlenbergbau ging auch seit den 1990er-Jahren die Braunkohleförderung wesentlich zurück. Viele Menschen verloren ihren Arbeitsplatz. Die Niederlausitz steht vor dem Problem auch hier einen Wandel zu vollziehen. So wird vor allem versucht, moderne Industrien anzusiedeln, in denen die Erfahrungen der Arbeitskräfte genutzt werden können. Dazu gehört in erster Linie die Rekultivierung der Landschaften. Aber auch die Entwicklung von Verfahren zur umweltschonenden Energienutzung, zur Wiederverwendung von Stoffen u. a. m. wurden entwickelt. Die Einrichtung von Freizeitanlagen, vor allem technische Museen und Sportanlagen für den Wassersport, soll in der Niederlausitzer Landschaft Touristen anziehen.

1. Beschreibe, wie der Braunkohletagebau das Leben der Menschen in den betroffenen Gebieten verändert (Text).
2. Erkläre die Maßnahmen zur Rekultivierung der Landschaften (Text, M1 bis M4).
3. Beschreibe die Veränderungen in der Förderung und bei den Beschäftigten im Braunkohlenbergbau (M5).
4. Begründe, warum man von der Lausitzer Seenkette sprechen kann (M6).

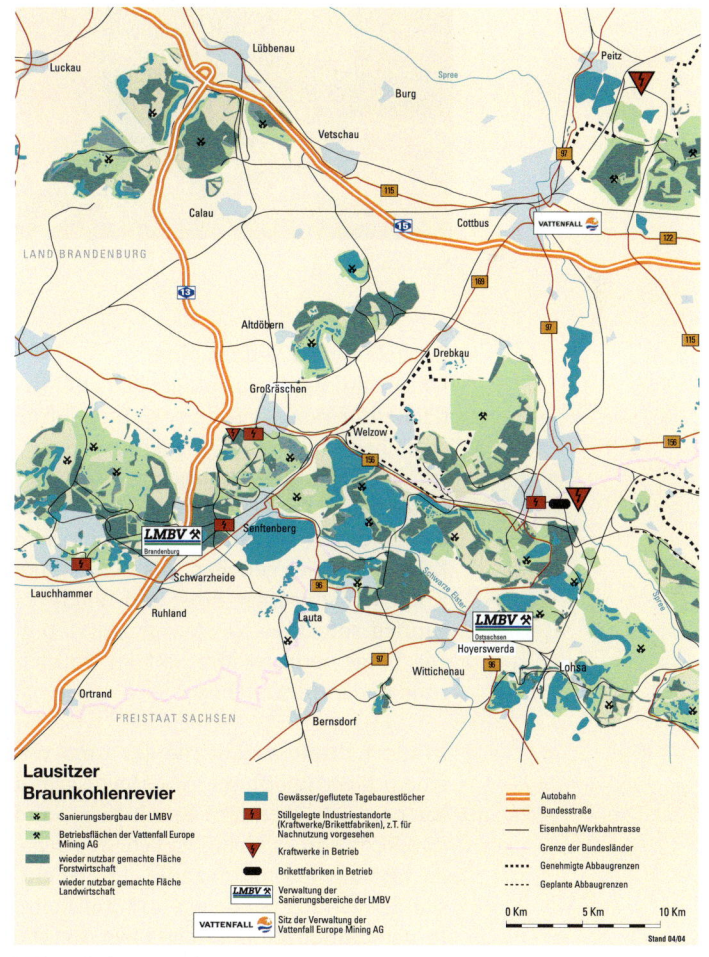

M6 Revierkarte Lausitz

Das deutsche Mittelgebirgsland – Entstehung und Veränderung

Das Mittelgebirgsland – entstanden in Jahrmillionen

M1 Granit

M3 Kalkstein

M2 Sandstein

Erdzeitalter Beginn vor Mio. Jahren	Gestein
Erdmittelzeit 65	Sandstein Kalkstein Schiefer
Erdaltzeit 570	Granit

M4 Die Erdzeitalter und Gesteinsbildungen

Entstehung der Mittelgebirge

Unsere Erde ist ein unruhiger Planet. Oberflächenformen verändern sich, Gebirge entstehen und werden wieder eingeebnet. In der Erdaltzeit erstreckte sich über Deutschland ein Hochgebirge. Es bestand zum größten Teil aus Granit. Erdinnere Kräfte hatten es gehoben. Aber erdäußere Kräfte (Regenwasser, Frost und Wind) begannen sofort das Gestein zu zerstören. Die Berge verloren ihre Spitzen, wurden rund und immer flacher.

In der Erdmittelzeit wurde das Land von einem Meer überflutet. Am Meeresgrund lagerten sich über dem Granit Kies, Sand und Reste von kalkhaltigen Lebewesen ab, die im Meer lebten. Im Laufe der Zeit entstanden daraus Sandstein und Kalkstein. In der Erdneuzeit floss das Meer ab. Die erdinneren Kräfte waren wieder sehr aktiv.

Sie zerbrachen die abgelagerten Schichten in einzelne Schollen. Einige dieser Schollen wurden an den Bruchlinien gehoben, andere abgesenkt. Die gehobenen Schollen bilden heute unsere Mittelgebirge. Weil sie in Schollen gebrochen waren und danach gehoben wurden, bezeichnen wir die Mittelgebirge nach ihrer Entstehung als „Bruchschollengebirge".

Während dieser erdinneren Vorgänge wurden Gesteine, die tief in der Erde lagerten, durch den hohen Druck und die hohe Temperatur in Schiefer umgewandelt. Auch noch in der Gegenwart arbeiten die erdäußeren Kräfte und tragen das Gebirge ab. Der Gebirgsschutt wird in den Senken abgelagert.

1. Erkläre anhand der Abbildung M5 die Entstehung der Mittelgebirge in Deutschland.
2. Beschreibe die Gesteine: Granit, Kalkstein, Sandstein und Schiefer. Denke dabei auch an die Lagerung und die Verwendung (M1 bis M3).

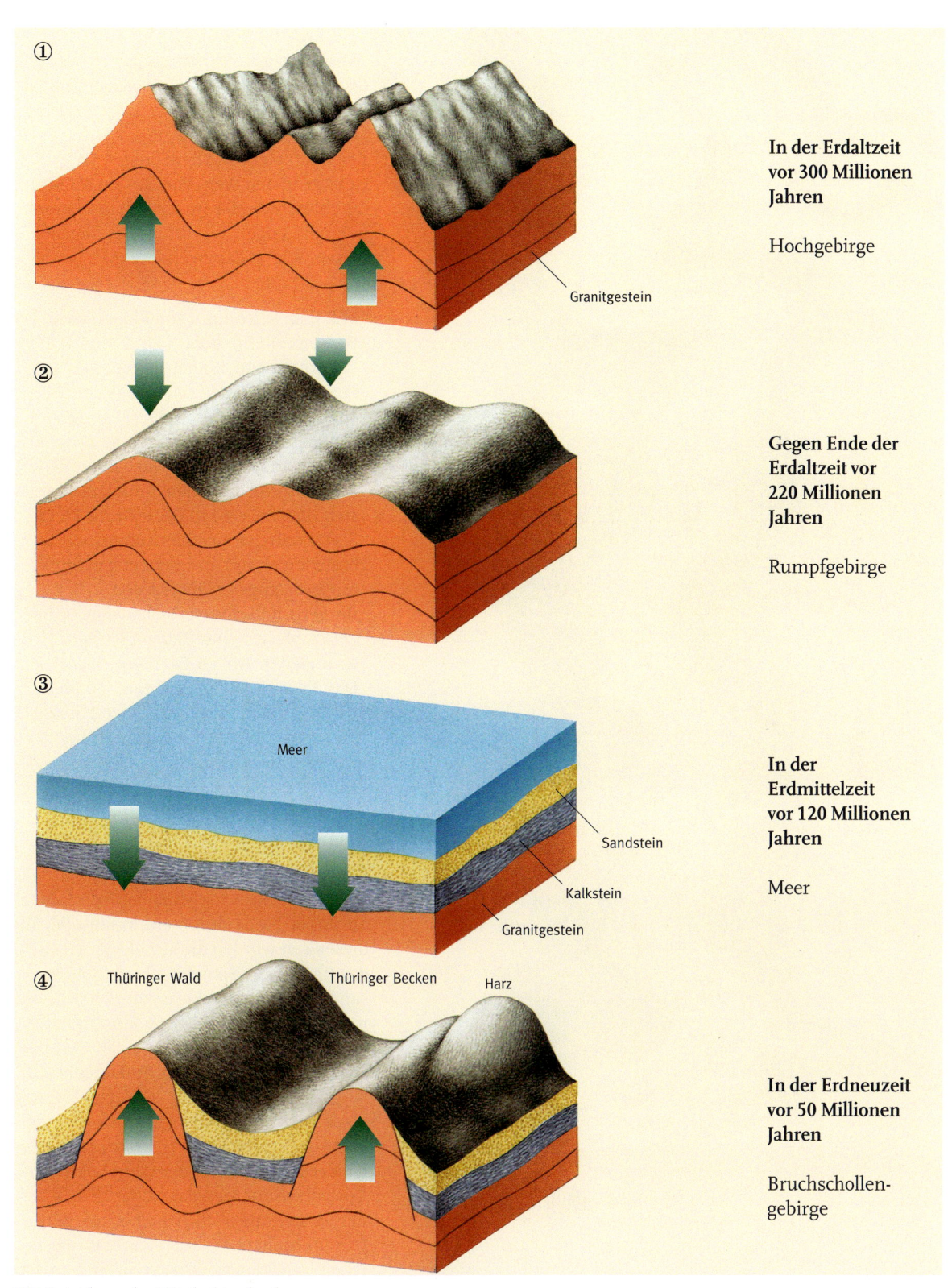

Das Mittelgebirgsland – entstanden in Jahrmillionen   55

① **In der Erdaltzeit vor 300 Millionen Jahren**

Hochgebirge

Granitgestein

② **Gegen Ende der Erdaltzeit vor 220 Millionen Jahren**

Rumpfgebirge

③ Meer

In der Erdmittelzeit vor 120 Millionen Jahren

Meer

Sandstein
Kalkstein
Granitgestein

④ Thüringer Wald   Thüringer Becken   Harz

In der Erdneuzeit vor 50 Millionen Jahren

Bruchschollengebirge

M5 Entstehung des Mittelgebirgslandes

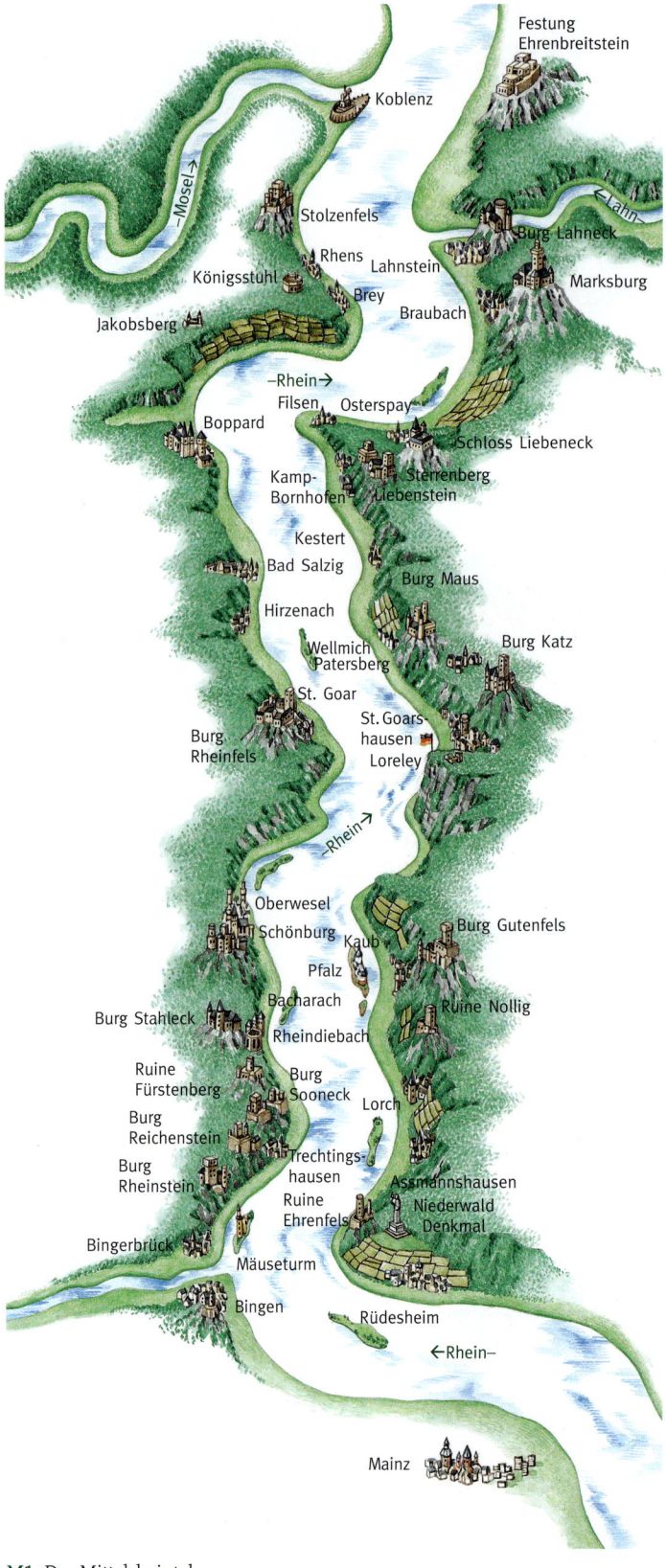

Das Mittelrheintal – ein Durchbruchstal

„Warum ist es am Rhein so schön? Weil die Felsen hoch droben so von Sagen umwoben", so heißt es in einem volkstümlichen Lied.
Bei Mainz stellt sich dem breiten Strom ein Gebirge in den Weg. Von Bingen bis Bonn durchbricht der Strom die Gebirgsschwelle in einem engen Tal mit steil aufragenden Felsen. Wie ist das zu erklären?

> **M2 Eine Rheinfahrt von Bingen nach Bonn ist ein Erlebnis**
> Unterhalb von Bingen treten steil aufragende Felswände fast bis ans Ufer heran. Das enge Tal des Rheins beginnt. Auf der schmalen Talaue finden Straße und Eisenbahn kaum Platz. Nur da, wo Bäche und Flüsse in den Rhein münden, weitet sich das Tal etwas. Dörfer und kleine Städte drängen sich hier zusammen. Sie bestehen oft nur aus einer engen Straße mit zwei langen Häuserzeilen.
> Burgen und Schlösser stehen auf den bis zu 300 Meter hohen Talhängen.
> Nun gleiten wir an Oberwesel vorüber. Das Tal verengt sich auf nur 120 Meter. Auf der rechten Seite ist der Loreleyfelsen zu sehen. Klippen, die früher für die Schifffahrt gefährlich waren, sind gesprengt worden.

Entstehung des Mittelrheintales
Der Rhein floss vor Millionen von Jahren an dieser Stelle durch ein breites Tal. In dieser Zeit wurden die Mittelgebirge, auch das Rheinische Schiefergebirge, sehr langsam gehoben. Der Fluss konnte sich immer tiefer in das Gebirge einschneiden. Deshalb behielt der Rhein seinen Lauf bei. Das war nur möglich, weil die Hebung sehr langsam erfolgte. Hätte sich das Gebirge rasch vor ihm aufgetürmt, hätte sich der Fluss einen anderen Weg gesucht. So aber hat der Fluss das Gebirge „durchbrochen". Deshalb nennt man das Mittelrheintal seiner Entstehung nach „Durchbruchstal". Durchbruchstäler sind eine häufige Erscheinung. Man findet sie z. B. auch an der Elbe oder an der Donau.

M1 Das Mittelrheintal

Das Mittelrheintal – ein Durchbruchstal

M3 Das Mittelrheintal bei St. Goar

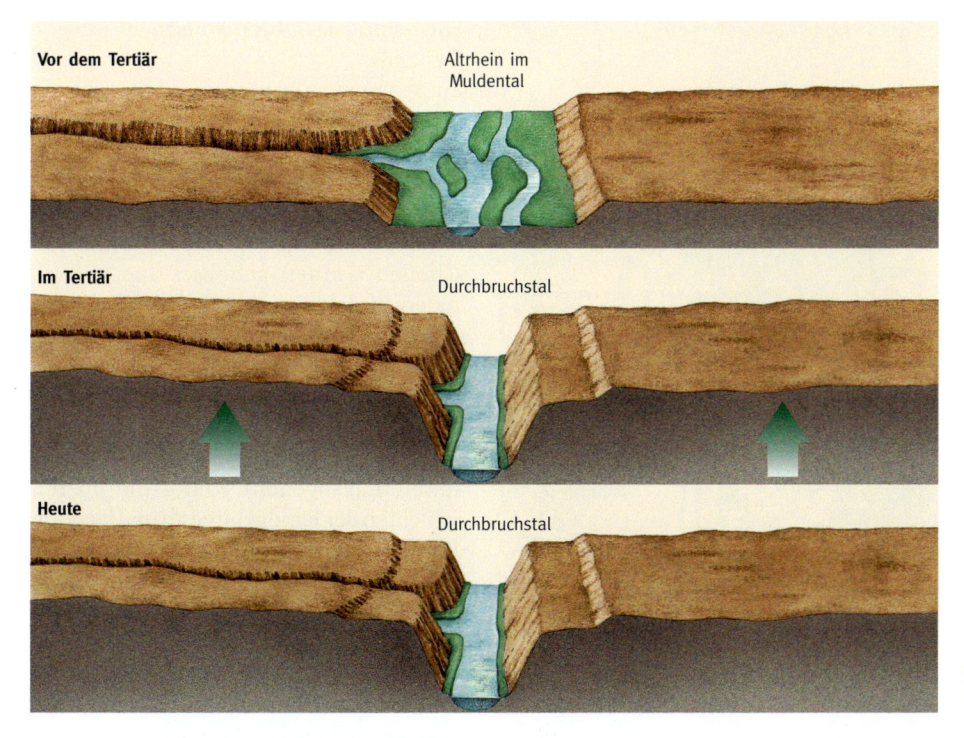

M4 Die Entstehung des Mittelrheintals

Die Sage berichtet, dass die wunderschöne Stromnixe Loreley im Mondenschein auf dem Felsen sitzend ihr goldenes Haar kämmt. Sie will die Blicke der Schiffer auf sich lenken, sodass sie nicht auf die Klippen im hier besonders schnell fließenden Strom achten. So manchem Schiffer wurde die „lure ley", der hinterlistige Schieferfelsen, zum Verhängnis.

1. Lies M2 und verfolge die Rheinfahrt auf der Karte (M1) und auf einer Atlaskarte.
2. Beschreibe die Oberflächengestalt des Rheinischen Schiefergebirges. Verwende die Begriffe: „Hochfläche", „Talhang", „Talaue", „Flussbett", „wellig", „steil", „schmal" (M1, M3).
3. Suche auf einer Atlaskarte die Gebirge, die zum Rheinischen Schiefergebirge gehören. Fertige eine Kartenskizze vom Rheinischen Schiefergebirge an. Beginne mit den Flüssen. Benenne die einzelnen Gebirge.
4. Erkläre die Entstehung des Mittelrheintals (M4).

Das Oberrheinische Tiefland – ein Grabenbruch

Die Bergkuppe des Kaiserstuhls ist ein ehemaliger Vulkan. Auch wenn es heute im Südwesten Deutschlands keine tätigen Vulkane mehr gibt, so kann man doch hin und wieder leichte Erdbeben verspüren, die wie Vulkane ihre Ursache in erdinneren (endogenen) Bewegungen haben. Inmitten der süddeutschen Mittelgebirgslandschaft erstreckt sich beiderseits des Rheins ein langer Tieflandsstreifen. Wie ist diese Landschaft entstanden?

Entstehung des Oberrheinischen Tieflands

Zu Beginn des Tertiärs waren die endogenen Kräfte sehr aktiv. Durch starke Spannungen im Erdinneren kam es zu Spalten und Rissen im Gestein. Die Gesteinsschichten zerbrachen. Schollen in der Mitte der Aufwölbung sanken. Die Randschollen wurden gehoben und auseinandergedrückt. In der Mitte entstand eine grabenartige, lang gezogene Vertiefung, ein Grabenbruch. Entlang der Bruchlinien drang heißes flüssiges Gestein (Magma) nach oben.

Im Laufe der Jahrmillionen trugen die erdäußeren (exogenen) Kräfte die oberen Schichten der Randgebirge ab und lagerten das Material bis zu einer Mächtigkeit von drei Kilometern im Oberrheingraben ab.

Die Entstehung des Grabenbruchs steht also im engen Zusammenhang mit der Entstehung der Bruchschollengebirge.

M2 Thermalbäder – Zeugen der Wirkung erdinnerer Kräfte

Quellen, deren Wasser von der Erdwärme auf mindestens 20 Grad Celcius aufgeheizt wird, nennt man „Thermalquellen". Sie entstehen, wenn in der Tiefe eines Risses in der Erdkruste vulkanisches Gestein das Wasser aufgeheizt hat. Lösen sich beim Aufsteigen im Wasser noch Salze, so handelt es sich um Mineralwasser. Menschen nutzen diese Quellen, die oftmals auch heilende Wirkung haben und sich nach ihrem Salzgehalt unterscheiden.

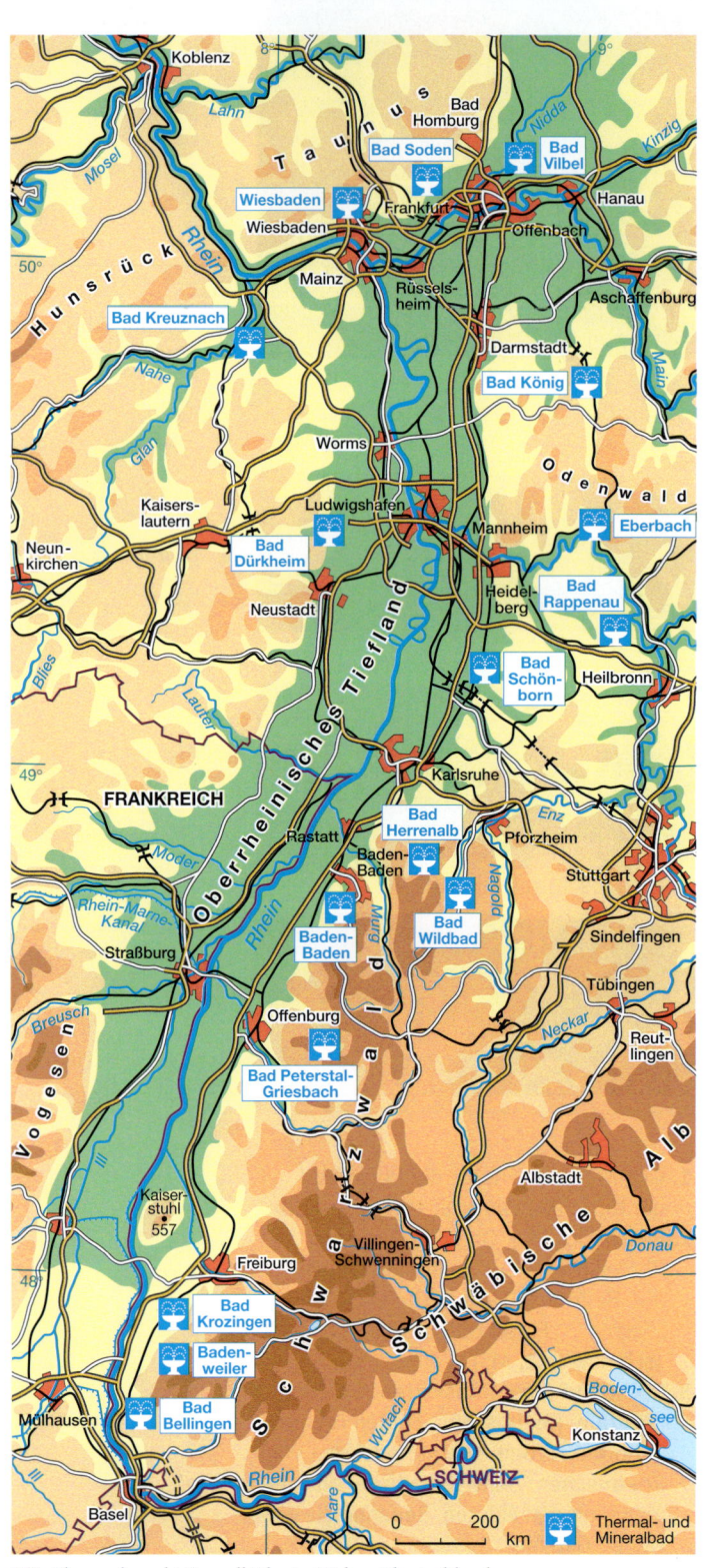

M1 Thermal- und Mineralbäder in Südwestdeutschland

Das Oberrheinische Tiefland – ein Grabenbruch 59

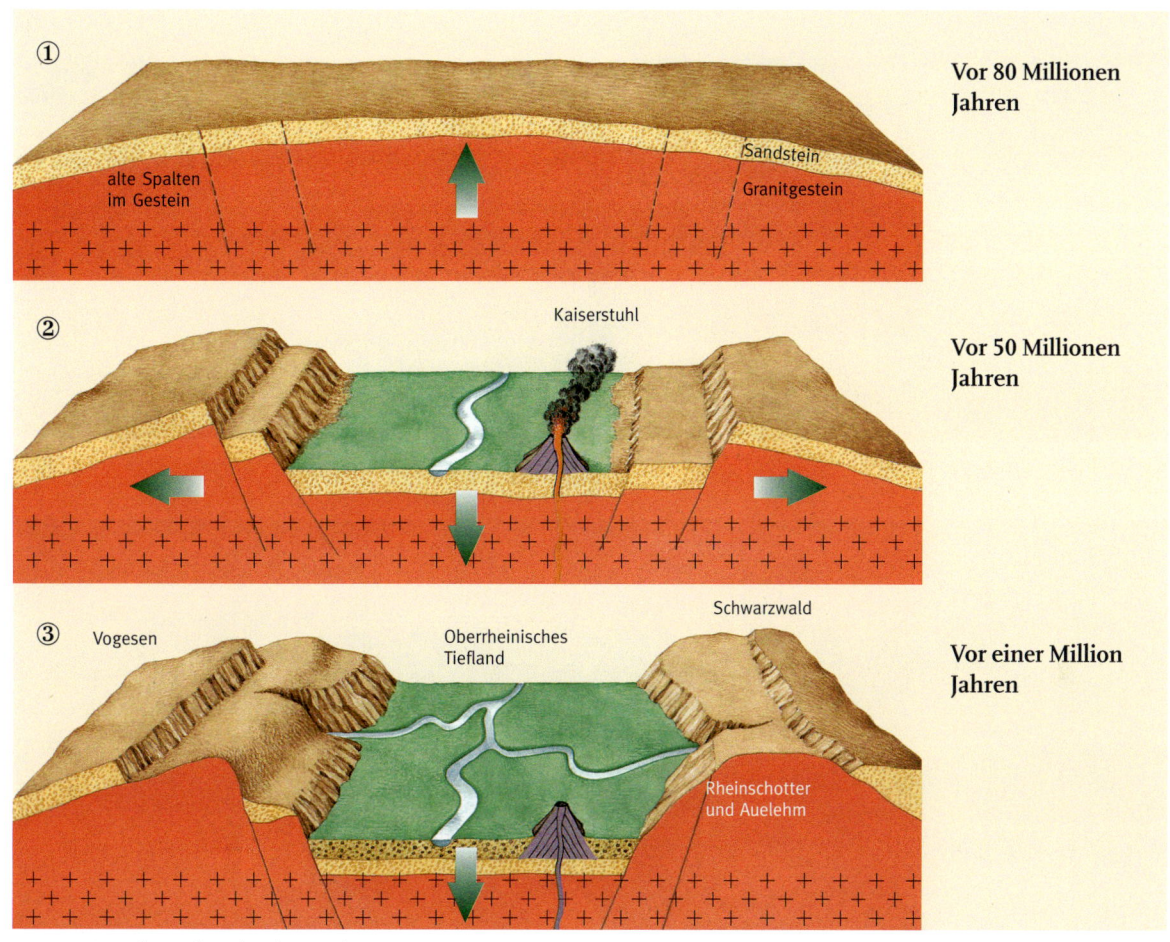

M3 Die Entstehung des Oberrheingrabens

Was Geologen berichten
Genaue Messungen haben gezeigt, dass sich das Oberrheinische Tiefland in der Gegenwart um einen halben bis einen Millimeter im Jahr senkt. Dieser Betrag erscheint uns eher gering. Das hängt vor allem damit zusammen, dass wir in Zeitvorstellungen unseres Lebens, also in Jahren, denken. Erdgeschichtliche Vorgänge vollziehen sich aber in langen Zeiträumen. Sie werden in Millionen von Jahren gemessen. Und da zeigt sich eine völlig andere Sicht auf das Geschehen. In einer Million Jahren senkte sich dieses Gebiet bereits 500 Meter. Erdgeschichtlich gesehen senkte es sich rasch ab. Der Oberheingraben ist Teil eines langen Risses im Gestein der Erdkruste, der sich von Nordeuropa über die Täler der Flüsse Leine und Rhône in Mittel- bzw. Westeuropa quer durch Europa bis zum Mittelmeer zieht.

1. Miss die Länge der West-Ost- und Nord-Süd-Erstreckung des Oberrheinischen Tieflands (M1). Vergleiche sie mit bekannten Längen aus deinem Heimatgebiet.
2. Erläutere, wie die Menschen die geologischen Besonderheiten im Gebiet des Oberrheinischen Tieflands nutzen (M1, M2).
3. Erkläre die Entstehung der Oberrheinischen Tiefebene (M3, Text).
4. Erkläre den Zusammenhang zwischen der Entstehung der Bruchschollengebirge, des Durchbruchstals und des Oberrheingrabens.
5. Nenne Erscheinungen, die darauf hindeuten, dass in der Oberrheinischen Tiefebene die endogenen Kräfte noch nicht völlig zur Ruhe gekommen sind (Text).

M1 Das Mittlere Neckartal um 1800

M2 Das Mittlere Neckartal heute

Der Verdichtungsraum Mittlerer Neckar

Das Neckarland kann wie das Ruhrgebiet auf eine etwa 150-jährige industrielle Entwicklung zurückblicken. Beide Gebiete gehören damit zu den Altindustriegebieten Deutschlands. Sie weisen aber trotzdem unterschiedliche Merkmale auf. Warum verlief die industrielle Entwicklung im Neckarland anders als im Ruhrgebiet?

Das Ballungsgebiet Mittlerer Neckar ist etwa so groß wie die Fläche des östlichen Ruhrgebiets. Hier wohnen und arbeiten rund eine Million Menschen. Etwa die Hälfte der Erwerbstätigen sind in der Industrie beschäftigt. Mit rund 600 000 Einwohnern ist der Raum Stuttgart wirtschaftlicher Mittelpunkt. Fast zwei Drittel der Erwerbstätigen arbeiten hier in Dienstleistungsberufen.

Vom Bauern zum Industriearbeiter
Das Neckarland war früh und dicht von Bauern besiedelt. Der fruchtbare Boden und günstiges Klima bringen gleich bleibend gute Ernten. An den Talhängen gedeihen Obst und Wein. Diese „Kornkammer" ernährte auch die Handwerker und Händler zahlreicher Städte in den umliegenden Tälern.

Im Neckarland galt seit langer Zeit das Erbrecht der Realteilung.
Die Bauernhöfe wurden immer kleiner und konnten die Familien nicht mehr ernähren. Viele suchten im Handwerk oder in Heimarbeit ein zusätzliches Einkommen. Zahlreiche neue kleinere Betriebe entstanden.

Labels on M3 (left to right): Hochfläche — Arbeiterbauern — Pendler — Neckartal — Naherholung — Pendler — Höhenzug — NO

SW — Dorf — Ackerbau

Industrie | Neubaugebiet | Weinbau | Altbaugebiet | Binnenhafen | Altbaugebiet | Neubaugebiet | Naherholungsgebiet | Landschaftsschutzgebiet

Industrie

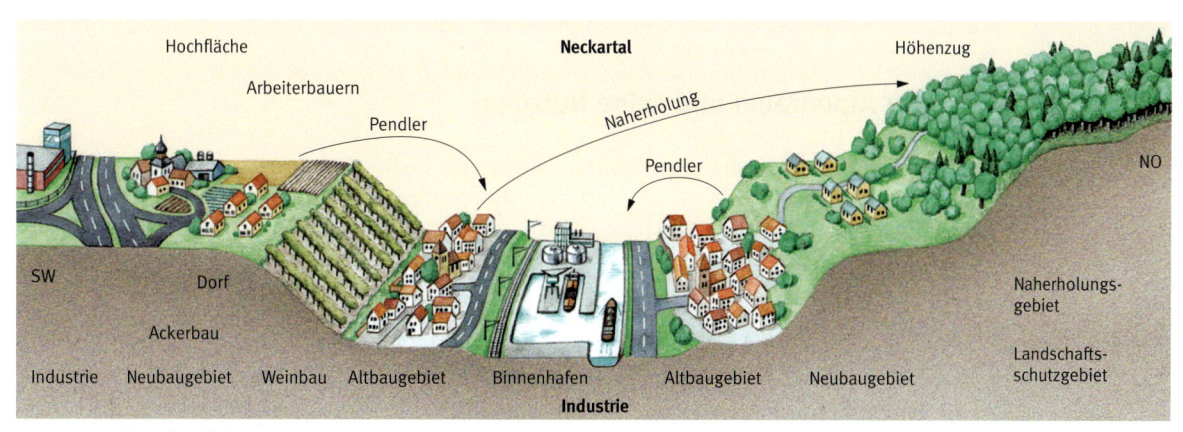

M3 Das Neckartal südlich von Stuttgart

Aus diesen entwickelten sich im 19. Jahrhundert Industriebetriebe. Gut ausgebildete Arbeitskräfte und bedeutende Erfindungen (z. B. Daimler: Benzinmotor, Bosch: elektrisches Zubehör für die Automobilindustrie) trugen wesentlich dazu bei, dass sich immer mehr Industrien in diesem Raum niederließen.

Industrie im Verdichtungsraum
Von Stuttgart aus siedelte sich die Industrie entlang der Verkehrswege und an Stellen an, wo Wasserkraft zur Verfügung stand. So bildeten sich Industriegassen entlang des Neckars und seiner Nebenflüsse. Weil die engen Täler wenig Platz zur Ausweitung der Betriebe bieten, „wandern" die Betriebe auch auf die höher gelegenen Ebenen.

Die wichtigste Industrieregion in Deutschland nach dem Rhein-Ruhr-Gebiet ist der Raum Stuttgart.

Bedeutende Weltfirmen des Fahrzeugbaus (die DaimlerChrysler AG), der Elektrotechnik (Bosch) oder der Computerindustrie (IBM) haben hier ihren Hauptsitz. Aber auch sehr viele kleine und mittlere Betriebe sind hier häufig zu finden. Wegen des Angebots von Arbeitsplätzen haben sich viele ausländische Arbeitnehmer mit ihren Familien in diesem Raum angesiedelt, sodass die Anzahl ausländischer Mitbürger hier höher ist als in anderen Teilen Deutschlands.

Heute ist der Verdichtungsraum Mittlerer Neckar die am stärksten exportierende Region in Deutschland. Die Industrie im Mittleren Neckarraum zeichnet sich durch die Herstellung modernster Fertigprodukte, durch die Spezialisierung und die hohe Qualität ihrer Produkte aus.

M4 Eine Mitarbeiterin der Industrie- und Handelskammer berichtet
Im Neckarland gab es weder Erz- noch Kohlevorkommen. So entstanden Betriebe der Veredelungsindustrie. Man fertigte aus möglichst wenig Grundstoffen und Halbfertigwaren hochwertige Maschinen und Verbrauchsgüter. Handwerklich ausgebildete Arbeitskräfte standen ja ausreichend zur Verfügung. Notwendig war aber die Grundstoffe möglichst billig heranzuschaffen und die Fertigwaren ebenso kostengünstig zu versenden. Deshalb wurde der Neckar zur Wasserstraße ausgebaut und die Täler wurden durch Straßen sowie Eisenbahnen erschlossen.

1. Erkläre die Veränderungen im Mittleren Neckartal, wie sie auf den Abbildungen M1 und M2 zu erkennen sind.
2. Erläutere die Grafik M3 und erkläre den Begriff „Industriegasse" (Text, M4).
3. Beschreibe die Verteilung der Industrie in diesem Ballungsgebiet mithilfe einer Wirtschaftskarte aus dem Atlas.

Die Alpen – ein Magnet für Touristen

Der Alpenraum und seine Nutzung

Eine Wanderung im Berner Oberland führte über steile Wege vom Talhof bis zur Hochalm in 2100 Metern Höhe. Nach drei Stunden mühevollen Aufstiegs erreichten wir die Hochalm in der Mattenzone. In dieser Höhe weideten auf den Wiesen (= Matten) die Jungkühe. Viehwirtschaft wird in den Alpen anders betrieben als auf den Bauernhöfen in Schleswig-Holstein oder in Brandenburg.

Bergbauernhöfe sind nicht sehr groß. Sie haben meist nur sechs bis acht Hektar Land, acht bis zehn Milchkühe und einiges Jungvieh, sind also viel kleiner als Höfe im Alpenvorland.

Viele Bergbauern haben deshalb ihre Höfe aufgegeben. Andere verschaffen sich durch einen Nebenerwerb ein zusätzliches Einkommen. So vermieten sie beispielsweise Ferienwohnungen an Pensionsgäste oder bieten Urlaub für Kinder auf dem Bauernhof an. Im Winter sind sie auch an den Liftanlagen oder als Skilehrer tätig.

M3 Besuch bei einem Bergbauern
„Die Almhütte, die in etwa 2100 Metern Höhe liegt, ist nur ein Teil meines Hofes," erklärt Bergbauer Bleuer. „Der im Tal gelegene Hof, kurz „Talhof" genannt, liegt in einer Höhe von 1050 Metern. Zu ihm gehören das Wohnhaus, der Stall, die Scheune, der Garten und Weideflächen. Außerdem nutze ich eine Voralm mit einem Stall, einer kleinen Wohnung und darum liegenden Wiesenflächen.

Zum Ende des Frühjahrs treiben wir das Vieh auf die Voralm. Im Sommer wechselt das Jungvieh zur weiter oben gelegenen Hochalm und kehrt im Herbst über die Voralm wieder zum Talhof zurück. Durch diesen Weidewechsel finden die Tiere immer ausreichend Futter auf den Wiesen. Diese Wirtschaftsform bezeichnen wir als „Almwirtschaft".

Da es zu mühsam ist, von der Alm die Milch jeden Tag ins Tal zu bringen, habe ich eine Sennerin (= Almhirtin) angestellt, die die Kühe auf der Alm versorgt und aus der Milch unseren leckeren Bergkäse herstellt."

M1 Auf einer Hochalm in den Alpen

Mitte Oktober – Anfang Juni
Auf dem Talhof: Versorgen des Viehs in den Ställen (Füttern, Melken, Stall säubern).
Arbeiten im Wald (Holz fällen u.a.). Im Frühjahr: Ausbringen von Dünger, Reparaturarbeiten auf den Almen.

Anfang Juni – Mitte Juli
Im Tal: 1. Heuernte.
Auf der Voralm: Weiden des Milchviehs und des Jungviehs, Melken des Milchviehs. Heuernte. Milchtransport zum Talhof.

Mitte Juli – Mitte September
Im Tal: 2. Heuernte.
Auf der Voralm: Weiden und Melken des Milchviehs, Verarbeitung der Milch zu Käse.
Auf der Hochalm: Weiden des Jungviehs.

Mitte September – Mitte Oktober
Zurücktreiben des Jungviehs von der Hochalm zur Voralm, anschließend Zurücktreiben des gesamten Viehs zum Talhof (Almabtrieb).

M2 Das Arbeitsjahr eines Bergbauern

Der Alpenraum und seine Nutzung

M4 Die Höhenstufen der Vegetation in den Alpen

M5 Pflanzen der Alpen

Die Höhenstufen der Vegetation

Das Aussehen der Landschaft in den Alpen verändert sich mit zunehmender Höhe. Man sagt, die Pflanzen haben sich den unterschiedlichen natürlichen Bedingungen der jeweiligen Höhenlagen angepasst. Während es auf den Berggipfeln sehr kalt sein kann, kann es zur gleichen Zeit in den Tallagen angenehm warm sein. Das liegt daran, dass sich die Luft mit zunehmender Höhe abkühlt (je 100 Meter Höhe um etwa ein Grad Celsius). Deshalb wird auch mit zunehmender Höhe die Vegetationszeit – das ist die Zeit, in der Pflanzen wachsen können – immer kürzer.

In den höchsten Lagen können nur noch besonders widerstandsfähige Pflanzen überleben, denn sie müssen neben langen Wintern auch hohe Windgeschwindigkeiten überstehen. Außerdem müssen sie mit wenig Bodenkrume auskommen. Die Pflanzen brauchen hier besonders viel Zeit um wieder nachzuwachsen. Viele Alpenpflanzen stehen deshalb unter Naturschutz.

1. Stelle in einer Liste zusammen, welche Arbeiten ein Bergbauer im Laufe eines Jahres auf dem Talhof, auf der Voralm und auf der Hochalm verrichten muss.
2. Ordne den Jahreszeiten die Höhenstufen zu, in denen sich die Kühe des Bauern Bleuer aufhalten. Begründe deine Entscheidung.
3. Vergleiche den Hof des Bergbauern Bleuer mit einem Milchwirtschaftsbetrieb in Brandenburg.
4. Beschreibe, wie sich die Pflanzenwelt der Alpen mit zunehmender Höhe verändert und erkläre diesen Wechsel.
5. Berichte über eine Alpenwanderung, die euch vom Talhof zur Hochalm führt. Vergleicht eure Berichte.

Die Alpen – ein Magnet für Touristen

Sommerurlaub im Hochgebirge

Familie Bauer wohnt in Potsdam. Bisher reiste sie in den Sommerferien immer an das Mittelmeer. Doch in diesem Sommer will sie in die Schweizer Alpen fahren – nach Grindelwald.

Angefangen hatte alles damit, dass Herr Bauer beim Surfen im Internet auf die Homepage von Grindelwald gestoßen war. Als die Familie kurze Zeit später im Fernsehen einen Film über die Hochgebirgslandschaft um Grindelwald sah, war klar: das ist das nächste Urlaubsziel.

Vom deutsch-schweizerischen Grenzübergang in Basel sind es noch 175 Kilometer bis nach Grindelwald im Berner Oberland. Der Ferienort liegt in einer Höhe von etwa 1050 Metern. Er ist umgeben von den Bergen Wetterhorn, Schreckhorn, Eiger, Mönch und Jungfrau. Grindelwald gilt auch als Gletscherdorf.

M1 Startseite der Homepage von Grindelwald

M2 Grindelwald im Berner Oberland

Nach Grindelwald kommen Besucher aus aller Welt. Der Ort bietet ebenso wie andere Fremdenverkehrsorte zahlreiche Freizeiteinrichtungen für die Feriengäste.

Um die Umgebung Grindelwalds leichter erkunden zu können wurden drei Seilbahnen angelegt. Außerdem gibt es eine Zahnradbahn. Sie führt bis auf 3454 Meter Höhe und ist damit die höchste Zahnradbahn Europas.

Aber auch im Ort selbst ist alles auf die Wünsche der Feriengäste ausgerichtet: Sportanlagen, Hotels, Gasthäuser, Ferienwohnungen, Campingplätze, Geschäfte und Bankfilialen.

Eislauf
Kunsteishalle im Sportzentrum, Eislaufschule „Swisskate"

Gri-wa-ki Kinderprogramm
Mitte Juli bis Mitte August, kostenloses Programm mit Klettern, Wandern, Spielen, Mountainbiketour, Abenteuertag, Hüttentour

Klettern
Bergsteigerzentrum mit breitem Angebot für Anfänger und Könner. Geführte Berg- und Gletscherwanderungen. Ausbildungskurse in Fels und Eis, Hoch- und Klettertouren

Minigolf
Minigolfanlage im Dorfzentrum

Mountainbiking
80 km markierte Wege. Vermietung von Mountainbikes

Schwimmen
Beheiztes Freiluftschwimmbad. Hallenbad im Sportzentrum

Signale, mit denen man sich im Notfall mit der Besatzung eines Rettungshubschraubers verständigen kann:

Yes
Ja, wir brauchen Hilfe.

No
Nein, keine Hilfe nötig.

M3 Eine Auswahl von Freizeitangeboten für den Sommerurlaub in Grindelwald

Bergsteigen und Bergwandern
Für beide Freizeitaktivitäten bietet der Raum Grindelwald vielfältige Möglichkeiten. Trotz aller Vorsichtsmaßnahmen kann es aber zu Unfällen kommen.
Hilfeleistungen sind oftmals schwierig und riskant. Jeder Bergwanderer und Bergsteiger sollte deshalb das alpine Notsignal beherrschen um im Gefahrenfall Hilfe anfordern zu können.
Man gibt ein optisches (sichtbares) oder akustisches (hörbares) Signal sechsmal pro Minute in 10-Sekunden-Abständen. Danach wartet man eine Minute und wiederholt das Signal. Antwortsignale werden dreimal pro Minute in 20-Sekunden-Abständen gegeben.

1. Welche Informationen gibt die Homepage von Grindelwald über den Fremdenverkehrsort?
2. Stelle anhand der Angebote auf der Homepage von Grindelwald ein Sommerurlaubsprogramm für eine Schülergruppe zusammen. Falls du mehr Informationen haben möchtest, sieh unter der folgenden Internetadresse nach: http://www.grindelwald.com
3. Stelle dem Urlaub im Gebirge einen Urlaub am Meer gegenüber. Wofür würdest du dich entscheiden? Begründe deine Antwort.
4. Informiert euch mithilfe des Internets und des Atlas über andere Fremdenverkehrsorte in den Alpen. Wertet eure Ergebnisse in der Klasse aus.

Urlaub in Schnee und Eis

Viele Menschen bevorzugen den Winter für ihren Urlaub in den Alpen. Sie wollen Wintersport treiben. Abfahrtslauf und Skilanglauf finden sie erholsamer als Wandern oder Klettern im Sommer.

Nach Grindelwald kommen annähernd gleich viele Feriengäste im Sommer wie im Winter. Andere Ferienorte sind dagegen ausgesprochene Wintersportorte.

Einige Alpenorte haben auch die Gletscher für den Skisport erschlossen. Dadurch können sie den Urlaubern das ganze Jahr über Wintersportmöglichkeiten anbieten. Bergbahnen machen es den Urlaubern häufig sehr bequem. Sie bringen die Wintersportler bis zu den Gletschern. Wanderungen auf einem Gletscher sollte man jedoch nur unter der Führung erfahrener Alpinisten unternehmen.

Winterurlaub in Grindelwald

Um auf die Höhen der Berge zu gelangen muss man Seilbahnen, Sessellifte oder Schlepplifte benutzen. Das macht einen Winterurlaub nicht gerade billig.

Doch auch in den niedrigen Lagen gibt es viele Möglichkeiten der Freizeitgestaltung, für Sportler wie auch Nichtsportler: Schlittenfahren, Eisstockschießen und Eislaufen im Freien, Badminton oder Squash in der Halle sowie ein umfangreiches Unterhaltungsprogramm. Durch besondere Attraktionen wie Skirennen oder Rockkonzerte sollen noch mehr Touristen nach Grindelwald angelockt werden.

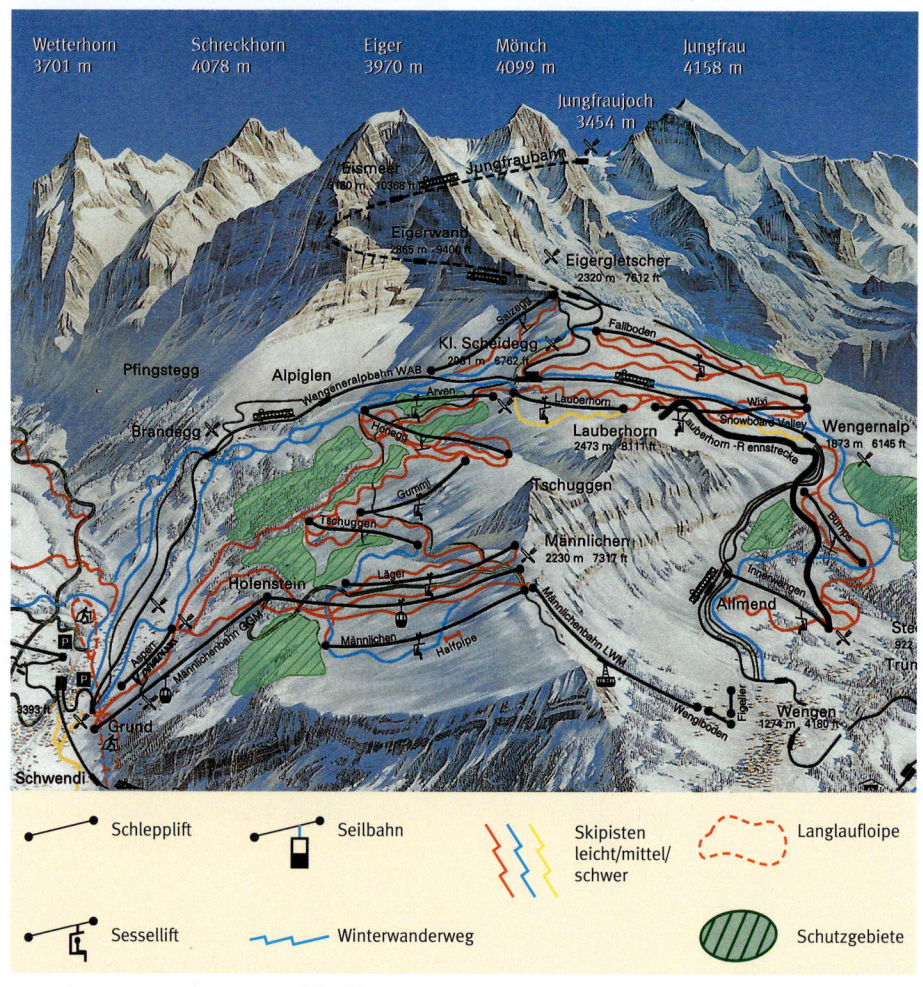

M1 Wintersportangebote in Grindelwald

M2 Eine Gletscherwanderung im Sommer

Von Grindelwald aus fuhren wir mit der Zahnradbahn zum Ausgangspunkt des Gletschers auf dem Jungfraujoch. Das ist 3454 Meter über dem Meeresspiegel. Wegen der großen Höhe fiel uns das Atmen schon recht schwer.

Angeseilt und unter der Leitung eines erfahrenen Bergführers wanderten wir den Gletscher talabwärts. Anfangs versanken wir knietief im Schnee, der über dem Eis liegt. Doch wir mussten vorsichtig sein, denn unter dem Schnee können sich tiefe Gletscherspalten befinden.

Gletscherabwärts wurde die Schneedecke allmählich dünner, bis das blanke Eis zum Vorschein kam. An manchen Stellen konnten wir unter dem bläulich schimmernden Eis unter unseren Füßen Wasser fließen sehen. An einer anderen Stelle bestand die Oberfläche aus einem Gewirr von etwa 30 Zentimeter hohen Buckeln, die das Gehen erschwerten. Nach vier Stunden erreichten wir eine große Eisfläche, den Konkordiaplatz. Über eine Metallleiter kletterten wir zur Konkordiahütte hinauf, wo wir übernachteten. Abends, als es ganz still war, hörten wir ein seltsames Knacken – das zeigte uns, dass der Gletscher immer in Bewegung ist, wenn auch sehr langsam. Am nächsten Morgen wanderten wir weiter. Am Rand des Gletschers hatte sich Eis mit Geröll zu hart gefrorenem Gesteinsschutt, den „Moränen", vermischt. Manche Gesteinskanten waren scharfkantig, ohne Handschuhe konnte man sie nicht anfassen.

Weiter gletscherabwärts wurde das Gehen leichter. Angewehter Staub machte die Eisoberfläche etwas rau. Wir sahen auch Bäche auf der Gletscheroberfläche, die plötzlich in einem Loch im Eis, einem so genannten „Gletschertopf", verschwanden. Nahe der Gletscherzunge öffneten sich breite Spalten. Unser Bergführer mahnte uns zur Vorsicht, als wir über schmale Eisgrate zwischen den Spalten gingen. Nur ein erfahrener Alpinist weiß, wie man gefahrlos aus diesem Labyrinth wieder vom Gletscher herunterkommt.

M3 Der Große Aletschgletscher

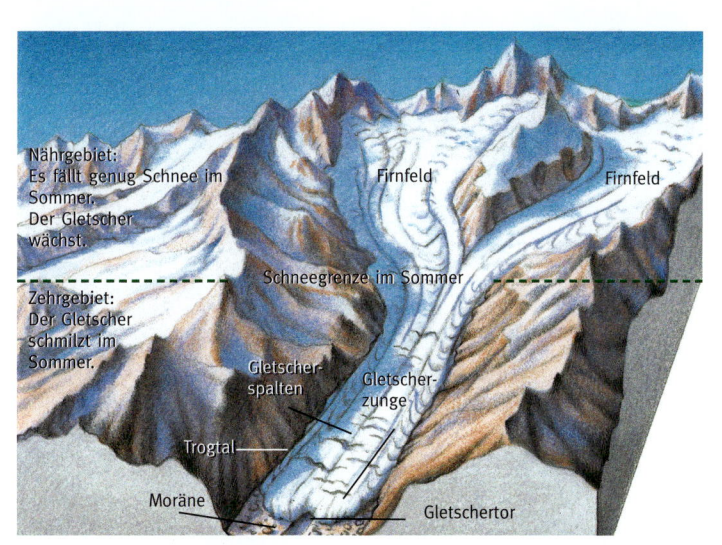

M4 Kleine Gletscherkunde

1. Vergleiche die Sommer- und Winterfreizeitangebote Grindelwalds. Welches Angebot spricht dich persönlich an? Begründe deine Antwort.
2. Erläutere, welche Gefahren bei einer Gletscherwanderung bestehen.
3. Verfolge die Gletscherwanderung im Blockbild (M4). Welche Teile des Gletschers können gesehen werden?
4. Beschreibe anhand des Blockbilds die Teile eines Gletschers. Ordne das Foto des gezeigten Gletscherteils (M3) in das Blockbild (M4) ein.

Fremdenverkehr verändert die Alpengemeinden

M1 Der Ortskern von Grindelwald im Jahr 1905

M2 Der Ortskern von Grindelwald heute

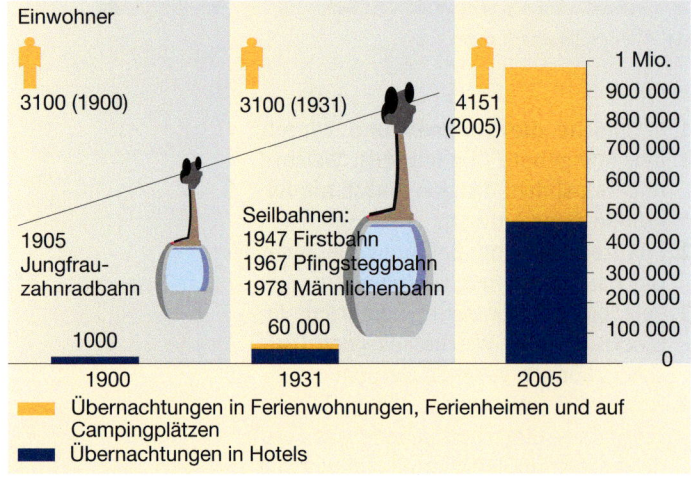

M3 Kleine Statistik von Grindelwald

Einwohner: 3100 (1900), 3100 (1931), 4151 (2005)

1905 Jungfrauzahnradbahn

Seilbahnen:
1947 Firstbahn
1967 Pfingsteggbahn
1978 Männlichenbahn

1900: 1000
1931: 60 000
2005: (Balken bis knapp 900 000)

■ Übernachtungen in Ferienwohnungen, Ferienheimen und auf Campingplätzen
■ Übernachtungen in Hotels

Mit der Entwicklung des Fremdenverkehrs hat sich die Bebauung in den Alpenorten stark gewandelt. Der Schweizer Ort Grindelwald wuchs wie viele andere Gemeinden in den Alpenländern enorm. In anderen Gebieten wurden die Almen zu reinen Skigebieten. Sogar in der Mattenzone entstanden neue städtische Siedlungen. Sie werden hauptsächlich im Winter von Skitouristen bewohnt, während sie im Sommer meist leer stehen.

M4 Was man im Heimatmuseum Grindelwald erfährt

Bevor der Fremdenverkehr in Grindelwald einsetzte, gehörte der Ort zu den ärmsten Bauerngemeinden im Berner Oberland. Aufgrund der ungünstigen natürlichen Bedingungen hatte es die Landwirtschaft sehr schwer. Da der Talboden in etwa 1000 Metern Höhe liegt, sind die Temperaturen sehr niedrig. Das Getreide und die Kartoffeln wurden in den kurzen, kühlen Sommern oft nicht richtig reif. Viele Einheimische suchten nach anderen Erwerbsquellen und zogen weg. Geschichten aus alter Zeit berichten, dass unsere Vorfahren nur sehr ungern hoch in die Berge gingen. Sie glaubten, dass dort Geister wohnen.

Das änderte sich erst, als vor etwa 200 Jahren meist wohlhabende Städter als erste Sommerurlauber kamen. Naturberichte, Gedichte und Gemälde hatten sie auf die Bergwelt neugierig gemacht. Mit der Neugier wuchs auch der Wunsch, die Berge zu ersteigen. Anfangs führten einheimische Hirten die Touristen in die Berge, später wurde Bergführer ein Beruf. Im Jahr 1891 kamen die ersten Winterurlauber um hier Ski zu laufen.

Zu Beginn des 20. Jahrhunderts folgten englische und japanische Bergsteiger, die zusammen mit einheimischen Bergführern viele Erstbesteigungen unternahmen und Grindelwald weithin bekannt machten. Als dann aber nach 1950 Urlaubsreisen für jedermann erschwinglich wurden, begann der Massentourismus, der besonders auf die Wintersaison ausgerichtet war.

Der Tourismus schafft Wohlstand ...

In der Winter- und Sommersaison kommen jedes Jahr Hunderttausende von Urlaubern nach Grindelwald. Sie erleben einen Ort, der sich ganz auf Touristen eingestellt hat. Nur wenige Ortsansässige betreiben heute Viehwirtschaft. Die meisten Grindelwalder sind mit der Betreuung ihrer Gäste beschäftigt – sei es als Skilehrer, Bergführer, Hotelangestellte oder als Verkäuferin in den Geschäften, die die Hauptstraße säumen.

Die Einnahmen aus dem Tourismus haben dem Ort Grindelwald Wohlstand gebracht. Neun von zehn Arbeitsplätzen hängen heute vom Tourismus ab. Für Jugendliche stehen hier und in anderen vergleichbaren Fremdenverkehrsorten ähnlich viele Berufsmöglichkeiten offen wie in großen Städten.

... aber auch Probleme

Die wachsende Zahl von Erholungssuchenden führt dazu, dass die Urlaubsorte in den Alpen immer mehr Geld für den Straßenbau, für Parkhäuser, für die Versorgung mit Strom und Wasser sowie für die Abfallentsorgung ausgeben müssen. Häufig sind Alpengemeinden hoch verschuldet. Zahlreiche Einheimische meinen zudem, dass moderne Neubauten das Ortsbild verschandeln.

Besondere Probleme bringt der Wintertourismus mit sich. Viele Skipisten befinden sich in der Mattenregion. Das Ski- und Snowboardfahren führt zu dauerhaften Schäden der Grasnarbe, wenn die Pisten zu stark befahren werden.

In den Tälern belastet vor allem der Straßenverkehr die Umwelt sehr stark, besonders an den Wochenenden, wenn viele Touristen abreisen und Wochenendausflügler in Bussen anreisen. In den Hauptverkehrszeiten zieht vor allem in den großen Tälern eine endlose Fahrzeugkolonne über die Straßen. Auf den wichtigsten Passstraßen, wie dem Brenner oder dem St. Gotthard, kommt zu den Urlauberkolonnen auch noch der Durchgangsverkehr zwischen Mittel- und Südeuropa hinzu.

M5 Sollen die Alpen so aussehen?

1. Erläutere, wie sich der Fremdenverkehr in Grindelwald entwickelt hat.
2. Beschreibe die Auswirkungen des Tourismus auf den Ortskern von Grindelwald.
3. Stellt Nutzen und Probleme des Tourismus in einer Tabelle gegenüber. Gestaltet anschließend ein Rollenspiel zwischen Befürwortern und Gegnern des Tourismus in den Alpengemeinden. Tragt eure Ergebnisse in eine Tabelle ein.

Zusammenfassung

Deutschland ist eine Bundesrepublik, die sich aus 16 Ländern zusammensetzt. Berlin ist die Hauptstadt der Bundesrepublik Deutschland. Deutschland liegt in der Mitte Europas und ist von neun Nachbarstaaten umgeben.

Im Norden grenzt Deutschland an Nord- und Ostsee. Die Nordseeküste ist durch Watt, Marsch, Düneninseln, trichterförmige Flussmündungen und Buchten gekennzeichnet. Die Ostseeküste ist durch Förden, Buchten und Bodden sowie Halbinseln und Inseln gegliedert. Die Nordsee ist ein Randmeer des Atlantischen Ozeans, die Ostsee ist ein Binnenmeer.

Das Norddeutsche Tiefland ist von der Landwirtschaft geprägt. Die Börden mit ihren Lössböden sind die fruchtbarsten Ackerbaugebiete Deutschlands.

Steinkohle und Braunkohle sind in verschiedenen Zeiten der Erdgeschichte entstanden. In Deutschland wird Steinkohle im Tiefbau und Braunkohle im Tagebau gewonnen. Die Bergbaugebiete Deutschlands durchlaufen einen Wandel: In der Niederrhein-Ruhr-Ballung verliert der Steinkohlenbergbau an Bedeutung. Neue Arbeitsplätze entstehen im Dienstleistungsbereich. Auch der Braunkohleabbau ist in Deutschland rückläufig.

Zwischen den Küsten in Norddeutschland und dem Voralpen- sowie Alpenraum im Süden verläuft das Mittelgebirgsland. Hier entstanden im Laufe von Jahrmillionen durch Hebungen und Senkungen von Teilen der Erdkruste im Zusammenspiel mit Wind, Wasser und Verwitterung vielfältige Formen.

Die Alpen sind das höchste Gebirge Europas. Der Anteil, den Deutschland an diesem Hochgebirge hat, umfasst allerdings nur einen schmalen Streifen der nördlichen Kalkalpen. Heute leben viele Alpenbewohner überwiegend vom Fremdenverkehr. Der Tourismus mit seinen Einrichtungen steht jedoch häufig im Gegensatz zum wichtigen Naturschutz.

Wir lernen den Kontinent Europa kennen

In diesem Kapitel lernst du den Kontinent Europa kennen. Du unternimmst eine Reise durch den Norden, Westen, Osten, Süden und die Mitte Europas. Unterschiede und Gemeinsamkeiten wirst du dabei beobachten können. Das Zusammenleben und die Zusammenarbeit der Europäer haben unsere besondere Aufmerksamkeit.

Europäische Union – die Grenzen öffnen sich

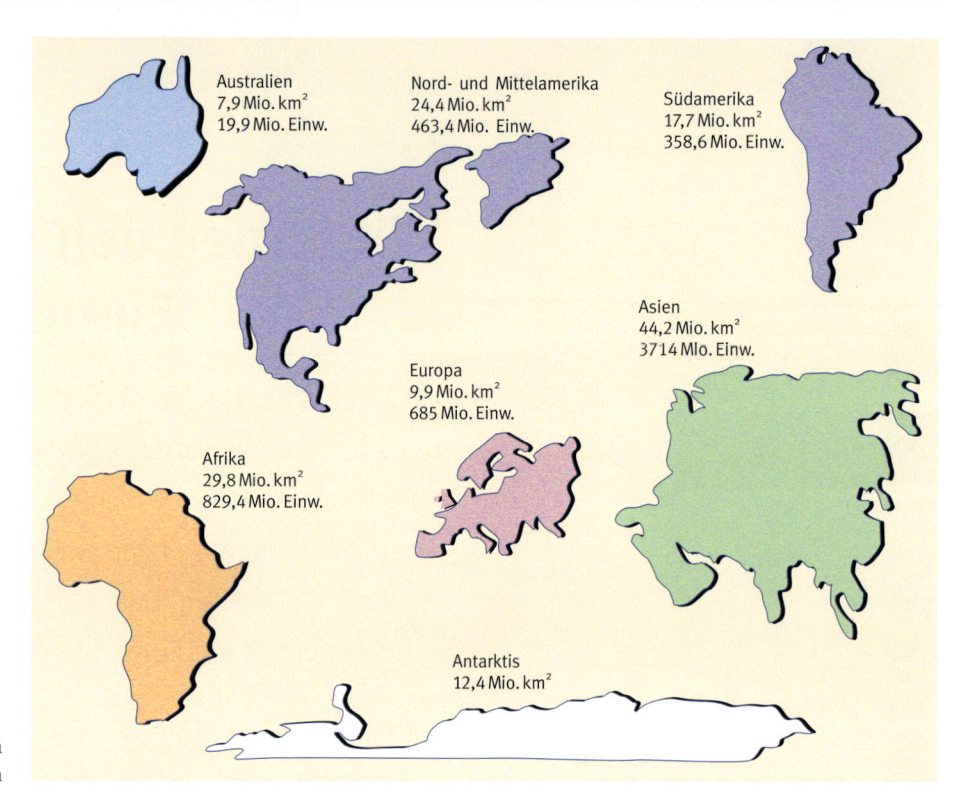

Australien
7,9 Mio. km²
19,9 Mio. Einw.

Nord- und Mittelamerika
24,4 Mio. km²
463,4 Mio. Einw.

Südamerika
17,7 Mio. km²
358,6 Mio. Einw.

Asien
44,2 Mio. km²
3714 Mio. Einw.

Europa
9,9 Mio. km²
685 Mio. Einw.

Afrika
29,8 Mio. km²
829,4 Mio. Einw.

Antarktis
12,4 Mio. km²

M1 Faustskizze zu den Kontinenten

Der Kontinent Europa

Auf einer Weltkarte sieht man, dass Europa eigentlich kein selbstständiger Erdteil ist, sondern zusammen mit dem wesentlich größeren Asien den Kontinent „Eurasien" bildet. Im Süden, Westen und Norden sind die Grenzen eindeutig vorgegeben: Europa wird hier von Meeren umgeben. Im Osten ist eine Abgrenzung jedoch schwierig, da es dort keine natürlichen Grenzen gibt. Man hat die Grenze vom Ural zum Kaspischen Meer gezogen und von dort zum Asowschen Meer, einem Teil des Schwarzen Meeres. Sie verläuft weiter durch den Bosporus, das Marmarameer und die Dardanellen. Daher wird auch ein Teil der Türkei zu Europa gerechnet. Die politische Karte von Europa sieht wie ein Flickenteppich aus: 2004 zählte man in Europa 45 Staaten. Seit Mai 2007 arbeiten 27 von ihnen in der Europäischen Union sehr eng zusammen.

Nach geografischen und wirtschaftlichen, aber auch nach kulturellen, historischen und politischen Gründen werden die Staaten Europas Teilräumen zugeordnet. Diese sind: Nordeuropa, Westeuropa, Mitteleuropa, Südeuropa, Osteuropa und Südosteuropa. Osteuropa umfasst mehr als die Hälfte des Kontinents.

Rekordhalter in Europa
- Größtes Land:
  Russland (europäischer Teil)
  3 683 000 km² Fläche
- Kleinstes Land:
  Vatikan 0,44 km² Fläche

Zum Vergleich Deutschland:
357 023 km² Fläche

- Größte Bevölkerung:
  Russland (europäischer Teil)
  94 000 000 Einwohner
- Geringste Bevölkerung:
  Vatikan 264 Einwohner

Zum Vergleich Deutschland:
82 476 000 Einwohner

Der Kontinent Europa   73

M2 Teilräume Europas

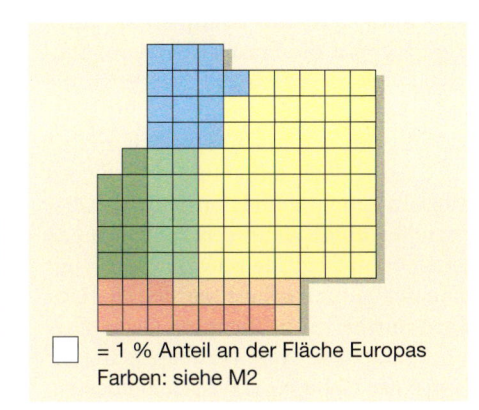

Legende:
- Mitteleuropa
- Nordeuropa
- Westeuropa
- Südeuropa
- Südosteuropa
- Osteuropa

M3 Flächenanteile der Teilräume
☐ = 1 % Anteil an der Fläche Europas
Farben: siehe M2

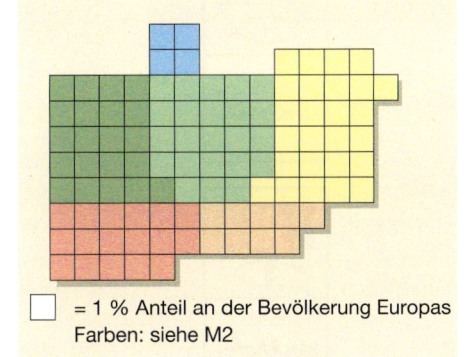

M4 Bevölkerungsanteile der Teilräume
☐ = 1 % Anteil an der Bevölkerung Europas
Farben: siehe M2

1. Stelle nach der Faustskizze eine Rangfolge der Kontinente nach der Fläche und nach der Einwohnerzahl auf (M1).
2. Ordne die Teilräume Europas nach den Flächenanteilen und den Bevölkerungsanteilen.
3. Lege in deinem Heft eine Tabelle mit zwei Spalten an. Trage in die erste Spalte die Großräume Europas ein und in die zweite die zugehörigen Länder.
4. Kennzeichne die Lage Deutschlands nach angrenzenden Ländern und Großräumen.

Europäische Union – die Grenzen öffnen sich

Spielend durch Europa

Hin und wieder erhält man als Werbemittel eine Europakarte. Auch in alten Atlanten, die in der Schule nicht mehr benötigt werden, kannst du fündig werden. Aus einer doppelseitigen physischen Karte kannst du mit wenig Aufwand ein „Europapuzzle" herstellen.
Klebe die Karten auf Plakatkarton und zeichne ein Gitternetz darauf, sodass sich gleich große Quadrate ergeben. Diese schneidest du aus und überklebst sie mit Klarsichtfolie.

Wer schafft es in der kürzesten Zeit, „Europa" wieder richtig zusammenzusetzen.

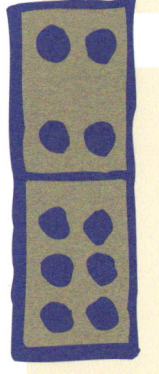

Willst du dir die Staaten Europas und ihre Hauptstädte auf spielerische Weise einprägen? Mit einem „Staaten-Domino" geht das ganz einfach.
Für das Anfertigen dieses Spiels benötigst du eine Schere, Bunt- oder Filzstifte, Plakatkarton und Klarsichtfolie. Und so gehst du vor:

1. Schneide 46 Plakatkarten aus (4,5 x 8 cm).

2. Unterteile jedes Kärtchen in zwei Hälften.

3. Zeichne jeweils auf die obere Hälfte der Karte die Flagge eines Staates und schreibe das entsprechende Autokennzeichen dazu.

4. Lege die Karten in eine Reihe und notiere auf der jeweils letzten Karte die Hauptstadt des Staates, der auf der nächsten Karte mit der Flagge abgebildet ist.

5. Überziehe die Karten mit Klarsichtfolie.

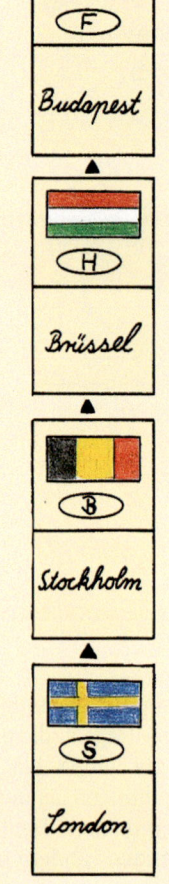

Möchtest du einen „Rätselflug über Europa" unternehmen? Dann schreibe auf ein Blatt Papier untereinander die Zahlen 1 bis 15, nimm deinen Atlas zu Hilfe und schon kann es losgehen:

Ausgangspunkt ist Deutschlands größter Flughafen (1). Der Kompass zeigt, dass wir in westlicher Richtung fliegen. Die Sicht ist klar. Über einen breiten Fluss (2) und bewaldete Höhenzüge (3) hinweg nehmen wir Kurs auf die Hauptstadt eines Nachbarlandes; hier hat die Europäische Union ihren Sitz (4). Bald überqueren wir eine Meerenge, die Großbritannien vom Festland trennt (5). Buckinghampalast und Big Ben verraten uns, wo wir uns befinden (6). In nordwestlicher Richtung überfliegen wir die zweitgrößte englische Hafenstadt (7). Über den nördlichen Teil eines Weltmeeres (8) gelangen wir in eine Landeshauptstadt, deren Wohnungen mit dem Wasser heißer Quellen beheizt werden (9). Nach dem Auftanken fliegen wir in Richtung Osten über ein Meer (10). Als die Küste vor uns auftaucht, folgen wir ihr entlang eines Gebirges (11) nach Nordosten. Schon ist der nördlichste Punkt Europas erreicht (12). Nun wird es Zeit für den Heimflug. Nach einem Zwischenstopp in der Hauptstadt Estlands (13) überqueren wir ein Binnenmeer (14) und landen in der Stadt mit dem größten deutschen Überseehafen (15).

Wenn du Lust hast, schreibe einen ähnlichen „Rätselflug" für andere Teile Europas und lass die Stationen von Klassenkameraden erraten.

Spielend durch Europa 75

Wir basteln ein „Europa-Quartett"
Zunächst überlegt ihr, welche Staaten ihr in eurem Spiel berücksichtigen wollt. Für jeden Staat werden vier Kärtchen benötigt, die am besten aus dünnem Karton ausgeschnitten werden. Diese gestaltet ihr entsprechend den abgebildeten Karten von Italien. Für jeden ausgewählten Staat braucht ihr deshalb eine Briefmarke und das Foto einer Sehenswürdigkeit (Fremdenverkehrsprospekt, Ansichtskarte, Internet). Alle zusätzlichen Informationen entnehmt ihr dem Atlas, dem Geografiebuch oder einem Lexikon. Die fertigen Spielkarten überzieht ihr zum Schluss am besten mit Klarsichtfolie.
Viel Spaß beim Basteln und Spielen!

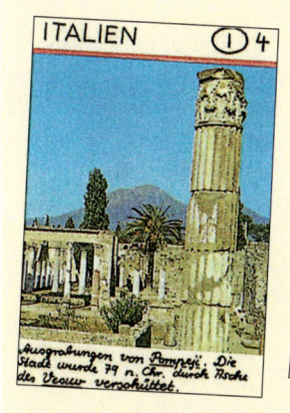

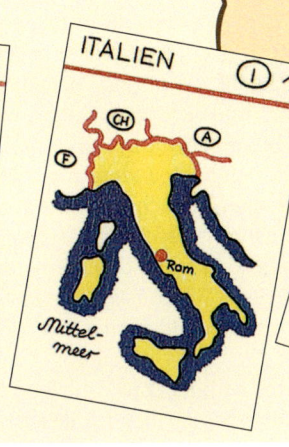

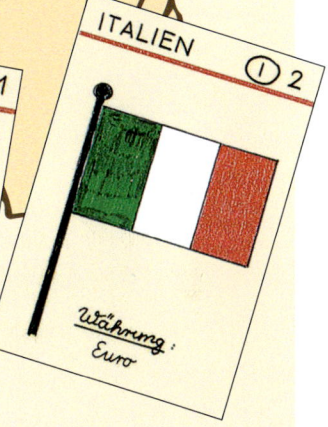

„Wir reisen durch Europa"
Im Laufe dieses Schuljahres lernt ihr europäische Landschaften und Städte kennen und erfahrt viel Interessantes. Mit diesem Wissen könnt ihr euer eigenes Würfelspiel entwickeln.

Als Spielplan dient eine (vielleicht selbst gezeichnete) Karte von Europa. Mit Klebepunkten markiert ihr die „Reiseroute", die an möglichst vielen interessanten Orten vorbeiführen sollte. Diese „Sonderfelder" werden farbig gekennzeichnet. Nun müsst ihr euch überlegen und aufschreiben, was ein Mitspieler tun muss, wenn er oder sie auf ein solches Feld kommt, z. B.:
- Keine Wartezeit am Eurotunnel. Das Auto wird sofort verladen. Würfle noch einmal.
- Du machst eine Rundfahrt im Hafen Rotterdam. Einmal aussetzen.
- Wie heißt die Hauptstadt des Landes, in dem du dich befindest? Wenn die Frage nicht beantwortet werden kann, zehn Felder zurück.
- ...

Nun benötigt ihr noch einen Würfel und für jeden Mitspieler eine Spielfigur. Viel Spaß bei eurer Europareise.

Europäische Einigung

Die Europäische Einigung ist häufig mit dem Bau eines Hauses verglichen worden. Das ist irreführend. Ein Haus muss in allen Einzelheiten geplant und entworfen werden, bevor mit dem Bau begonnen wird. Das „Haus Europa" aber war nur eine ungefähre Vorstellung, ein Wunschtraum, als schon damit begonnen wurde, die Fundamente des Hauses zu gießen.

Niemand wusste damals, ob das Haus je vollendet werden könnte, geschweige denn, wie es einmal aussehen würde. Manche der beteiligten Regierungen und Staaten und viele ihrer Bürger hätten gern gleich von Anfang an einen fertigen Bauplan gehabt, andere zögerten da noch und wollten zunächst nur das gemeinsame Grundstück abstecken. Aber alle ahnten damals, kurz nach dem Ende des letzten Weltkriegs: Wir müssen den ersten Schritt bald machen – oder wir werden ihn nie machen.

Ein freiwilliger Zusammenschluss von Staaten wäre zu Beginn des 20. Jahrhunderts noch unvorstellbar gewesen.

Nach zwei furchtbaren Weltkriegen mit Millionen von Toten im 20. Jahrhundert war deutlich geworden, dass der herkömmliche Nationalstaat nicht weiterbestehen durfte, wollte man ähnliche Kriege verhindern. Aber was sollte stattdessen entstehen? Es konnte nicht auf Erfahrungen aufgebaut werden, denn Beispiele in der Geschichte gibt es dafür nicht. Es musste etwas Einmaliges versucht werden.

Versuchen – das war von Anfang an das Schlüsselwort: Nur auf dem Weg des Versuchs konnte die freiwillige Einigung in Europa vorangetrieben werden, durch Experimente, die man jederzeit verbessern, schlimmstenfalls sogar abbrechen konnte. Deshalb wurde in den Gründungsverträgen der Europäischen Gemeinschaft vor rund fünfzig Jahren das endgültige Ziel benannt: ein wirtschaftlich und politisch vereintes Europa. Man hat sich allerdings nicht auf eine bestimmte Form dieses Ziels oder gar auf einen Termin festgelegt. Vielmehr wurden lediglich die ersten Schritte auf dem Weg zum Ziel vertraglich vereinbart.

Stationen auf dem Weg zur Europäischen Union

1951 Gründung der Europäischen Gemeinschaft für Kohle und Stahl
▼
1957 Gründung der Europäischen Wirtschaftsgemeinschaft
▼
1968 Abschaffung der Binnenzölle und Einführung eines gemeinsamen Außenzolls
▼
1985 Wegfall der Binnengrenzen und der Personenkontrolle
▼
2002 Einführung des Euro
▼
2004 25 Mitgliedsstaaten
▼
2007 27 Mitgliedsstaaten

M1 Das „Haus Europa" in der Karikatur

Europäische Einigung | 77

Freier Personenverkehr
- Wegfall von Grenzkontrollen
- Niederlassungsfreiheit für EU-Bürger/innen

Freier Dienstleistungsverkehr
- Öffnung von Finanz-, Telekommunikations- und Transportmärkten

Freier Warenverkehr
- Wegfall von Grenzkontrollen
- Gegenseitige Anerkennung von Normen und Vorschriften

Freier Kapitalverkehr
- Größere Freizügigkeit für Geldbewegungen
- Gemeinsame Währung

M2 Die vier Freiheiten des EU-Binnenmarktes

Der europäische Binnenmarkt
Seit 1993 ist der europäische Binnenmarkt mit seinen vier Freiheiten verwirklicht. Seitdem gibt es innerhalb der Europäischen Union weder für Waren noch für Personen Grenzkontrollen.

Wenn Käse von Schleswig-Holstein nach Bayern verkauft wird, ist das Binnenhandel innerhalb Deutschlands. Wird er nach Wien verkauft, war das früher Außenhandel. Innerhalb des europäischen Binnenmarkts aber ist das nun auch Binnenhandel. Das gleiche gilt für alle Güter, die von irgendeinem Staat im Binnenmarkt in einen anderen gebracht werden.

Durch den Wegfall der Binnengrenzen können die Waren in Europa wesentlich preisgünstiger hergestellt werden. Zudem kann sich nun jede Region auf die Herstellung der Produkte spezialisieren, die sie besonders kostengünstig herstellen kann, andere Produkte können eingeführt werden.

Nicht nur die Zollschranken, auch die unterschiedlichen Normen und Zulassungsbestimmungen haben den Warenaustausch zwischen den Ländern erschwert. So brauchten z. B. Autos in Frankreich gelbes Scheinwerferlicht, in Italien Blinker seitlich an den Kotflügeln und in Deutschland gab es wieder andere Sicherheitsvorschriften. Besonders vielfältig sind die nationalen Normen im Bereich der Lebensmittel. Während in Deutschland nur die verwendeten Beeren, nicht aber der Joghurt gefärbt werden dürfen, ist es in Belgien genau umgekehrt. Viele Verbraucher waren deshalb verunsichert, was der offene Markt ihnen bringen würde. Das Aufstellen einheitlicher Normen und Sicherheitsvorschriften ist schwierig, da sich jedes Land nicht von den eigenen Gewohnheiten und Prinzipien trennen mag. Deshalb gilt, dass ein Erzeugnis, das in einem Mitgliedsstaat der Europäischen Union rechtmäßig hergestellt worden ist, überall im Binnenmarkt verkauft werden darf. Damit der Verbraucher selbst die Möglichkeit hat zu entscheiden, was er kaufen möchte, müssen die Produkte gekennzeichnet sein. Das gilt z. B. für den Zusatz von Farb- und Konservierungsstoffen, aber auch für gentechnisch veränderte Lebensmittel.

Ein Hindernis für den gemeinsamen Binnenmarkt waren unterschiedliche Währungen. Seit dem 1. Januar 2002 ist der Euro als Bargeld im Umlauf. Für Touristen ist das eine deutliche Erleichterung, da der Umtausch von Geld in den Ländern mit der Euro-Währung entfällt.

1. Berichte über Schwierigkeiten, die der Bau eines gemeinsamen europäischen Hauses mit sich brachte.
2. Erkläre in eigenen Worten die vier Freiheiten des europäischen Binnenmarktes.

Europa wächst zusammen

Die Erweiterung der Europäischen Union im Frühjahr 2004 um weitere zehn Mitglieder könnte auch als eine Neugründung der Europäischen Union bezeichnet werden. Zunächst bildeten 1951 sechs Staaten – Belgien, Deutschland, Frankreich, Italien, Luxemburg und die Niederlande – die Europäische Gemeinschaft für Kohle und Stahl (EGKS). Mit den Römischen Verträgen von 1957 zur Europäischen Wirtschaftsgemeinschaft (EWG) und Europäischen Atomgemeinschaft (Euratom) wurde der Grundstein für die heutige Union gelegt. 1967 wurden diese drei europäischen Einrichtungen zu den Europäischen Gemeinschaften (EG) zusammengefasst.

1973 kamen mit Großbritannien, Irland und Dänemark drei weitere Länder zur EG hinzu. Im darauf folgenden Jahrzehnt traten Griechenland (1981), Spanien und Portugal (beide 1986) bei. Die vierte Erweiterung bildeten Österreich, Schweden und Finnland (1995), die bereits Mitglieder der 1993 gegründeten Europäischen Union (EU) wurden.

Im Dezember 2002 beschlossen die Staats- und Regierungschefs der nunmehr 15 EU-Mitglieder in Kopenhagen die Osterweiterung: Im Frühjahr 2004 traten Polen, Tschechien, die Slowakei, Ungarn, Slowenien, Malta und Zypern sowie die drei baltischen Länder Estland, Lettland und Litauen in die EU ein.

Bulgarien und Rumänien wurden 2007 aufgenommen. Beitrittsverhandlungen werden mit Kroatien, Mazedonien und der Türkei geführt. Durch die zwölf neuen Mitglieder stieg die Einwohnerzahl der EU um 100 Millionen Menschen. Künftig werden in der Europäischen Union damit ein Fünftel mehr Menschen leben.

Für die Aufnahme eines Landes in die EU müssen bestimmte Grundvoraussetzungen erfüllt sein. Dazu gehört, dass es die Ziele der Europäischen Union anerkennt, die demokratischen Grundrechte, die Menschenrechte sowie die Achtung und den Schutz von Minderheiten in der Bevölkerung sichert.
Aber auch dem Zustand der Wirtschaft kommt hohe Bedeutung zu. Sie muss gut entwickelt sein, damit sie dem Wettbewerb innerhalb der Europäischen Union standhalten kann.

Für die Vorbereitung der beitrittswilligen Länder auf ihre Mitgliedschaft in der Europäischen Union leistet sie diesen Ländern Unterstützung.

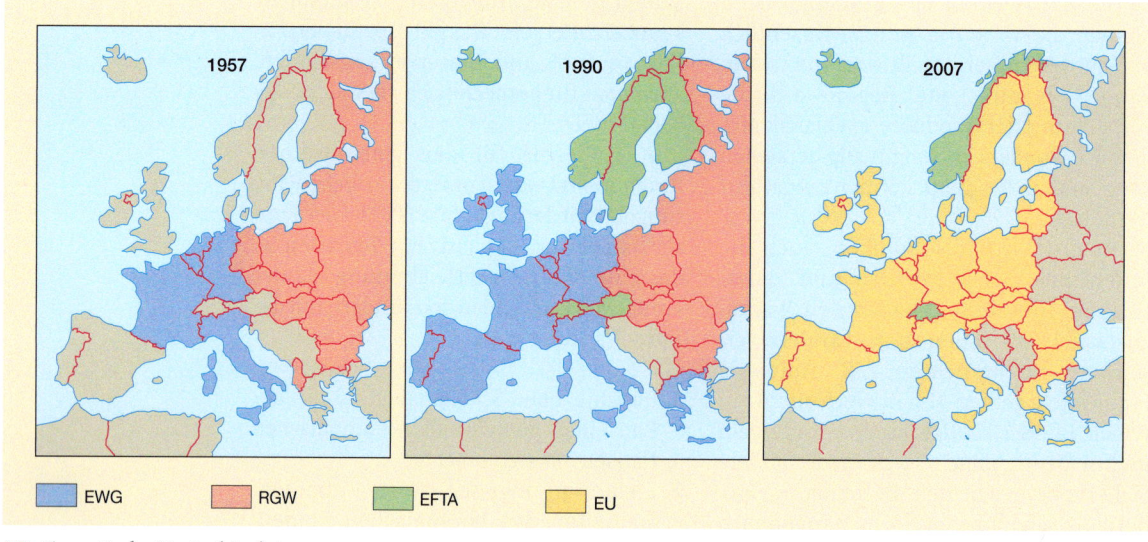

M1 Europäische Staatenbündnisse

Europa wächst zusammen 79

Europäische Kommission
Sitz: Straßburg
unterbreitet Gesetzesvorschläge, erlässt Durchführungsvorschriften, verwaltet den EU Haushalt

Europäischer Bürgerbeauftragter
Sitz: Straßburg
geht den Beschwerden von EU-Bürgern über Mängel in der Verwaltung nach

Rat der EU
Sitz: Brüssel
Vertretung der Regierungen aller EU-Länder, zuständig für Zusammenarbeit der Regierungen

Europäisches Parlament
Sitz: Straßburg
Volksvertretung der EU, kontrolliert die EU-Kommissionen, wird von den EU-Bürgern alle fünf Jahre direkt gewählt

Europäischer Gerichtshof
Sitz: Luxemburg
zuständig für Einhaltung des Gemeinschaftsrechts der EU

Europäische Zentralbank
Sitz: Frankfurt am Main
regelt die Währungspolitik im Währungsbereich des Euro

Europäischer Rechnungshof
Sitz: Luxemburg
überwacht Einnahmen und Ausgaben der EU

M2 Wichtige Einrichtungen der Europäischen Union

M3 Europäische Zentralbank

M5 Europäisches Parlament

M4 Europäische Kommission

1. Gib an, in welchen Städten sich die auf den Fotos dargestellten Institutionen (M3 bis M5) befinden.
2. Lege eine Tabelle an und notiere, welche europäischen Staaten Mitglied der Europäischen Union sind und seit wann sie sich der europäischen Einigung angeschlossen haben.
3. Begründe als Botschafter eines europäischen Landes, warum dein Land Mitglied der Europäischen Union ist bzw. werden will.
4. Wie stellt ihr euch ein „Vereintes Europa" in der Zukunft vor? Zeigt eure Ideen auf einem Poster und diskutiert in der Klasse darüber.

Europa – vom Atlantik zum Ural

Das Klima in Europa

Klimazonen

Der europäische Kontinent hat an mehreren Klimazonen Anteil:
- subpolare Klimazone im Norden mit langem Winter und kurzem Sommer
- gemäßigte Klimazone zwischen der subpolaren und subtropischen Klimazone mit den Jahreszeiten Frühling, Sommer, Herbst und Winter
- subtropische Klimazone im Süden (Mittelmeerraum) mit Regenzeiten und Trockenzeiten.

Die gemäßigte Klimazone

Die vorherrschende Windrichtung in Europa ist West-Ost, also vom Atlantik zum Kontinent. Die Luft über dem Meer enthält viel Feuchtigkeit. Mit dem Westwind kommt im Sommerhalbjahr kühle und feuchte Luft nach West- und Mitteleuropa, im Winterhalbjahr milde und feuchte Luft. Je weiter man nach Osten kommt, umso mehr nimmt der Einfluss der Meeresluft ab.

Die Luftmassen über dem Festland (z. B. über Osteuropa) haben gänzlich andere Eigenschaften. Sie sind im Sommer warm und trocken, im Winter dagegen kalt bis sehr kalt und trocken. Der Westwind hat seine Feuchtigkeit auf dem Weg über den Kontinent größtenteils verloren. Ostwind bringt selten Niederschläge nach Mittel- und Osteuropa.

Unterteilung der gemäßigten Klimazone

Von Westeuropa nach Osteuropa wird die Jahresschwankung der Temperaturen zwischen Sommer und Winter immer größer. Die Niederschlagsmenge nimmt von West nach Ost ab. Man unterteilt daher die gemäßigte Klimazone in drei Klimatypen: Seeklima, Übergangsklima und Landklima.

Hochgebirgsklima

In den Hochgebirgen weichen die Klimamerkmale von dieser Regelhaftigkeit ab. Hier werden sie vor allem von der Höhenlage beeinflusst: Mit größerer Höhe nehmen die Temperaturen ab. Durch Steigungsregen nimmt die Niederschlagsmenge zu. Wegen der abnehmenden Temperaturen in der Höhe fallen im Hochgebirge die Niederschläge zwischen Oktober und Mai meist als Schnee.

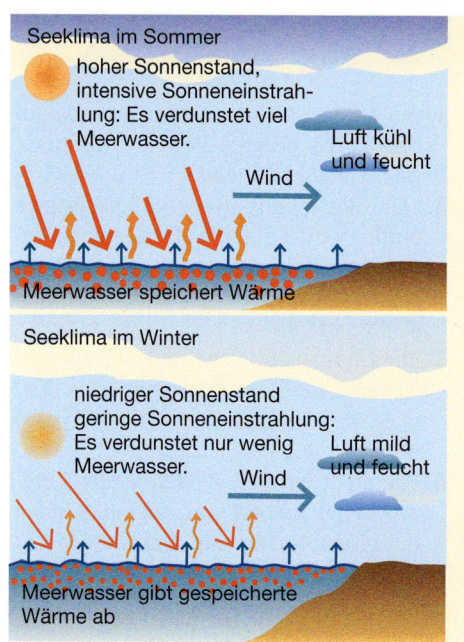

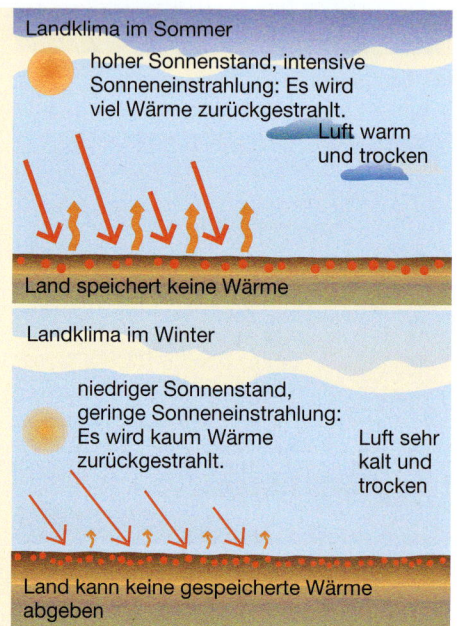

M1 Bildung von Seeklima und Landklima

Das Klima in Europa

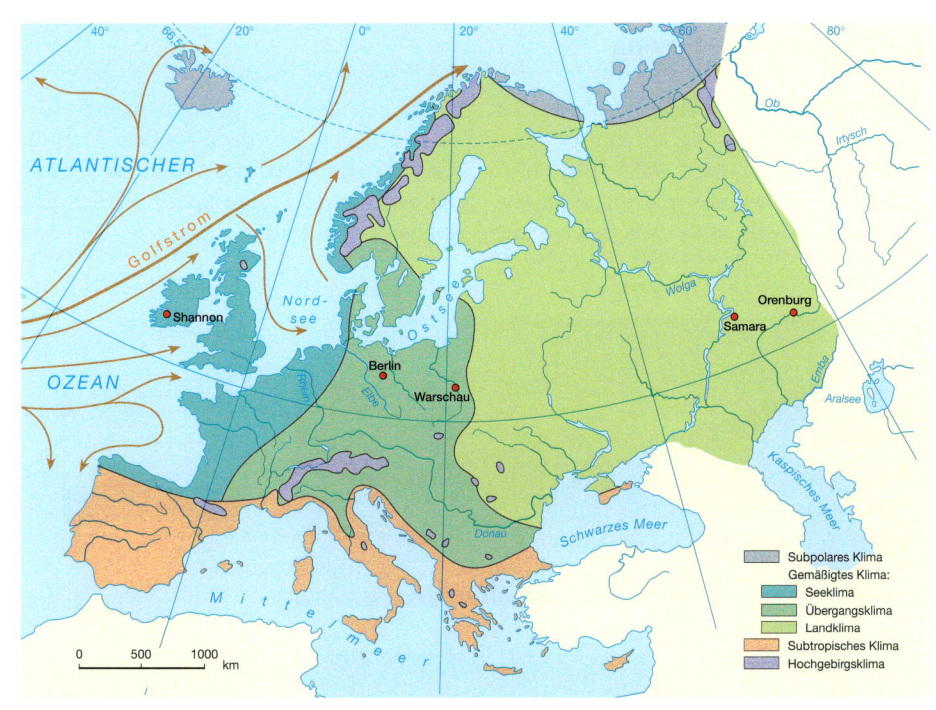

M2 Klimazonen und Klimatypen Europas

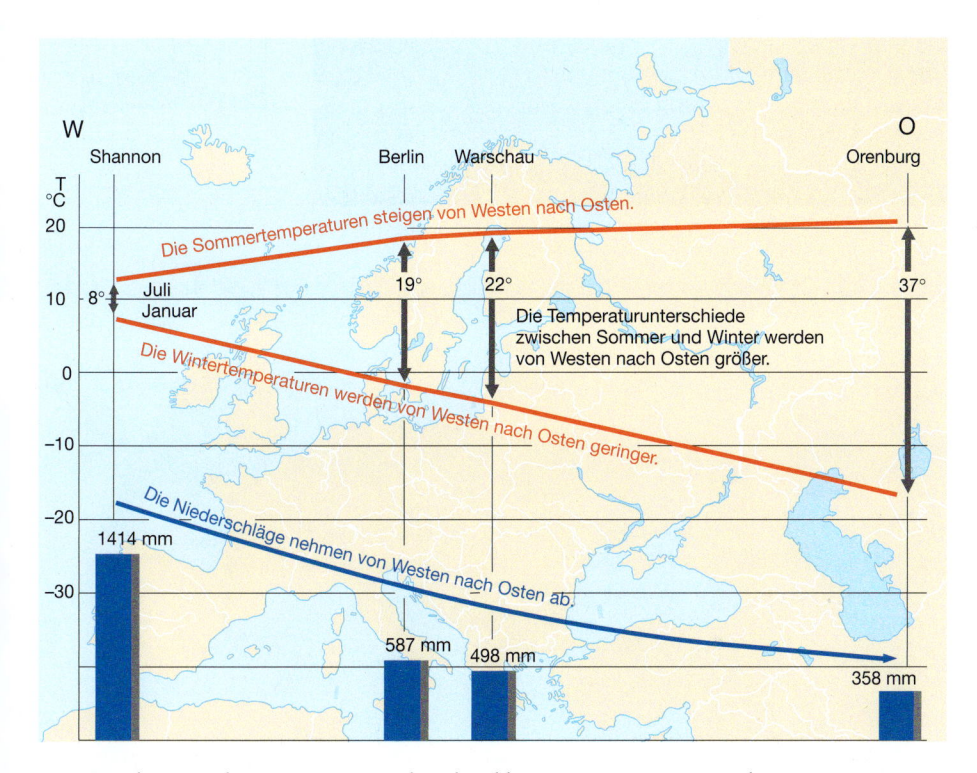

Legende:
- Subpolares Klima
- Gemäßigtes Klima:
  - Seeklima
  - Übergangsklima
  - Landklima
- Subtropisches Klima
- Hochgebirgsklima

M3 Veränderungen der Temperaturen und Niederschläge in Europa von West nach Ost

Stationen (W → O): Shannon, Berlin, Warschau, Orenburg

- Die Sommertemperaturen steigen von Westen nach Osten.
- Die Wintertemperaturen werden von Westen nach Osten geringer.
- Die Temperaturunterschiede zwischen Sommer und Winter werden von Westen nach Osten größer.
- Die Niederschläge nehmen von Westen nach Osten ab.

Temperaturunterschiede Juli/Januar: Shannon 8°, Berlin 19°, Warschau 22°, Orenburg 37°

Niederschläge: Shannon 1414 mm, Berlin 587 mm, Warschau 498 mm, Orenburg 358 mm

1. Erkläre den Unterschied zwischen Land- und Seeklima
2. Nenne Merkmale des Hochgebirgsklimas.
3. An welchem Klimaraum hat der europäische Kontinent Anteil?

Die Vegetation in Europa

Die natürliche Vegetation ist vor allem vom Boden und vom Klima abhängig, denn Pflanzen brauchen zum Wachstum Nährstoffe, Wasser, Wärme und Licht. In Gebirgen mit ähnlichem Klima hat sich meist auch eine ähnliche natürliche Vegetation herausgebildet. Zusammenhängende Gebiete mit gleichartiger Vegetation nennt man „Vegetationszonen". Wie ihr Klimadiagramme auswerten könnt, erfahrt ihr auf den Seiten 140/141.

M1 Zone der Tundra
Sie ist ein baumloses Gebiet mit Zwergsträuchern, Gräsern, Moosen und Flechten. Die Pflanzen kommen mit geringer Wärme und einer kurzen Wachstumszeit aus.

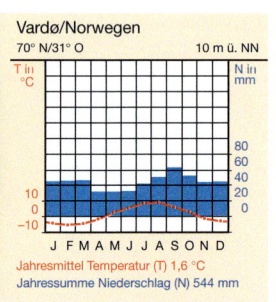

M2 Nadelwaldzone
Sie liegt im kaltgemäßigten Bereich des Kontinentalklimas. Die Wachstumszeit der Pflanzen beträgt nur 3 bis 4 Monate. Aufgrund des Wärmemangels wachsen vor allem Nadelbäume.

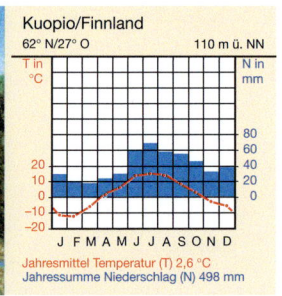

M3 Vegetationszonen Europas

Die Vegetation in Europa | 83

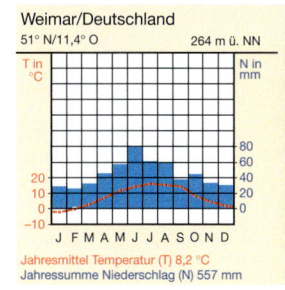

Weimar/Deutschland
51° N/11,4° O — 264 m ü. NN
Jahresmittel Temperatur (T) 8,2 °C
Jahressumme Niederschlag (N) 557 mm

M4 Laub- und Mischwaldzone
Sie umfasst sommergrüne Laubwälder oder Mischwald aus Laub- und Nadelbäumen. Der Boden ist meist von Sträuchern, Kräutern, Gräsern und Moosen bedeckt.

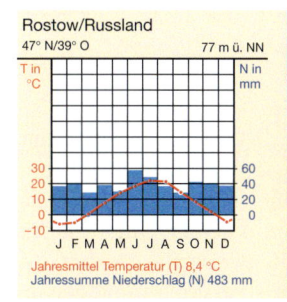

Rostow/Russland
47° N/39° O — 77 m ü. NN
Jahresmittel Temperatur (T) 8,4 °C
Jahressumme Niederschlag (N) 483 mm

M5 Steppenzone
Sie ist ein baumloser Landschaftsraum mit Gräsern und Kräutern, die unter den Bedingungen der Sommertrockenheit wachsen können.

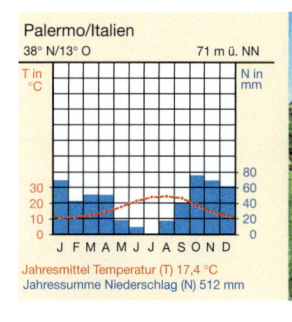

Palermo/Italien
38° N/13° O — 71 m ü. NN
Jahresmittel Temperatur (T) 17,4 °C
Jahressumme Niederschlag (N) 512 mm

M6 Zone der subtropischen Vegetation
Die natürliche Vegetation dieses Raumes ist in ihrem Wachstum an die trockenen und heißen Sommer angepasst.

Eine ursprüngliche natürliche Vegetation gibt es in Europa fast nirgends mehr. Die Urwälder wurden in weiten Teilen Europas gerodet, Sümpfe und Moore trockengelegt. Der Mensch schuf sich Raum für Siedlungen, landwirtschaftliche Anbauflächen, Arbeitsstätten, Verkehrsflächen und anderes mehr.

M7 Klimadaten von Samara/Russland
Lage: 53°N/50°O   Höhe: 44 m ü. NN

	Temperatur	Niederschlag
Januar	−13°	34 mm
Februar	−12°	25 mm
März	−6°	28 mm
April	4°	29 mm
Mai	15°	43 mm
Juni	18°	41 mm
Juli	21°	52 mm
August	19°	44 mm
September	12°	42 mm
Oktober	5°	45 mm
November	−5°	33 mm
Dezember	−11°	33 mm

Temp. Jahresmittel 3,8 °C
Niederschlagssumme 449 mm

1. Eine Winterreise französischer Schüler führt von Brest am Atlantik nach Brest in Weißrussland. Hilf ihnen dabei die richtige Bekleidung für die Reise einzupacken. Erkläre die Unterschiede im Klima.
2. Auf den britischen Kanal-Inseln wachsen Palmen im Freien. Begründe, weshalb sie so weit nördlich gedeihen können.
3. Zeichne ein Klimadiagramm der Station Samara in Russland (Hilfe hierfür findest du auf den Seiten 140/141 in diesem Buch). Ordne Samara einer Klimazone und einem Klimatyp zu.
4. Wähle je einen Tag im Januar, April, Juli und November aus und überlege, wie das Wetter in Samara sein könnte.

Der Norden Europas – vom Inlandeis geformt

Eis prägte den Norden Europas

Im Laufe unserer Erdgeschichte wechselte das Klima häufig. Es gab heiße, trockene oder feuchte Perioden. Seit etwa einer Million Jahren gab es Zeitabschnitte, in denen die mittleren Jahrestemperaturen in Europa um mehr als zehn Grad Celsius tiefer lagen als heute. Diese Abschnitte nennen wir „Kaltzeiten". Zwischen diesen Kaltzeiten war das Klima etwa so wie heute. Wie wirkte sich der Wechsel von Warm- und Kaltzeiten auf die Gestaltung unserer Landschaften aus?

Das Eiszeitalter

In Nordeuropa fiel während einer Kaltzeit viel Schnee. Weil der Schnee auch im Sommer nicht abtaute, wuchs die Schneedecke immer höher an. Unter dem Druck der Schneemassen entstand ein riesiger Gletscher, das Inlandeis.

Mehrmals wechselten Kaltzeiten und Zeiten mit höheren Temperaturen, so genannte „Warmzeiten", einander ab.
In den Kaltzeiten war das Inlandeis über Nordeuropa bis zu 3000 Meter dick. Als die Temperaturen stiegen, schmolz das Eis und das Wasser floss ab.
In den Warmzeiten waren die Temperaturen etwa wie heute. Dann war Nordeuropa wieder eisfrei.

Die Arbeit des Eises

Das Inlandeis hinterließ bis zu 60 Meter dicke Schuttmassen aus Kies, Sand und Lehm. Der zu seinen Rändern vorrückende Eispanzer brach auf seiner Unterseite in Nordeuropa tonnenweise Gestein heraus. Das Gestein wurde zerstoßen und zerrieben. Im Eis eingefroren, wurde der Schutt wie auf einem Förderband verfrachtet. Vor dem Rand des Eises wurden die Hügelreihen der Endmoränen aufgeschüttet.

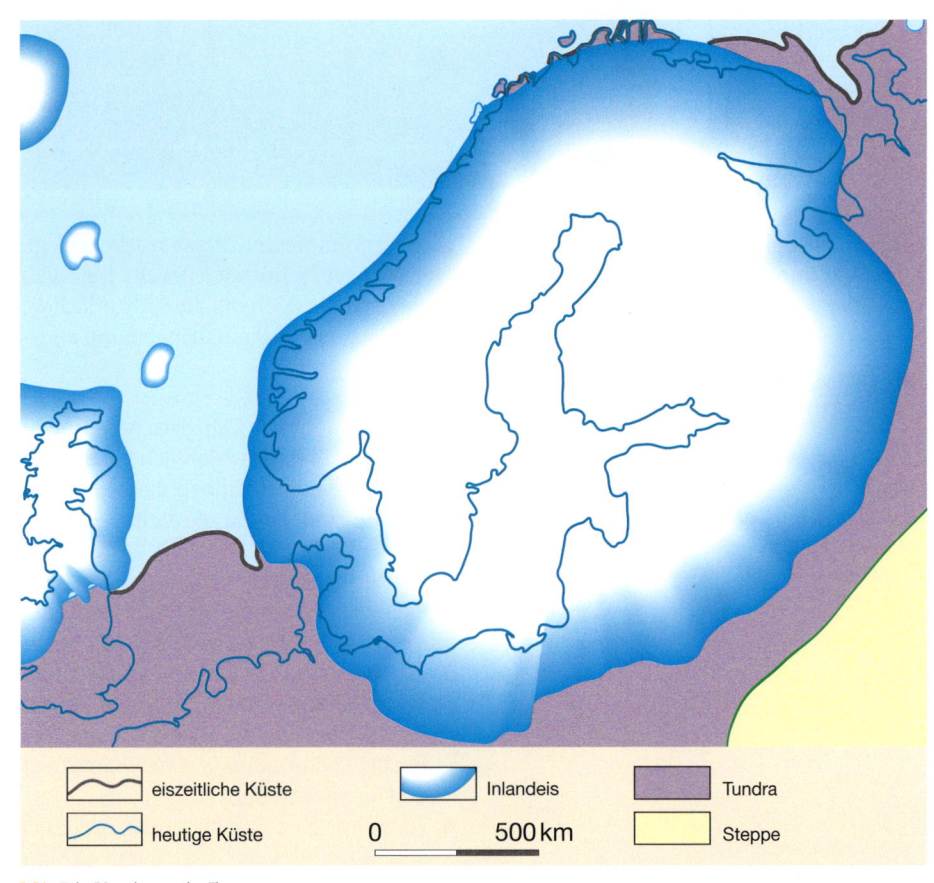

M1 Die Vereisung in Europa

Eis prägte den Norden Europas

Oberflächengestalt heute

Oberflächengestalt und Eisrand vor etwa 40 000 Jahren

Grundmoräne
Endmoräne
Sander
Urstromtal
Sander
Grundmoräne
Urstromtal   Endmoräne

Oberflächengestalt und Eisrand vor etwa 200 000 Jahren

Nordosten
Inlandeis
Südwesten
Sander
Urstromtal
Grundmoräne
Endmoräne

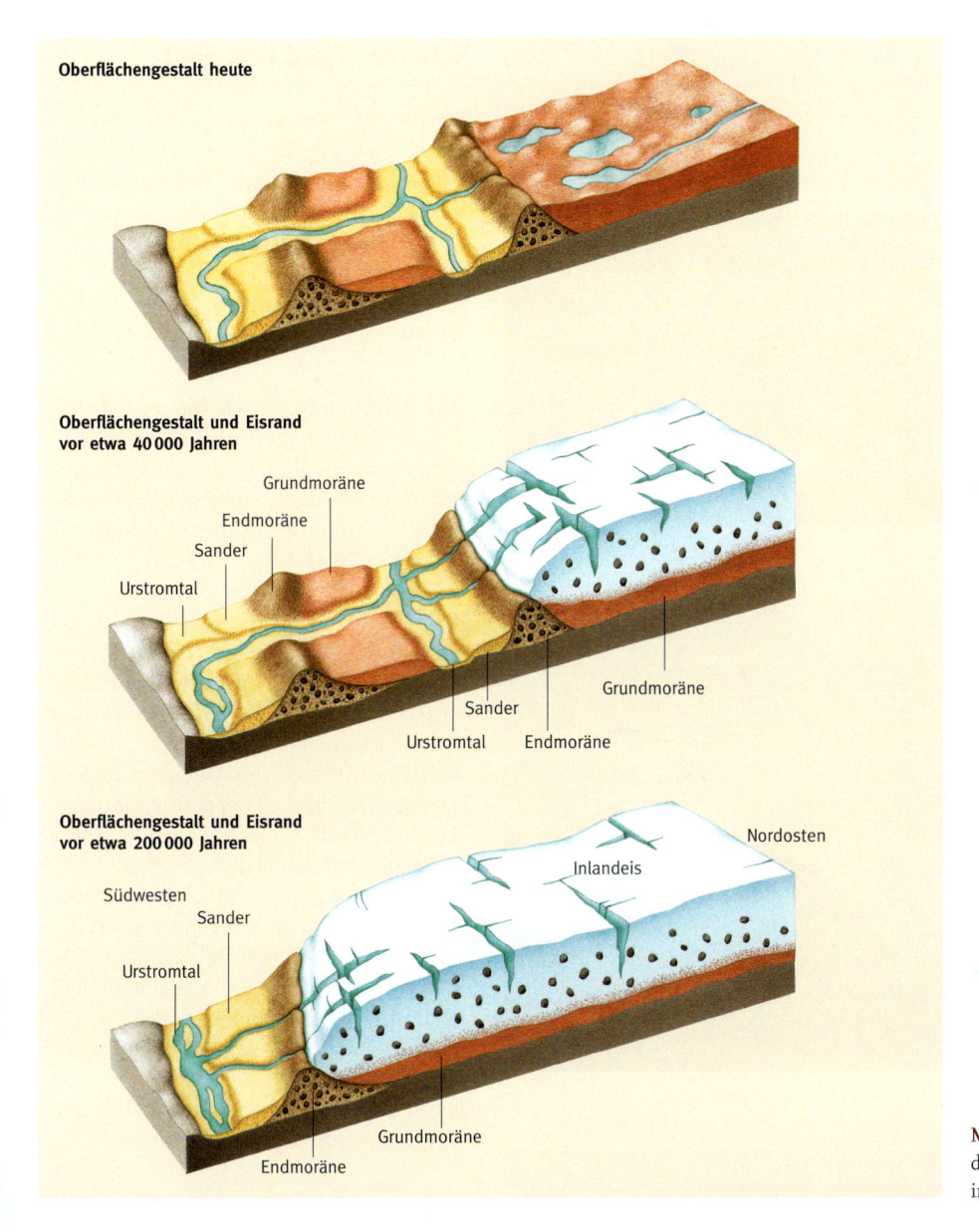

M2 Entstehung der Oberflächenformen im Eiszeitalter

Mit dem Beginn der Warmzeiten schmolz das Eis ab. Lehm und Steine blieben als Grundmoräne liegen.
In Mulden sammelte sich Wasser. So entstanden die Seen. Schmelzwasser des Eises haben Kies und Sand vor der Endmoräne als Sander verteilt. In den Urstromtälern floss das Schmelzwasser in Richtung Nordsee ab. Nordeuropa war während der Kaltzeiten das Ausräumungsgebiet, in dem das Eis Gesteinsmaterial abtrug. Norddeutschland hingegen war das Aufschüttungsgebiet, in dem das vom Eis mitgeführte Material abgelagert wurde.

1. Beschreibe die Vereisung Nordeuropas und den eiszeitlichen Küstenverlauf (M1, Text).
2. Zeichne das Profil der glazialen Serie (M2) ab und benenne die einzelnen Oberflächenformen. Unterstreiche die Formen, die durch das Eis geschaffen wurden rot und die vom Schmelzwasser geschaffenen Formen blau.
3. Erkläre, die Folgen der Wechsel von Warm- und Kaltzeiten für die Oberflächenformen in Nordeuropa.

M1 Schären

M2 Im Sognefjord

M3 Auf dem Fjell

Schären, Fjord und Fjell

Die Oberflächenformen Nordeuropas wurden ebenso wie der Norden Deutschlands im Eiszeitalter geformt. Trotzdem treffen wir auf der Skandinavischen Halbinsel auf ganz andere Oberflächenformen als in Norddeutschland.
Worauf sind diese Unterschiede zurückzuführen?

> **M4 Eine Schifffahrt im Sognefjord**
> Unser Schiff nähert sich der norwegischen Küste. Vor uns ragen die Berge des Skandinavischen Gebirges wie eine Wand auf. Langsam gleitet das Schiff zwischen unzähligen kleinen Inseln hindurch. Eng ist die Einfahrt in den Sognefjord. Es ist, als ob man durch ein Tor führe. Steil erheben sich die hohen Felswände aus dem Wasser. Wasserfälle stürzen an ihnen herab. Sie kommen von den Schnee- und Eisfeldern, die auf den Hochflächen des Gebirges liegen. Der Fjord ist überall tief genug für unser Hochseeschiff. Nach fünf Stunden Fahrt erreichen wir den Hafen.
> Von hier aus geht es mit einem Jeep ins Gebirge. In vielen Windungen führt die Straße auf die Hochfläche hinauf. Die kahle Hochfläche wirkt wie abgehobelt. Gewaltige Gesteinsblöcke gibt es hier genug zu sehen. Der felsige Boden weist Schrammen und Risse auf. In der Ferne kann man die Schnee- und Eisfelder des Gletschers Jostedalsbre erkennen.

Skandinavien – ein Abtragungsgebiet

Versetzen wir uns einige Zehntausend Jahre zurück. Wir sind im Eiszeitalter. Das Klima ist kälter und niederschlagsreicher als heute. Die Temperaturen sind auch im Sommer so niedrig, dass Schnee und Eis nicht abschmelzen können.
Das Festland wird von einem dicken Eispanzer, dem Inlandeis, überzogen. Häufige Schneefälle führen dazu, dass das Inlandeis immer mehr anwächst. Unter ihrem eigenen Druck bewegt sich die Eismasse langsam nach Süden. Sie überquert dann das Gebiet, das heute von der Ostsee ausgefüllt wird, und gelangt bis in das heutige Norddeutschland.

Schären, Fjord und Fjell 87

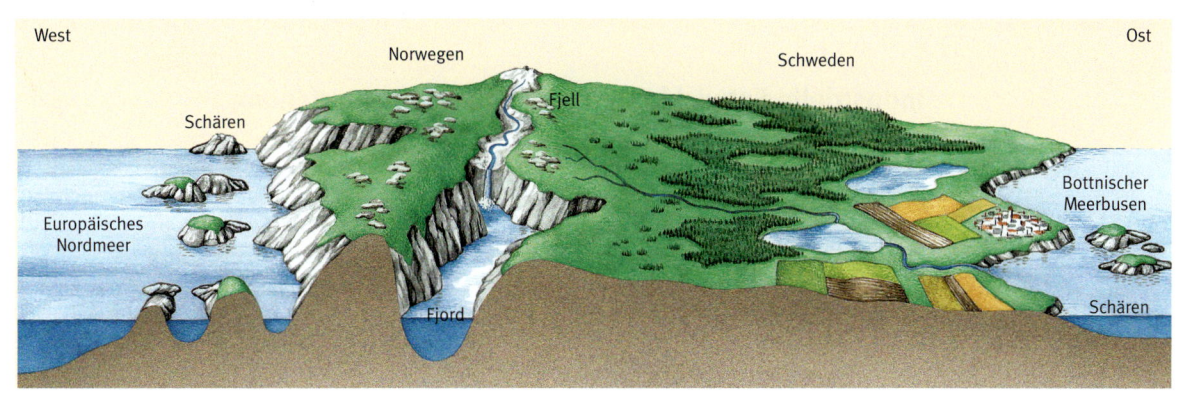

M5 Schnitt durch Skandinavien

Bei dieser Bewegung nach Süden bearbeitete das Inlandeis an seinem Grunde und am Eisrand die Oberfläche Skandinaviens wie ein riesiger Hobel. Es schürfte den Untergrund ab, rundete und ritzte die Felsen. Es formte eine wellige Hochfläche, das Fjell.

Enge Flusstäler weitete das Eis zu Trogtälern, die einen U-förmigen Querschnitt haben. Als nach der Eiszeit das Inlandeis schmolz, stieg der Meeresspiegel um etwa 1000 Meter an. Die Trogtäler wurden überflutet. Sie sind heute die Fjorde, deren steile Talwände oft bis zu 1000 Meter hoch aufragen.

M6 Blick in ein Trogtal

Tiefer gelegene und vom Eis abgerundete Felsen wurden beim Ansteigen des Meeresspiegels vom Wasser umspült. Sie liegen heute als kleine Felseninseln, den Schären, vor der skandinavischen Küste.

Der skandinavische Süden und Norddeutschland – ein Ablagerungsgebiet

Die vom Inlandeis herausgebrochenen Gesteine wurden durch die Bewegung und den großen Druck der Eismasse teilweise zu Kies, Sand und Ton zerrieben. Viele Gesteinsblöcke blieben aber auch erhalten. Im Eis eingefroren wurden sie mit nach Süden transportiert.

In wärmeren Zeiten drang das Inlandeis nicht weiter nach Süden vor. Es taute ab. Dabei wurden die mittransportierten Gesteinsblöcke und zerkleinerten Gesteinsteile aus dem Eis herausgespült, am Grunde des Inlandeises und vor dem Eisrand abgelagert. Es entstanden die typischen Oberflächenformen Grundmoräne, Endmoräne und Sander. In weiten, flachen Tälern, den Urstromtälern, sammelte sich das Schmelzwasser und floss in ihnen zum Meer ab.

1. Suche auf einer Atlaskarte den Sognefjord und miss seine ungefähre Länge. Vergleiche sie mit einer Entfernung in deinem Heimatgebiet (M2, M4, Atlas).
2. Erläutere den Begriff „Trogtal" (M6, Text). Wie wurde es vom Eis geformt?
3. Beschreibe die Oberflächenformen Schäre, Fjord und Fjell (M1 bis M3, M5). In welchen Teilen Skandinaviens sind sie verbreitet?
4. Stelle in einer Tabelle eiszeitliche Abtragungs- und Ablagerungsgebiete gegenüber und ordne diesen Oberflächenformen zu (M5).

Im Westen Europas – dicht besiedelte Räume

Industrielle Entwicklung und Bevölkerungsverteilung

Die Entwicklung der Industrie in Europa stützte sich zunächst auf die Kohlegewinnung. Kohle war der Brennstoff für die neu entwickelten Dampfmaschinen. Kohle war auch die bedeutendste Energiequelle für den Beginn der industriellen Entwicklung in Europa.

Die reichen Kohlevorkommen haben nicht nur die Standorte der Industrie, sondern auch den Aufbau des Eisenbahnnetzes und der Dampfschifffahrt bestimmt.

Im westlichen Europa liegen zwei große Kohlebecken. Das eine befindet sich in

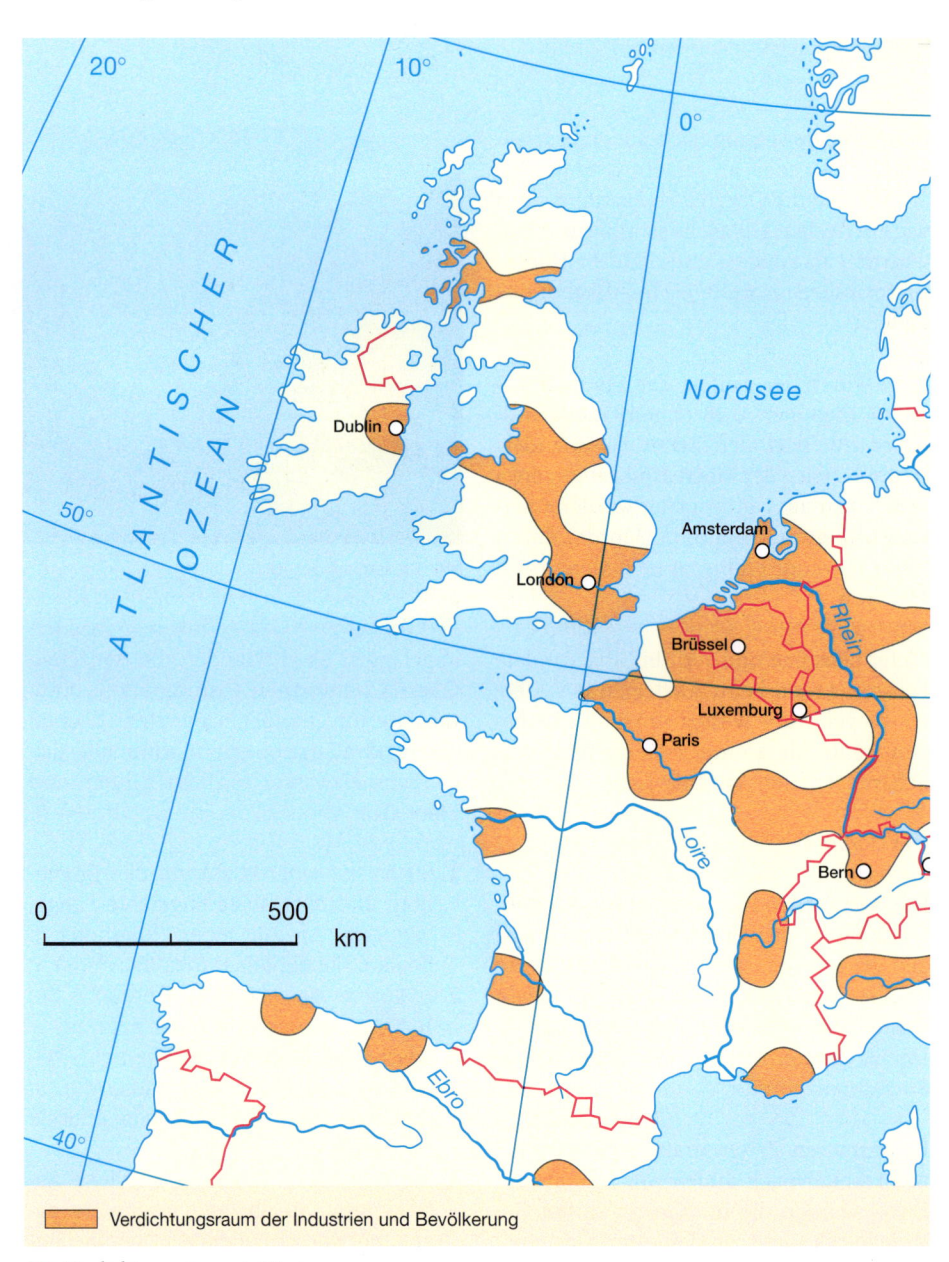

M1 Verdichtungsräume in Westeuropa

Industrielle Entwicklung und Bevölkerungsverteilung

M2 Manchester um 1885

Großbritannien. Die Lage ist noch heute an den Industriegebieten zu erkennen, in denen sich die Eisen- und Stahlindustrie, der Schiffbau und die Textilindustrie ausbildeten.

Die zweite große Industrieregion, die sich auf Kohlevorkommen gründete, bildete sich zwischen Nordfrankreich und dem Westen Deutschlands aus. Dieser Großraum umfasst die meisten Industrieansiedlungen im westlichen Europa.

M3 Die Dampfmaschine – 1769 erfunden

Mit der Entwicklung der Industrie veränderte sich auch die Bevölkerungsverteilung stark. Große Teile der ländlichen Bevölkerung zog es in die Industriezentren, wo neue Arbeitsplätze entstanden. Die Städte in England, Belgien und Frankreich vergrößerten sich rasch. Demgegenüber ging die Bevölkerung in ländlichen Räumen stark zurück.

Das Vorhandensein von Arbeitskräften, gut ausgebaute Verkehrswege und Energieversorgung führten dazu, dass diese Regionen bis in die heutige Zeit zu den wirtschaftlichen Verdichtungsräumen in Europa zählen.

Ein anderer Grund für die ungleichmäßige Bevölkerungsverteilung in Europa ist mit den Aufgaben und der herausragenden Stellung von Hauptstädten verbunden. Viele Einrichtungen der Wirtschaft suchen die Nähe zu Parlament und Regierung. Dort werden wichtige Beschlüsse gefasst, dort werden Gelder vergeben, wenn es um den Ausbau von Verkehrswegen oder um andere wichtige Vorhaben geht. Dies führte dazu, dass in Hauptstädten viele Arbeitsplätze entstanden, die wiederum Bevölkerungszuwanderungen auslösten.

An den Hauptstädten Westeuropas wie Paris, London oder Brüssel kann diese Entwicklung nachvollzogen werden. Diese Städte sind mit Abstand zu den führenden Zentren dieser Länder geworden.

1. Erkläre die Bevölkerungsverteilung in Europa anhand der Karte M1 und des Textes.
2. Wie wirkten sich Erfindung sowie Weiterentwicklung der Dampfmaschine auf die Wirtschaft und auf die Bevölkerungsverteilung aus (M3)?
3. Finde die Lage der in M2 dargestellten Stadt heraus (Atlas). Erläutere die Einzelheiten, die das Bild aus der Zeit um 1885 erkennen lassen.

Im Westen Europas – dicht besiedelte Räume

M1 In der Londoner Börse

M2 Der Louvre in Paris – ein Museum von weltweiter Bedeutung

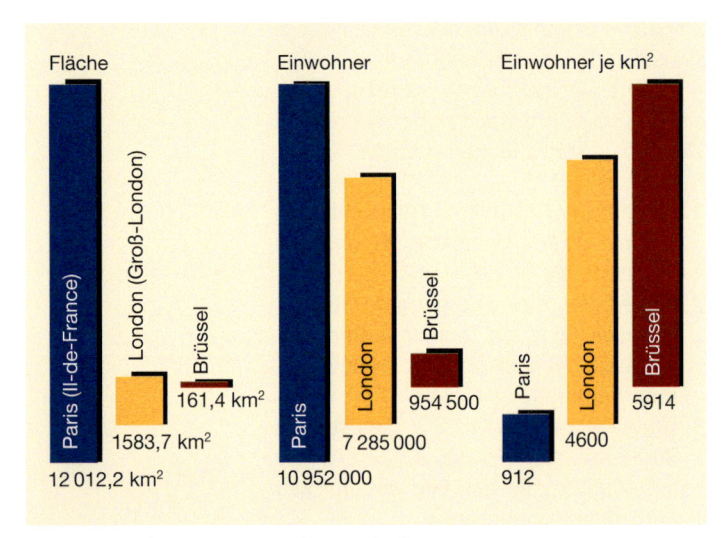

M3 Hauptstadtregionen im Größenvergleich (2002)

Fläche: Paris (Ile-de-France) 12 012,2 km²; London (Groß-London) 1583,7 km²; Brüssel 161,4 km²
Einwohner: Paris 10 952 000; London 7 285 000; Brüssel 954 500
Einwohner je km²: Paris 912; London 4600; Brüssel 5914

Hauptstädte in Westeuropa

Die Namen westeuropäischer Hauptstädte hörst du häufig in Nachrichtensendungen. Die britische Hauptstadt London und die französische Hauptstadt Paris stehen dabei weit vorn. Die belgische Hauptstadt Brüssel folgt dicht auf, manchmal sogar mit dem Beinamen „heimliche Hauptstadt" Europas. Weshalb stehen die drei Städte so deutlich im Blickfeld?

London und Paris – Hauptstädte

In den Hauptstädten London und Paris haben die Regierung und das Parlament des Landes ihren Sitz. Damit sind diese Städte von zentraler Bedeutung für das politische und wirtschaftliche Leben des eigenen Landes sowie für die Zusammenarbeit mit anderen Ländern. Außerdem sind sie auch Mittelpunkt für das kulturelle Leben ihres Landes.

London und Paris sind Millionenstädte. Die Bevölkerungsdichte ist die größte im ganzen Land. In den Hauptstädten und deren Umland, also in der Region, haben sich viele Wirtschaftsunternehmen angesiedelt. Dienstleistungs- und Verwaltungseinrichtungen sind meist die größten Arbeitgeber.

London und Paris – Weltstädte

Die Bedeutung beider Hauptstädte reicht zugleich weit über die Grenzen ihrer Länder hinaus. Hier haben viele Industrie- und Dienstleistungsunternehmen, Banken und Versicherungen ihren Sitz, die weltweit tätig sind. So werden beispielsweise viele internationale Finanzgeschäfte an der Londoner Börse getätigt. Aber auch internationale Organisationen lenken ihre Tätigkeit von London oder Paris aus. So hat zum Beispiel die UNO-Organisation für Erziehung, Wissenschaft und Kultur (UNESCO), der 191 (im Jahr 2005) Staaten angehören, in Paris ihren Sitz.

Die Hauptstädte London und Paris werden auch als „Metropolen" bezeichnet, weil sie politische, kulturelle und wirtschaftliche Zentren von überragender Bedeutung sind.

Hauptstädte in Westeuropa | 91

Brüssel und die Europäische Union
Nachdem sich die Länder Niederlande, Luxemburg, Belgien, Italien, Frankreich und Deutschland im Jahr 1957 zur Europäischen Wirtschaftsgemeinschaft (kurz: EWG) zusammengeschlossen hatten, erklärten sie die belgische Hauptstadt Brüssel zum Sitz der Gemeinschaft (1959).

Die Gemeinschaft von damals sechs Ländern ist inzwischen zur Europäischen Union mit 25 Mitgliedern im Jahr 2004 herangewachsen. Weitere Länder haben sich um Mitgliedschaft beworben. Die Europäische Union ist heute auch mehr als nur eine Wirtschaftsvereinigung. Sie ist ein Verbund weiterhin selbstständiger Staaten, die neben der wirtschaftlichen Zusammenarbeit mehr und mehr eine Abstimmung in wichtigen Fragen der Außen- und Sicherheitspolitik anstreben.

Mit dem Wachsen der Europäischen Union sind auch die Aufgaben größer geworden, die die EU-Einrichtungen in Brüssel zu erfüllen haben. Brüssel hat damit fast schon die Aufgabe einer Hauptstadt übernommen.

Obwohl auch in Luxemburg und Straßburg weiterhin einzelne EU-Behörden angesiedelt sind, ist Brüssel längst zum Zentrum der Gemeinschaft geworden. Das sieht man fast überall im Stadtbild. Es wird zunehmend von neuen Bürohochhäusern und Verwaltungsgebäuden, von Schnellstraßen und vor allem durch die Vielfalt der Bevölkerung bestimmt.

M4 Völkervielfalt in Brüssel
Fremde Kulturen und Einheimisches gehören in Brüssel zur Normalität des Zusammenlebens. In der Stadt und ihrem Umland leben mehr als 10 000 Deutsche und fast ebenso viele Franzosen, Engländer, Italiener und Spanier. Etwa jeder dritte Einwohner von Brüssel hat einen ausländischen Pass. Darunter sind aber nicht nur Europäer. Die einzelnen Bevölkerungsgruppen bevorzugen unterschiedliche Stadtviertel, in denen sie auch ihren traditionellen Lebensgewohnheiten nachgehen.

Zwei Drittel der Berufstätigen Brüssels sind im Dienstleistungsbereich tätig. Über 160 000 Beamte arbeiten in den Verwaltungsgebäuden der EU. Insgesamt hängen mehr als 55 000 Arbeitsplätze direkt von der EU ab. Darüber hinaus sind mehr als 250 Vertretungen von Regionen und Ländern sowie etwa 2000 Organisationen und Verbände in dieser Stadt angesiedelt.

M5 Während einer Tagung des Europa-Parlaments in Brüssel

M6 Im Justus-Lipsius-Gebäude tagt der Ministerrat der Europäischen Union

1. Vergleiche die Hauptstadtregionen Groß-London, Paris und Brüssel miteinander. Finde Gemeinsamkeiten und Unterschiede.
2. Begründe, weshalb Brüssel zu Recht mit dem Beinamen „heimliche Hauptstadt Europas" bezeichnet wird.
3. Berichte über die Auswirkungen der Nationalitätenvielfalt in europäischen Großstädten.

Paris

In Paris trifft man Menschen aus aller Welt. Als Touristen oder Geschäftsreisende sind sie Gast der französischen Metropole. Aber auch viele Franzosen kommen in ihre Hauptstadt. Nicht wenige von ihnen bleiben für immer hier. Weshalb hat Paris eine solche Anziehungskraft und wie wirkt sich das auf die Stadtentwicklung aus?

Metropole Paris

Paris entwickelte sich früh zu einer Handelsstadt, die sich zu beiden Ufern der Seine ausdehnte. Bereits um 1200 lebten mehr als 100 000 Menschen hier. Um diese Zeit wurde auch die Universität Sorbonne gegründet.

Mittelpunkt der Stadt war die Seine-Insel (Île de la Cité). Um sie herum wuchs die Stadt nach außen. Regierungsviertel, Universitätsviertel, Wohn- und Industriegebiete entstanden.

Bibliotheken, Kirchen, Museen, Theater, Varietés, Straßencafés, breite Boulevards und Parkanlagen – all das macht die besondere Atmosphäre der Stadt aus. Viele Weltausstellungen fanden hier statt. An die von 1889 erinnert der Eiffelturm – das Wahrzeichen der Stadt.

M2 Aus einem Brief von René aus Paris

Lieber Frank,

ich freue mich sehr auf deinen Besuch in den Sommerferien. Du findest auf dem Stadtplan einige Sehenswürdigkeiten meiner Heimatstadt, die ich dir zeigen möchte.

Hast du Lust die Mona Lisa im Louvre zu besuchen? Oder weißt du gar nicht, wer das ist? Wir können uns auch die Stadt aus 327 Meter Höhe vom Eiffelturm aus ansehen. Eine Bootsfahrt auf der Seine wäre ebenfalls schön. Ganz toll gefällt es mir im Vergnügungspark Euro-Disney und im Parc Astérix.

Vielleicht besuchen wir auch deinen Bruder, der an der Sorbonne studiert. Schreibe bitte bald, damit ich einen Besichtigungsplan entwerfen kann.

Dein René

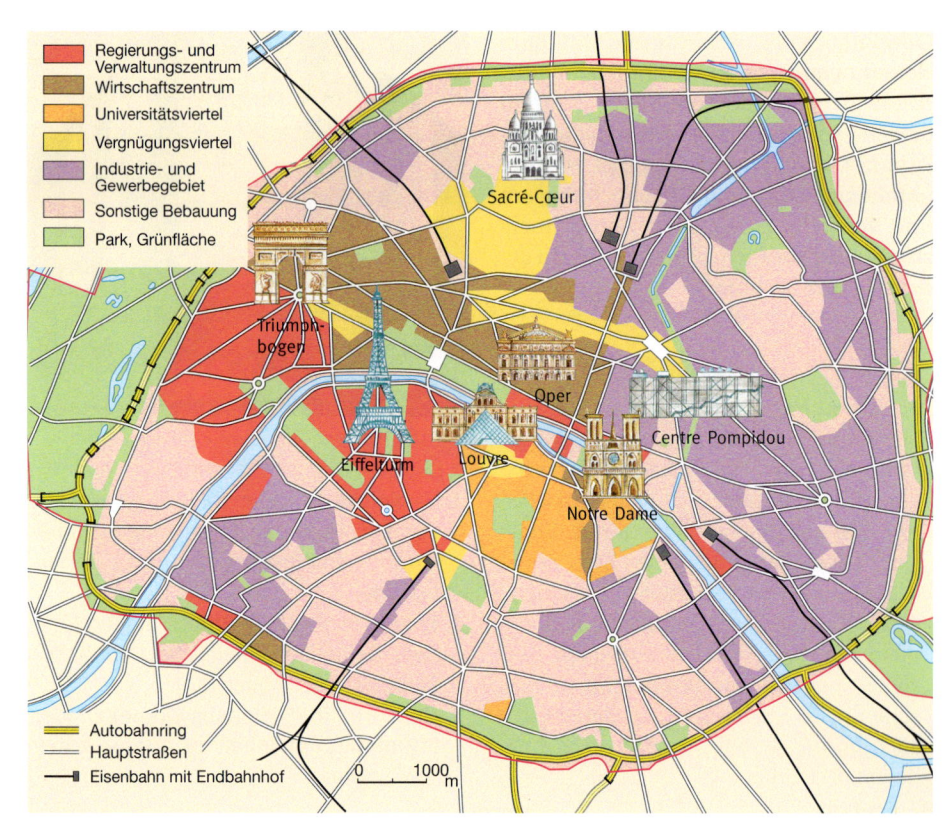

M1 Plan der Innenstadt von Paris (Ausschnitt)

Stadt und Umland von Paris

Mit dem verstärkten Ausbau der Industrie entwickelte sich die Stadt Paris seit 1900 besonders schnell. Die Zahl der Groß- und Hochhausbauten wuchs. Etwa um 1950 wurde der massive Zuzug neuer Einwohner zu einem ernsten Problem. Trotz Ausdehnung der Stadtfläche standen nicht ausreichend Wohnungen zur Verfügung. Die in Eile errichteten Wohngebiete dienten vorrangig als „Schlafstädte", denn tagsüber waren die meisten Einwohner an ihren Arbeitsstätten in der Stadt.

Zur Verbesserung der Situation beschloss der französische Staat ein Programm zum Aufbau völlig neuer Städte (villes nouvelles) im Umland von Paris, die im Gegensatz zu den bisherigen Wohngebieten auch über Arbeitsstätten, Schulen, Krankenhäuser, Dienstleistungseinrichtungen und Einkaufsstätten verfügen.
Sie entstanden in einer Entfernung von 20 bis 60 Kilometer zum Zentrum von Paris. Autobahnen, Straßen und Schienenwege verbinden die neuen Städte mit der Metropole. Ein Autobahnring umschließt das Stadtzentrum.

Heute haben Paris und sein Umland etwa elf Millionen Einwohner. Fast jeder fünfte Einwohner Frankreichs lebt in diesem Verdichtungsraum. Und der Zuzug hält immer noch an. Seine Bedeutung wird auch dadurch unterstrichen, dass über die Hälfte der größten französischen Unternehmen hier ihren Sitz haben.

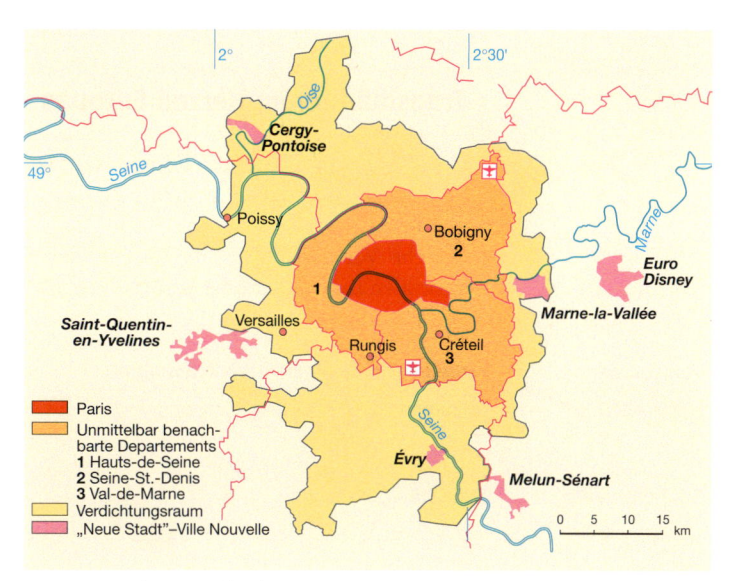

M4 Paris und sein Umland

M5 Paris. Blick von Notre Dame

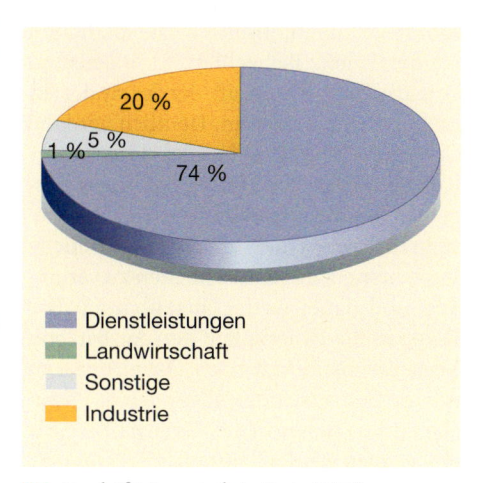

M3 Beschäftigtenanteile in Paris (2000)

1. Beschreibe das Foto von Paris (M5). Welches berühmte Bauwerk ist zu erkennen?
2. Sammle Bildmaterial und Informationen zu Sehenswürdigkeiten in Paris und schreibe einen Antwortbrief an René, in dem du deine Besichtigungswünsche nennst.
3. Erläutere, wie sich die großen Zuzüge nach Paris auf die Entwicklung der Hauptstadtregion auswirken.
4. Werte das Diagramm zu den Beschäftigtenanteilen von Paris aus (M3).

Die Mitte Europas – eine verkehrsgeografische Herausforderung

Transitländer im Herzen Europas

Die Länder Mitteleuropas liegen, wie der Name es bereits ausdrückt, im Zentrum Europas.
Welche Vor- und Nachteile sind mit der zentralen Lage der Länder verbunden?

Verkehrswege	Verkehrseinrichtungen	Verkehrsmittel
Luftverkehr	Flughafen	
Straßenverkehr	Tankstellen, Rastplätze	
Schiffsverkehr (Binnenschifffahrt)	Binnenhafen	
Schienenverkehr	Bahnhof	
Schiffsverkehr (Hochseeschifffahrt)	Überseehafen	

M1 Einteilung des Verkehrs

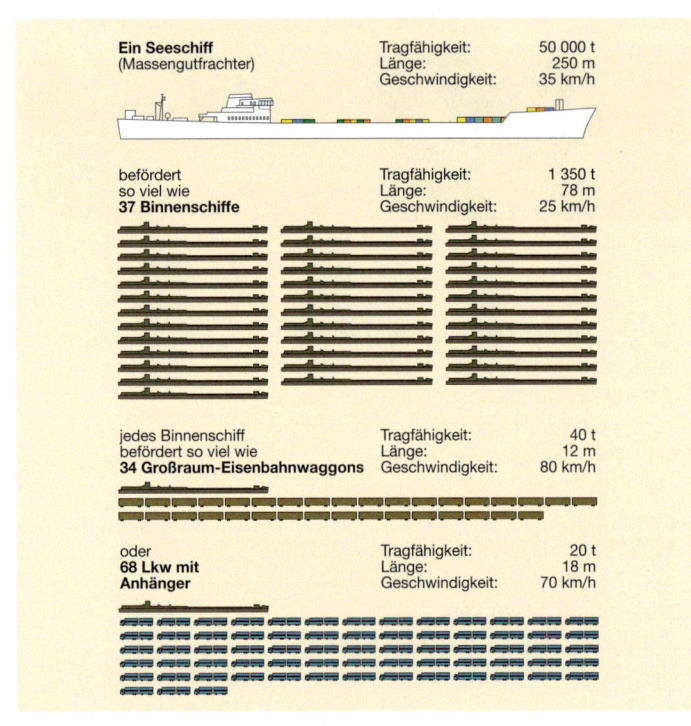

M2 Fracht-Transportmittel im Vergleich

Ein Seeschiff (Massengutfrachter) — Tragfähigkeit: 50 000 t, Länge: 250 m, Geschwindigkeit: 35 km/h

befördert so viel wie **37 Binnenschiffe** — Tragfähigkeit: 1 350 t, Länge: 78 m, Geschwindigkeit: 25 km/h

jedes Binnenschiff befördert so viel wie **34 Großraum-Eisenbahnwaggons** — Tragfähigkeit: 40 t, Länge: 12 m, Geschwindigkeit: 80 km/h

oder **68 Lkw mit Anhänger** — Tragfähigkeit: 20 t, Länge: 18 m, Geschwindigkeit: 70 km/h

Mitteleuropa als Transitregion

Mitteleuropa hat für die Entwicklung eines europäischen Verkehrsnetzes besondere Bedeutung. Hier in Mitteleuropa kreuzen sich Europastraßen, Autobahnen, Schienenwege und Binnenwasserstraßen aus West- und Osteuropa sowie aus Nord- und Südeuropa. Verkehr ist eine wichtige Voraussetzung für die wirtschaftliche Entwicklung eines Standortes. Güter werden innerhalb Mitteleuropas, aber auch durch Mitteleuropa transportiert. Auch der Personenverkehr führt durch Mitteleuropa, wenn Menschen von West- nach Osteuropa oder aus Süd- nach Nordeuropa reisen.
Der zunehmende Handel der Länder untereinander und das gestiegene Bedürfnis der Menschen zu reisen bedingen ein starkes Ansteigen des Verkehrs. Deshalb wachsen die Ansprüche an das Verkehrsnetz. Die einzelnen Verkehrswege müssen stärker ausgebaut und miteinander verknüpft werden um den wachsenden Binnen- und Transitverkehr zu bewältigen.

Überwindung der Teilung des Verkehrsnetzes

In der Vergangenheit ging eine Grenze direkt durch Deutschland und teilte Mitteleuropa. Deshalb haben sich die Länder unterschiedlich entwickelt. Während die Länder westlich der Grenze, die Bundesrepublik Deutschland, Österreich und die Schweiz über eine leistungsfähige Wirtschaft verfügen, müssen die östlichen Länder Polen, Tschechien, Slowakei und Ungarn ihre Wirtschaft den veränderten Bedingungen anpassen. Deutlich wird die Grenze auch im Verkehrsnetz. Es ist innerhalb der westlichen Länder viel besser ausgebaut als das der östlichen. Deshalb besteht für Europa die Aufgabe, das westliche Verkehrsnetz mit dem östlichen zu verbinden und dabei weiter auszubauen. Die Europäische Union plant den Ausbau von Verkehrskorridoren nach Osteuropa, damit die Beitrittsländer, aber auch das östliche Europa besser in die Wirtschaft der EU einbezogen werden können.

Transitländer im Herzen Europas | 95

M3 Verkehr auf einer Autobahn

Verkehrsmittel im Wettbewerb
Um Menschen (Passagiere) und Gegenstände (Fracht) zu transportieren bieten sich verschiedene Verkehrsmittel an. Entscheidend sind die Reise- bzw. Transportkosten und die Reise- bzw. Wegezeiten. Jedes Verkehrsmittel hat andere Vor- und Nachteile. Sie stehen miteinander in einem Wettbewerb. Man bezeichnet einen solchen Wettbewerb auch als „Konkurrenz".

Wichtig ist auch ein Blick auf den unterschiedlichen Treibstoffverbrauch der einzelnen Verkehrsmittel. Allgemein gilt: je höher der Verbrauch, desto größer die Umweltbelastung.

1. Nenne die verschiedenen Verkehrswege, Verkehrseinrichtungen und Verkehrsmittel (M1, Text).
2. Welche Vor- und Nachteile haben die verschiedenen Verkehrsmittel? Schreibe deine Überlegungen stichwortartig in eine Liste.
3. „Verbrauch und Umwelt" – erläutere den Zusammenhang.
4. M4: Schon wieder Stau! Warum fahren trotzdem viele mit dem Pkw (Lkw)?
5. Erkläre die Begriffe: „Binnenverkehr" und „Transitverkehr".
6. Begründe die Notwendigkeit, das Verkehrsnetz im östlichen Mitteleuropa weiter auszubauen.

M4 Verkehrsmeldung
Es ist 18 Uhr und 8 Minuten. Meldungen zur Verkehrslage. Aus Zeitgründen melden wir nur Staus ab 7 Kilometer Länge Hamburg: A1 Bremen Richtung Lübeck 8 Kilometer, in Gegenrichtung 17 Kilometer; Brandenburg: A10 Richtung Berliner Ring 7 Kilometer; Bayern A9 Nürnberg Richtung Berlin 12 Kilometer.

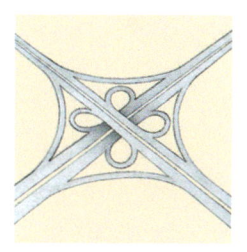

M5 Autobahnkreuz

M6 Kraftstoffverbrauch im Vergleich

Mit der Eisenbahn durch Europa

Bedingt durch die zentrale Lage hat sich in Mitteleuropa ein gut ausgebautes Eisenbahnnetz entwickelt.

Vorteile der Eisenbahn

Die Eisenbahn ist ein Massenverkehrsmittel. Sie befördert Personen und Güter schnell und zuverlässig. Sie ist unabhängig von Verkehrsstaus. Auch Wettereinflüsse machen sich nicht so stark bemerkbar wie im Straßenverkehr. Nur bei extremen Wetterlagen (z. B. bei Sturm können entwurzelte Bäume die Gleise blockieren, heftige Schneestürme machen die Gleise unbefahrbar) kann der Eisenbahnverkehr gestört werden. Die Eisenbahn belastet die Umwelt geringer mit Schadstoffen als der Autoverkehr und verursacht weniger Verkehrsunfälle. Der Energieverbrauch liegt erheblich unter dem der meisten anderen Verkehrsmittel. Heute wird hier zum größten Teil elektrische Energie eingesetzt.

Weiterer Ausbau des Eisenbahnnetzes

Trotz der Vorteile sind der Gütertransport und auch der Personenverkehr mit der Eisenbahn rückläufig. Um das umweltfreundliche Verkehrsmittel wieder stärker nutzbar zu machen und den Eisenbahnverkehr auch über die Grenzen der Europäischen Union zu sichern, steht die Eisenbahn vor folgen Aufgaben:

- Erneuerung alter Bahnstrecken um den Verkehr noch zuverlässiger und sicherer zu machen
- Weiterer Ausbau bestehender Schienenwege und Bau neuer für den Einsatz moderner Hochgeschwindigkeitszüge, die mit Geschwindigkeiten bis zu 300 km/h fahren können
- Vorrangiger Ausbau der Ost-West-Verkehrsverbindungen
- Schaffung von Verkehrsknotenpunkten, d. h. Ausbau von Verkehrsstandorten dort, wo verschiedene Verkehrslinien zusammentreffen.

Hochgeschwindigkeitsnetz Deutschland

In Europa verkehren Hochgeschwindigkeitszüge. Bekannt sind der ICE, der Eurostar, der TGV oder auch der THALYS. Alle diese Züge können sehr schnell fahren. Dazu benötigen sie ein eigenes Schienennetz, das diese hohen Geschwindigkeiten aushält. Europas große Zukunftsaufgabe besteht darin, das Hochgeschwindigkeitsnetz zu verdichten und die Netze der einzelnen Länder miteinander zu verbinden.

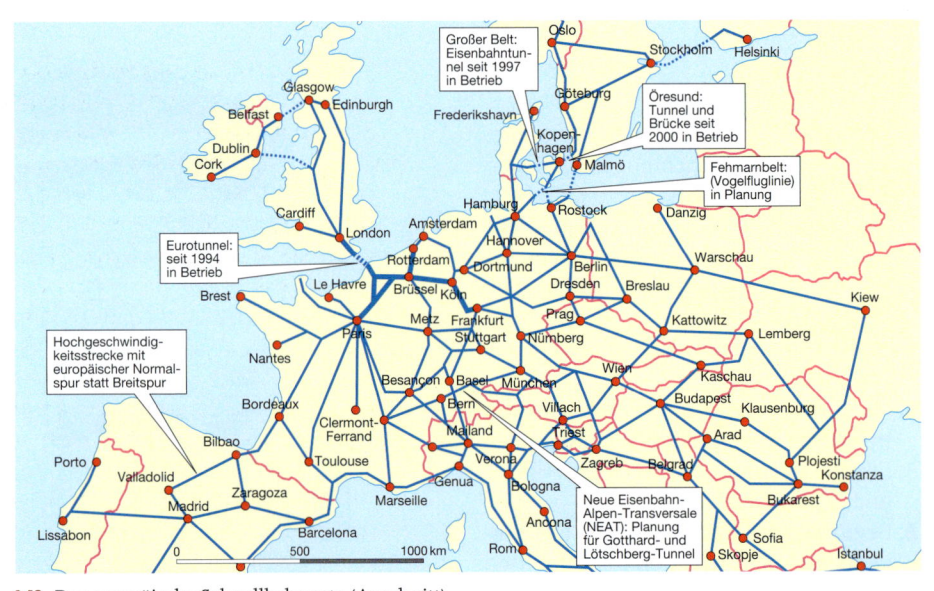

M1 Ein ICE auf der Strecke zwischen Kassel und Fulda

M2 Europäische Schnellzüge: THALYS, TGV Eurostar

M3 Das europäische Schnellbahnnetz (Auschnitt)

Mit der Eisenbahn durch Europa

Der Euro-Tunnel

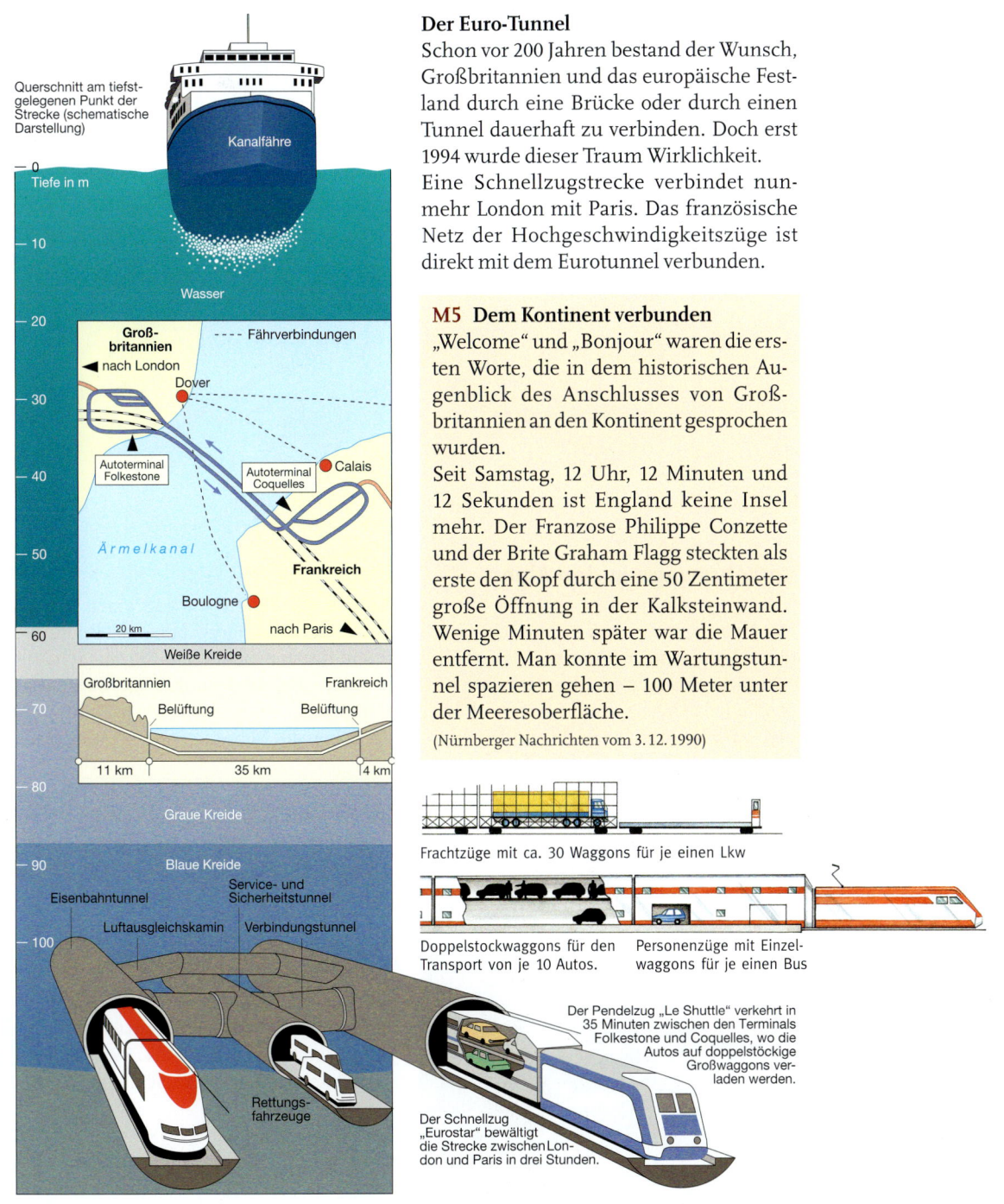

Schon vor 200 Jahren bestand der Wunsch, Großbritannien und das europäische Festland durch eine Brücke oder durch einen Tunnel dauerhaft zu verbinden. Doch erst 1994 wurde dieser Traum Wirklichkeit. Eine Schnellzugstrecke verbindet nunmehr London mit Paris. Das französische Netz der Hochgeschwindigkeitszüge ist direkt mit dem Eurotunnel verbunden.

M5 Dem Kontinent verbunden

„Welcome" und „Bonjour" waren die ersten Worte, die in dem historischen Augenblick des Anschlusses von Großbritannien an den Kontinent gesprochen wurden.

Seit Samstag, 12 Uhr, 12 Minuten und 12 Sekunden ist England keine Insel mehr. Der Franzose Philippe Conzette und der Brite Graham Flagg steckten als erste den Kopf durch eine 50 Zentimeter große Öffnung in der Kalksteinwand. Wenige Minuten später war die Mauer entfernt. Man konnte im Wartungstunnel spazieren gehen – 100 Meter unter der Meeresoberfläche.

(Nürnberger Nachrichten vom 3.12.1990)

M4 Der Euro-Tunnel

1. Beschreibe das europäische Schnellbahnnetz (M3). Nenne die wichtigen Verkehrsknoten (Städte) in den mitteleuropäischen Staaten.
2. Versuche herauszufinden, auf welchen Strecken ICE, TGV, THALYS und Eurostar verkehren (M1 bis M4, Text).
3. Fasse die Aufgaben der Eisenbahn in der Europäischen Union kurz zusammen (Text).
4. Erläutere den Verlauf des Eurotunnels (M4) und seine Lage im Gestein.
5. England ist keine Insel mehr (M5)? Das kann doch nur ein Irrtum sein – oder?

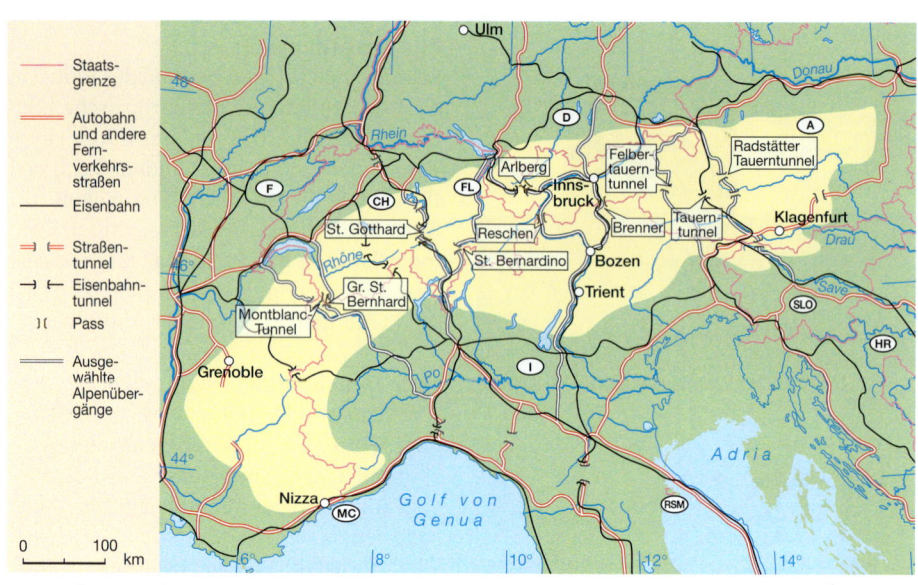

Die Mitte Europas – eine verkehrsgeografische Herausforderung

M1 Wichtige Straßen- und Eisenbahnverbindungen über die Alpen

Verkehrswege in den Alpen

Die Alpen trennen zwei europäische Großräume voneinander: Mitteleuropa und Südeuropa. Die Verkehrswege innerhalb der Alpenländer Schweiz und Österreich folgen meist den in West-Ost-Richtung verlaufenden Längstälern.
Will man aber von Mitteleuropa nach Südeuropa gelangen, dann muss man die Gebirgszüge queren.

Passstraßen

Über Jahrhunderte hinweg waren die Alpen ein schwer überwindbares Hindernis. Zwar führten behelfsmäßig ausgebaute Straßen über das Hochgebirge. Sie genügten aber keinesfalls den wachsenden Ansprüchen des Verkehrs innerhalb Europas.

Nach 1800 wurde verstärkt mit dem Bau leistungsfähiger Straßen über die Alpen begonnen. Sie querten das Gebirge an weniger hoch gelegenen Stellen, den Pässen. Diese Passstraßen führen in Höhen von etwa 2000 Metern über die Alpen. Um den großen Höhenunterschied auf nicht zu steilen Wegen zu bewältigen wurden die Straßen an den Hängen entlang gebaut. Diese Straßen winden sich am Gebirge entlang. Man bezeichnet sie als „Serpentinen" (vom lateinischen Wort: „Schlange").

Der Brennerpass

Er ist mit 1374 Meter Höhe die am niedrigsten gelegene Passstraße über die Zentralalpen. Jährlich befahren ihn mehrere Millionen Kraftfahrzeuge. Allein über 3300 Lastkraftwagen quälen sich täglich über die Höhe. In den 1990er-Jahren hatte sich das Verkehrsaufkommen über den Brennerpass verdoppelt. Verkehrsplaner rechnen mit einer weiteren Verdopplung in naher Zukunft.

M2 Autobahnbau in den Alpen

Verkehrswege in den Alpen 99

M3 Tunnelbau in den Alpen

Tunnel

Passstraßen allein können allerdings nicht das außerordentlich hohe Verkehrsaufkommen zwischen Mittel- und Südeuropa bewältigen. Straßen- und Eisenbahntunnel ergänzen die Passstraßen. Bereits 1871 wurde in der Schweiz der erste Pass in den Westalpen untertunnelt.

Tunnel haben gegenüber den Passstraßen viele Vorteile: Sie benötigen keine langen Auffahr- bzw. Abfahrstrecken wie die Passübergänge. Für die Kraftfahrzeuge werden die Fahrstrecken und damit auch die Transportzeiten kürzer. Der Tunnelbau ist zwar sehr aufwändig und teuer, demgegenüber können viele Verkehrsbauten der Passstraßen, wie Brücken oder Lawinenschutzbauten, entfallen.

Tunnelbauten am St. Gotthard

1881 wurde der 15 Kilometer lange Eisenbahntunnel unter dem St. Gotthard in Betrieb genommen. Um einen Kubikmeter Fels herauszusprengen brauchte man ungefähr 45 Stunden. Beim Bau des St. Gotthard-Straßentunnels, der 1970 begonnen wurde, benötigte man nur noch zwei Stunden dafür.

Der St. Gotthard-Eisenbahntunnel führt von Göschenen nach Airolo. Er ist nicht für Hochgeschwindigkeitszüge geeignet. Deshalb wird ein neuer Tunnel gebohrt: der St. Gotthard-Basis-Tunnel. Er wird eine Länge von 57 Kilometer haben und aus zwei Tunnelröhren bestehen. Wenn er im Jahre 2007 fertig ist, ist er weltweit der längste Tunnel. Alle fünf Minuten wird ein Zug den Tunnel passieren, täglich allein über 200 Güterzüge. ICE-Züge sollen mit einer Geschwindigkeit von 250 km/h den Tunnel durchfahren.

M4 Alpenüberquerung im letzten Jahrhundert

M5 Serpentinen in den Alpen

1. In welchen Ländern liegen die in der Karte M1 genannten Alpenübergänge und welche Länder verbinden sie miteinander?
2. Was versteht man unter einer „Passstraße", was unter „Serpentinen" (M4, M5, Text)?
3. Ein Lkw soll Waren von Basel nach Mailand bringen. Suche die Orte in einer Atlaskarte und wähle eine günstige Fahrstrecke aus. Welche Tunnel oder Pässe werden dabei durchquert?
4. „Die Schweiz ist ein Transitland". Erkläre, was man damit meint.
5. Welche Gefahren und Vorzüge stecken hinter den Abbildungen M2 und M3?

Der Osten Europas – Ressourcennutzung und Nachhaltigkeit

Die Wolga – eine Lebensader Russlands

M1 Fischfang im Mündungsgebiet der Wolga. Der Rogen der Störe liefert den Kaviar

Das Wolgagebiet
Nördlich von Moskau, bei der Stadt Twer, ist die Wolga kaum 200 Meter breit. Auf ihrem Weg nach Süden nimmt sie bis Wolgograd über 200 Nebenflüsse auf. Hier ist die Wolga stellenweise acht Kilometer breit. Südlich von Wolgograd empfängt die Wolga keine Nebenflüsse mehr. Das weist darauf hin, dass sie durch ein trockenes Gebiet fließt. In einem großen Delta mündet die Wolga ins Kaspische Meer, den größten Binnensee der Erde.

Staustufen an der Wolga
Hochwasser im Frühjahr und Niedrigwasser im Sommer behinderten die Schifffahrt auf der Wolga sowie die Gewinnung von Elektroenergie. Deshalb wurde der Flusslauf seit 1932 umgestaltet.
Seit der Fertigstellung des Projekts riegeln riesige Staudämme den Fluss ab. Hinter ihnen breiten sich weite Stauseen aus, die dem Ausgleich der Wasserführung der Wolga dienen. Diese Staustufen ordnen sich wie eine Treppe an. Deshalb spricht man auch von der „Wolgatreppe". Zum Ausbau des Schifffahrtsweges gehörten auch die Vertiefung der Fahrrinne für die Schiffe und der Bau von Schleusen, mit deren Hilfe sie die Staustufen überwinden können. Binnenhäfen mit Liegeplätzen für die Schiffe und Anlagen für das Aus-, Ein-

„Mütterchen Wolga", so nennen die Russen liebevoll den längsten Strom Europas, der Osteuropa von den Waldai-Höhen nordöstlich von Moskau bis zum Kaspischen Meer im Süden durchquert.

M3 Entstehung der Deltamündung
Jeder Fluss transportiert Steine, Kiese, Sande und Schwebstoffe (Sedimente). Im Unterlauf fließt der Fluss träge und lagert seine Sedimente ab. Er tritt häufig über die Ufer und ändert seinen Lauf. Der Fluss kann sich durch die abgelagerten Sedimente seinen Lauf versperren und teilt sich fächerförmig auf. Dabei wächst das Mündungsgebiet langsam weiter ins Meer. Diese Form der Mündung wird „Deltamündung" genannt. Der Name ist vom griechischen Buchstaben Delta abgeleitet, der die Form eines Dreiecks hat.

M2 Eine Deltamündung entsteht

Die Wolga – eine Lebensader Russlands

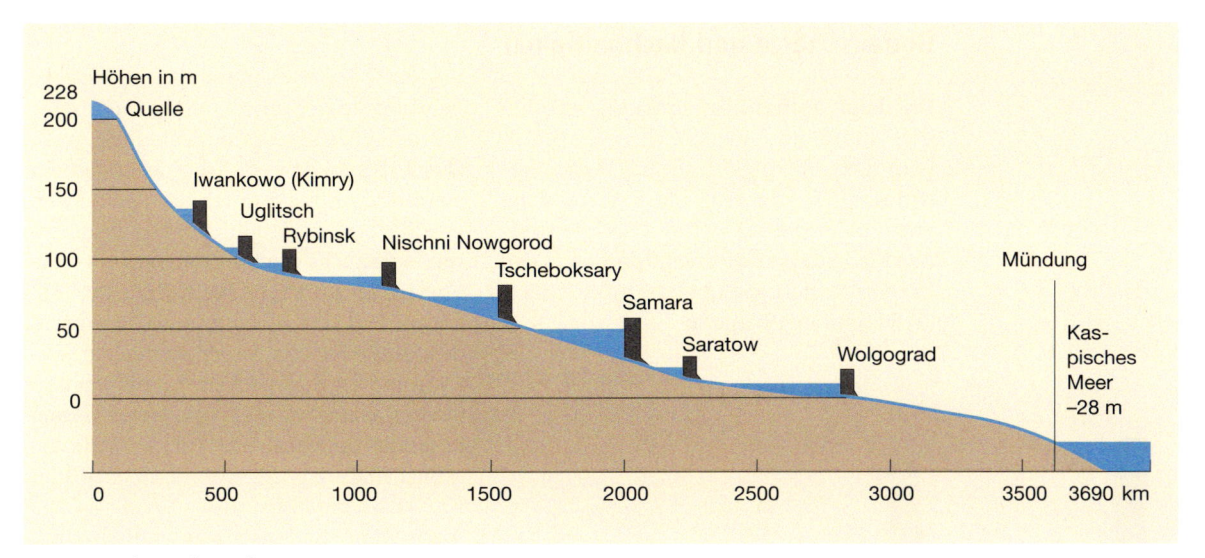

M4 Staustufen an der Wolga

und Umladen der Güter prägen das Bild in den Hafenstädten. Das Wasser der Stauseen wird auch zur Trinkwassergewinnung, zur Bewässerung und zur Fischhaltung genutzt.

Auswirkungen der Wolga-Umgestaltung
Mit der Umgestaltung der Natur durch den Menschen sind gewollte und ungewollte Folgen verbunden. Vorteilhaft für das Leben der Menschen ist die bessere Nutzung der Wolga als Wasserweg. Auch die Stromgewinnung war für die weitere Erschließung des Gebiets von großer Bedeutung, denn sie ermöglichte die Ansiedlung neuer Industriebetriebe. Die Landwirtschaft profitierte ebenfalls: Trotz geringer Niederschläge können große Landwirtschaftsflächen mit Elektropumpen bewässert werden. Aber es sind auch Probleme mit dem Staustufen-Projekt verbunden.

Über den Flächen der Stauseen verdunstet sehr viel Wasser. Für die Industrie, die Landwirtschaft und die Versorgung der Menschen wird viel Wasser der Wolga entnommen, sodass dem Kaspischen Meer zu wenig Wasser zugeführt wird und der Salzgehalt des Meeres ansteigt. Hinzu kommt, dass die Industriebetriebe und Siedlungen entlang der Wolga nicht über ausreichende Kläranlagen verfügen. Durch das ungereinigte Wasser wird der Fischbestand gefährdet.

M5 Im Wolgagebiet
Im Wolgadelta leben zeitweise fast 300 Arten von Wasservögeln: vom Krauskopfpelikan über Seeadler, Kormoran, Graureiher und Löffler bis zu Beutelmeise und Weißbartseeschwalbe. – Kein Wunder bei dem Fischreichtum in dieser gewaltigen, an der Küste fast 200 Kilometer breiten Flussmündung. Ende April, wenn die Wolga riesige Schmelzwassermassen zum Meer bringt, steigt der Wasserstand um durchschnittlich eineinhalb Meter. Viele Fische legen dann in den Überschwemmungsgebieten ihre Eier ab. Die Störe, die wohl bekanntesten Bewohner der Wolga, machen sich während des Frühjahrshochwassers auf den Weg vom Kaspischen Meer zu ihren Laichgebieten am Oberlauf des Flusses. Doch immer wieder sind zu dieser Zeit Tausende von Wilderern auf der Jagd nach dem begehrten Kaviar. Trotz harter Strafen hat der verbotene Fang inzwischen gigantische Ausmaße angenommen.

1. Zeige und erläutere den Verlauf der Wolga (Atlas).
2. Erkläre die Entstehung von Deltamündungen (M2, M3).
3. Finde auf einer Atlaskarte europäische Flüsse mit Deltamündungen.
4. Nenne Ursachen, die zum Ausbau der Wolga geführt haben (Text).
5. Diskutiert in Gruppen die Vor- und Nachteile der Wolga-Umgestaltung (Text).
6. Finde Begründungen für die Bezeichnung „Die Wolga – eine Lebensader Russlands".

Bodenschätze und Nachhaltigkeit

Russland verfügt über umfangreiche Bodenschätze. Besonders reich sind die Vorkommen an Rohstoffen zur Energiegewinnung. Man schätzt, dass in Russland etwa ein Drittel der weltweit nachgewiesenen Kohlevorräte lagern und dass es zu den Ländern gehört, die über die größten Erdölvorkommen verfügen.

Die Vorräte der einzelnen Bodenschätze auf der Erde sind unterschiedlich groß, aber letztlich begrenzt. Trotz des allgemein steigenden Bedarfs durch das Anwachsen der Weltbevölkerung und damit des höheren Verbrauchs von Rohstoffen wurden die Vorhersagen über die Weltvorräte der einzelnen Bodenschätze immer wieder geändert. Neue technische Möglichkeiten Vorkommen an Bodenschätzen aufzuspüren dürfen allerdings nicht vergessen lassen, dass alle Bodenschätze auf der Erde begrenzt sind.

Auch wenn Bodenschätze endlich sind, bereiten die Umweltfolgen gegenwärtig größere Probleme als die Sorge um ihr begrenztes Vorkommen. Umweltfolgen können durch den Abbau von Bodenschätzen, den Transport, die Verarbeitung und Herstellung von Waren entstehen.

Der nachhaltige Umgang mit Bodenschätzen erfordert vielfältige Maßnahmen. Dazu gehören ein umweltschonender Abbau der Bodenschätze. Technische Verfahren bei der Warenherstellung müssen auf den mäßigen Verbrauch von Rohstoffen achten. Seltene Bodenschätze müssen durch andere ausgetauscht werden.

M1 Erdölraffinerie in der Nähe der Stadt Ufa

M2 Verwendung des Erdöls

Bodenschätze und Nachhaltigkeit

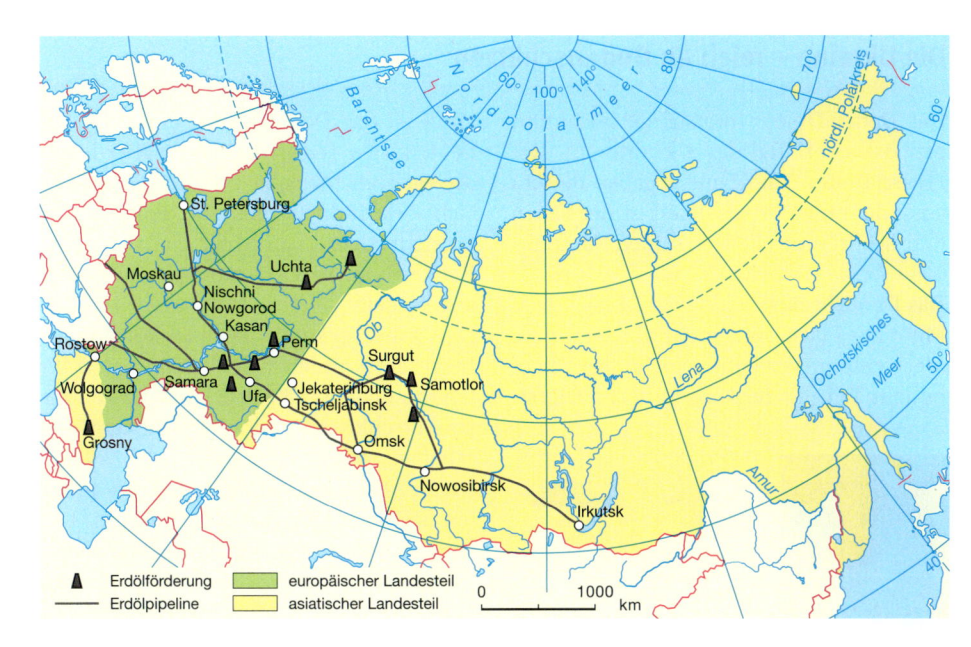

M3 Erdölfördergebiete Russlands

Die Rückführung von Rohstoffen in die Herstellung neuer Waren muss beachtet werden.

Bodenschätze wie Erdöl oder Erdgas, die zur Gewinnung von Strom verwendet werden, müssen durch Sonnen- und Windenergie oder Wasserkraft ersetzt werden.

Erdöl im Wolga-Ural-Gebiet
Sowohl im asiatischen Teil Russlands als auch in der Wolga-Ural-Region befinden sich bedeutende Erdöl-Lagerstätten. Weil die meisten Erdölfördergebiete günstig in verkehrsmäßig erschlossenen und dicht besiedelten Gebieten liegen, sind hier auf der Grundlage des Erdöls und anderer Bodenschätze zahlreiche chemische Großbetriebe entstanden. Ein großer Teil des im Wolga-Ural-Gebiets geförderten Erdöls wird aber auch zur Weiterverarbeitung in andere Landesteile befördert. Deshalb ist das Gebiet mit Erdölleitungen durchzogen.

Da die Erdölvorkommen im Wolga-Uralgebiet nicht mehr ausreichen um den wachsenden Bedarf zu decken, wurden von den westsibirischen Erdölfördergebieten im asiatischen Teil Russlands mehrere Tausend Kilometer lange Leitungen gebaut.

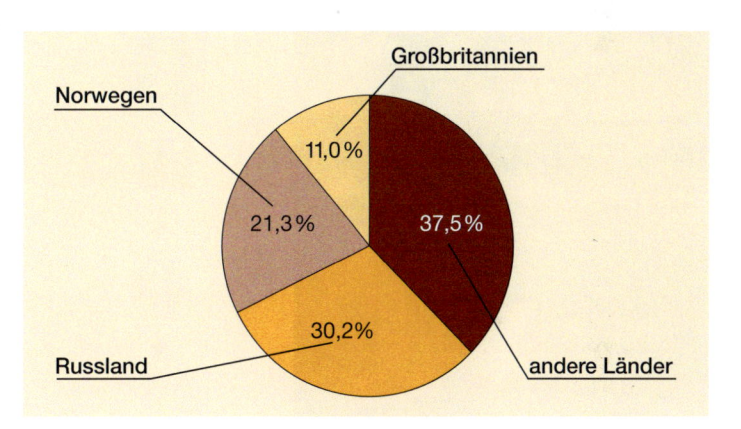

M4 Rohöllieferanten Deutschlands (Stand: 2004)

1. Nenne Produkte, die aus Erdöl entstehen (M2). Auf welche Waren kann auch zukünftig nicht verzichtet werden?
2. Erkläre den Begriff der „Nachhaltigkeit" im Zusammenhang mit Bodenschätzen (hierzu auch die Seiten 136/137).
3. Finde die Erdöllagerstätten Russlands in einer Atlaskarte. Nenne große Städte, die in der Nähe der Fördergebiete liegen. Fertige eine Tabelle an: Erdöllagerstätten im europäischen und im asiatischen Teil Russlands (M3).
4. Beschreibe Möglichkeiten für den Transport von Erdöl.
5. Erkläre die Bedeutung des Wolga-Ural-Gebiets für Russland und für Deutschland (M4).

Die Ukraine – reich an Bodenschätzen

Das Donez-Dnjepr-Industriegebiet nimmt den östlichen Teil der Ukraine ein. Die Flüsse Donez- und Dnjepr gaben diesem ausgedehnten Wirtschaftsraum, der sich in drei Großräume gliedert, seinen Namen.

Das Donezbecken

Mit einer Fläche von mehr als der Größe Mecklenburg-Vorpommerns in der Ukraine (ein Teil des Beckens gehört zu Russland) ist das Donezbecken eines der bedeutendsten Industriegebiete. Hier leben die meisten Menschen, denn hier haben sich viele Industriebetriebe, Forschungseinrichtungen, Landwirtschaftsbetriebe, Banken und Versicherungsgesellschaften angesiedelt.

Das Donezbecken ist reich an Rohstoffen: Insgesamt wurden in der Region fast 50 Arten von Bodenschätzen erkundet, 30 davon sind erschlossen und werden in der Wirtschaft verwendet.

Im Donezbecken befinden sich die größten Steinkohlenlagerstätten Europas. Die rund 200 abbauwürdigen Kohleflöze liegen zwischen 100 und 1200 Meter tief. Ihre Mächtigkeit reicht von 0,75 bis 1,20 Meter. Kohle mit hohem Heizwert wird vor allem in Wärmekraftwerken verwendet. Aus anderen Kohlearten wird Koks gewonnen, der bei der Eisenverarbeitung zum Einsatz kommt. Beim Kohleabbau entsteht auch viel Abfallgestein („taubes Gestein"), das in großen Halden gelagert wird.

Kriwoi Rog

Kriwoi Rog liegt im Westen des Donez-Dnjepr-Gebiets. Bei Kriwoi Rog wird Eisenerz abgebaut Die Eisenerzlagerstätte nimmt eine Fläche von etwa 120 Kilometern Länge und zwei bis sieben Kilometern Breite ein. Sie ist die größte Lagerstätte Europas, in der Eisenerz im Tagebau abgebaut wird. Bei Nikopol am Dnjepr liegt die größte Manganerzlagerstätte der Welt.

Auf der Grundlage der reichen Eisenerz- und Manganerzvorkommen hat sich das Gebiet um Kriwoi Rog schon im vorigen Jahrhundert zu einem Zentrum der Schwerindustrie entwickelt.

Dnjepropetrowsk

Der Standort Dnjepropetrowsk – nordöstlich von Kriwoi Rog – entwickelte sich zum Schwerpunkt der Eisen- und Stahlproduktion. Sein Standortvorteil ist seine günstige Lage zwischen dem Kohleabbaugebiet Donez und dem Eisenerzbergbau von Kriwoi Rog. Ein Teil des hier produzierten Stahls wird in Dnjepropetrowsk im Maschinenbau verarbeitet, ein anderer Teil wird exportiert.

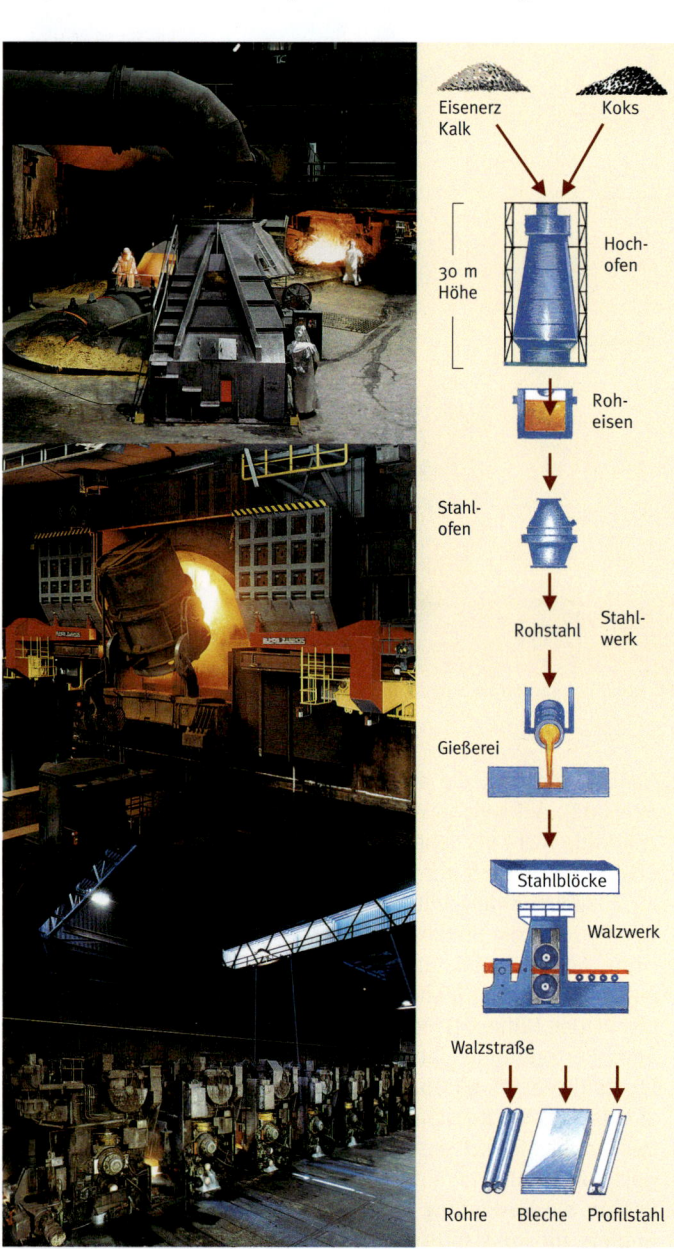

M1 Arbeitsschritte vom Eisenerz zum fertigen Stahlerzeugnis

Die Ukraine – reich an Bodenschätzen

Energiegewinnung

Trotz umfangreicher Steinkohlevorkommen muss die Ukraine sich bemühen den hohen Energiebedarf zu decken. Neben den großen Wasserkraftwerken am Dnjepr und den Wärmekraftwerken besitzt die Ukraine eine Anzahl von Atomkraftwerken. Obwohl nach dem Unglück des Atomkraftwerks von Tschernobyl eine Fläche von 10 000 Quadratkilometern (eine Fläche mehr als zehnmal größer als Berlin) unbewohnbar wurde und mindestens 600 000 Menschen verstrahlt wurden, arbeiten in der Ukraine noch 13 Kernkraftwerke, zwei weitere befinden sich im Bau.

(in Millionen Tonnen 2003)	
Brasilien	229,6
Australien	210,7
VR China	130,5
Russland	100,0
Indien	91,8
Ukraine	62,5

M2 Die bedeutendsten Förderländer von Eisenerz der Welt

(in Millionen Tonnen 2003)	
VR China	220,1
Japan	110,5
USA	90,4
Russland	62,7

M3 Die bedeutendsten Stahl erzeugenden Länder der Welt

M4 Am Dnjepr, dem drittlängsten Fluss Europas
Die Stromschnellen zwischen Dnjepropetrowsk und Saporoschje behinderten früher den Schiffsverkehr. Nach ihnen wurde die Stadt Saporoschje benannt (sa = hinter, porog = Stromschnelle). An fünf Stellen wurde der Dnjepr durch gewaltige Mauern aufgestaut. Die Flusslandschaft wurde zu einer Seenkette. Mit dem aufgestauten Wasser werden Landwirtschaftsflächen bewässert und Wasserkraftwerke betrieben. Schiffe überwinden beispielsweise den Staubereich der zwei Kraftwerke Dnjeproges in einer 300 Meter langen Schleuse.

M5 Das Donez-Dnjepr-Gebiet und andere Industriestandorte in der Ukraine

M6 Staudamm und Kraftwerk Dnjeproges bei Saporoschje

1. Suche das Donez-Dnjepr-Gebiet auf einer Atlaskarte auf und beschreibe seine Lage innerhalb der Ukraine sowie innerhalb Osteuropas.
2. Beschreibe die Industriestandorte des Donez-Dnjepr-Gebiets unter folgenden Gesichtspunkten:
   a) Welche Bodenschätze werden abgebaut?
   b) Welche Industriezweige haben sich angesiedelt?
   c) Welche Beziehungen bestehen zwischen den Industriezweigen (M1, M5)?
3. Berichte über die Stellung der Ukraine in der Erzeugung von Roheisen und Stahl in der Welt (M2, M3).
4. Erkläre die Bedeutung des Dnjepr für die Ukraine (M4, M6).
5. Fertige eine einfache Standortskizze vom Donez-Dnjepr-Industriegebiet an. Skizziere zuerst den Verlauf der Flüsse. Zeichne dann bedeutende Städte ein und trage entsprechende Symbole für die Bodenschätze und Industrie ein. Nutze dazu M5 und den Atlas.
6. Nenne Möglichkeiten der Energiegewinnung und diskutiert in der Klasse Vor- und Nachteile (Text, M4, M6).

Der Osten Europas – Ressourcennutzung und Nachhaltigkeit

In der „Kornkammer" Osteuropas

Im Süden Osteuropas, insbesondere in der Ukraine und Russland, geht die Laub- und Mischwaldzone allmählich in eine baumlose Graslandschaft über. Hier hat sich ein bedeutendes Landwirtschaftsgebiet entwickelt. Warum entstand hier eine „Kornkammer"?

Die Zone der Steppen

Im Süden Osteuropas breiten sich baumlose Grasländer, die Steppen, aus. Die Zone der Steppen liegt innerhalb der gemäßigten Klimazone im Bereich des Landklimas. Im warmen regenreichen Frühjahr, nach der Schneeschmelze, ist der Steppenboden gut durchfeuchtet. Die Steppe hat ihr schönstes Aussehen. Es grünt und blüht überall.

Der Sommer beginnt bereits im Mai. Durch die längere Sonnenscheindauer und die höheren Temperaturen kommt es in der Zone der Steppen infolge der hohen Verdunstung zu einem Mangel an Feuchtigkeit. Deshalb haben die meisten Gräser ein fein verzweigtes Wurzelgeflecht, das oft nur dicht unter der Bodenoberfläche entwickelt ist. Dadurch können die Gräser und Stauden Niederschläge schnell aufnehmen.

Entstehung der fruchtbaren Schwarzerdeböden

In der Zone der Steppen sind die fruchtbaren Schwarzerdeböden, die sich auf Löss entwickelt haben, weit verbreitet. Im Winter ist der Lössboden gefroren. Nach dem Auftauen im Frühjahr und im Frühsommer ist er feucht.
So wachsen die Steppenpflanzen dicht beieinander. Im Spätsommer trocknet der Boden stark aus. Die Pflanzen sterben ab und beginnen zu verwesen.
Durch die Sommertrockenheit und die Winterkälte wird die Verwesung der Pflanzen unterbrochen und der Humus reichert sich an. Es entstehen schwarz gefärbte nährstoffreiche, sehr fruchtbare Schwarzerdeböden.

1 Asiatische Trollblume
2 Fleischfarbenes Birnkraut
3 Ruthenische Schwertlilie
4 Großblumige Pfingstrose
5 Gelbe Kuhschelle

M1 In der Zone der Steppen

M2 Schwarzerdezone in Osteuropa

Klimadaten für Wolgograd

	Temperatur	Niederschlag
Januar	−9,6°	23 mm
Februar	−8,9°	20 mm
März	−2,6°	18 mm
April	8,2°	19 mm
Mai	17,0°	21 mm
Juni	21,4°	40 mm
Juli	24,2°	33 mm
August	22,7°	23 mm
September	15,9°	27 mm
Oktober	8,2°	23 mm
November	0,2°	34 mm
Dezember	−6,3°	31 mm

M3 Klima Wolgograds

Landwirtschaft in der Schwarzerdezone

Die nährstoffreiche Schwarzerde gehört mit ihrem hohen Humusanteil zu den besten Ackerböden, die hohe Erträge ermöglichen.

Die wichtigsten Nutzpflanzen sind Getreidearten. Im gesamten Schwarzerdegebiet werden Sonnenblumen angebaut, im Wolgagebiet außerdem Zuckerrüben. Auch Melonen bringen gute Erträge. Die Feldwirtschaft wird vorrangig auf großen Flächen betrieben.

M4 In einer Agrargenossenschaft im Schwarzerdegebiet (östlich von Woronesch)

„Die Schwarzerde hat ihren Namen von der tiefschwarzen Farbe des Humus in unserem Steppenboden", erklärt Boris Petrow. „Der Humus reicht oft bis zu 150 Zentimeter tief in den lockeren Boden. Er enthält viele Pflanzennährstoffe. Die Schwarzerde gehört zu den fruchtbarsten Ackerböden." Darauf ist Petrow besonders stolz.

Er berichtet weiter: „In der Sowjetunion hatten wir hier einen staatlichen Großbetrieb. 1994 gründete ich mit einigen Kollegen daraus eine Genossenschaft. Früher waren im Betrieb über 1000 Lohnarbeiter und Angestellte beschäftigt. Heute kommen wir auf derselben Fläche mit rund 120 Mitarbeitern zurecht.

Zuerst liehen wir uns bei der Bank Geld um neue Pflüge, Saat- und Erntemaschinen sowie Lastkraftwagen kaufen und moderne Lagerhallen bauen zu können. Das Getreide liefern wir an einen Nahrungsmittelbetrieb, die Sonnenblumenkerne werden in einer Ölmühle verarbeitet."

Dürren und die Bodenabtragung im Schwarzerdegebiet

Oftmals treten in der Steppe lange Dürrezeiten auf. Der Boden trocknet aus und wird vom Wind weggetragen. Zum Schutz der Felder pflanzen die Bauern Baumstreifen um den Wind am Boden zu bremsen. Im Frühjahr, wenn der Ackerboden kaum noch gefroren ist, genügt schon eine Traktorspur, und die Schmelz- sowie Regenwasser schneiden hier tiefe Rinnen in den Boden. Im Laufe der Jahre entstehen daraus tiefe Schluchten. Der kostbare Boden wird weggespült. Um die Ausdehnung der Schluchten einzudämmen werden sie mit Sträuchern und Gräsern bepflanzt.

M5 Bei Woronesch im Schwarzerdegebiet

M6 Getreideernte im Schwarzerdegebiet

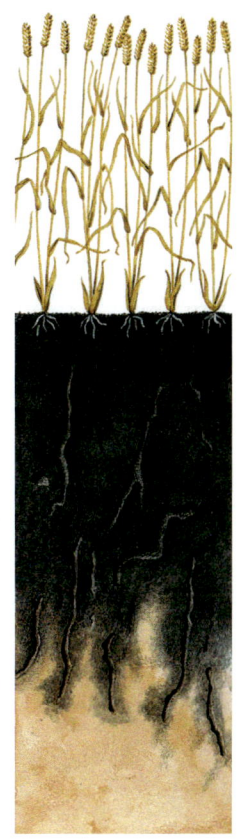

M7 Bodenprofil im Schwarzerdegebiet

1. Beschreibe die Besonderheiten der Steppe (Text, M1 bis M3).
2. Erkläre, wie die Schwarzerdeböden entstanden sind (Text, M7).
3. Zeichne die Verbreitung der Schwarzerde (M2) in Osteuropa in eine Umrisskarte ein. Finde Symbole für die Anbauprodukte und trage sie in deine Skizze ein.
4. Erläutere die Vor- und Nachteile für den Ackerbau in der Steppe. Nenne Maßnahmen zur Überwindung der Nachteile.
5. Begründe, warum die Schwarzerdegebiete als „Kornkammer" bezeichnet werden.
6. Beschreibe die Arbeitsweise der Bauern im Schwarzerdegebiet (M4 bis M6).

Der Süden Europas – unruhige Natur

Veränderung des Naturraums durch den Menschen – Karst

Bauern aus dem slowenischen Karstgebirge berichten über etwas Verwunderliches: In einem See kann man dort im Frühjahr Fische angeln, im Sommer ist der See ausgetrocknet und man kann dort Gras mähen, im Herbst füllt sich der See mit Wasser, sodass man im Winter Holz über den zugefrorenen See transportieren kann. Warum ist die Landschaft im Karstgebirge so eigenartig?

M1 Besichtigung der Adelsberger Grotte bei Postojana
Durch einen schmalen Gang gelangen wir in einen großen Hohlraum. Er sieht aus wie ein Saal mit einer hohen Kuppel. Am Boden fließt in einer breiten Rinne der Fluss Pivka. Von der Decke hängen wie Eiszapfen weiß, braun und rot gefärbte Steinsäulen herab, andere sehen so aus, als ob sie vom Boden nach oben wüchsen. Diese Gebilde bestehen aus Kalkstein. Man nennt sie „Tropfsteine". Wir fahren mit einer kleinen Bahn durch die Höhlenwelt. Plötzlich verschwindet der Fluss im Untergrund. Erst in neun Kilometern Entfernung ist er wieder da.

Oberflächenformen im Karst

Der Name „Karst" dient nicht nur zur Bezeichnung des Gebirges in Südosteuropa. Er gilt weltweit auch zur Benennung solcher typischen Landschaftsformen, wie sie im Karstgebirge Südosteuropas vorkommen.

Die Landschaft dieses Gebirges ist karg und fast ohne natürlichen Pflanzenwuchs. Spärliches Buschwerk bedeckt eine dünne Bodenschicht. Häufig reicht das Kalkgestein bis an die Oberfläche. Die Hochfläche des Gebirges ist fast eben.

Trotz ausreichender Niederschläge gibt es kaum Flüsse. Dafür sind viele Einsenkungen und Höhlen vorhanden. Die Höhlen bilden oft kilometerlange Systeme, die durch unterirdische Flüsse miteinander verbunden sind.

Trichterförmige Einsenkungen der Erdoberfläche werden als „Dolinen" bezeichnet. Größere, wannenartige Vertiefungen, die oft kilometerlang sind, werden „Poljen" genannt.

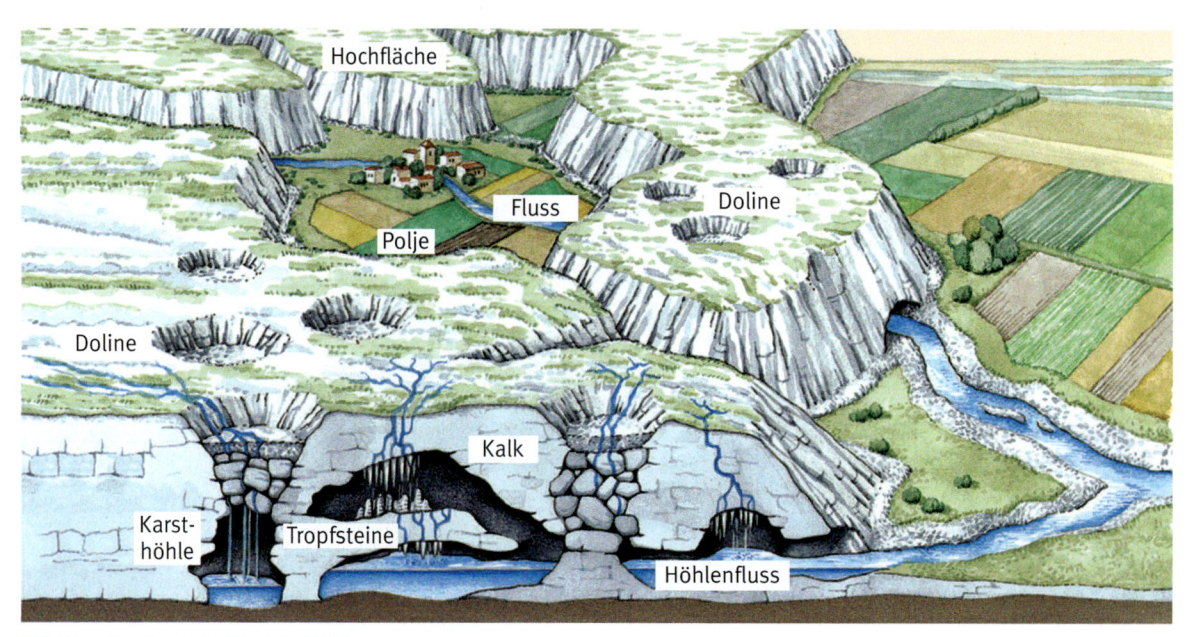

M2 Eine Karstlandschaft im Blockbild

Entstehung der Karstformen

Das Karstgebirge war nicht immer eine so karge Landschaft wie heute. Noch im 15. und 16. Jahrhundert wuchsen hier dichte Laubwälder, die aber alle vom Menschen gerodet wurden. Das Holz wurde für den Haus- und Schiffsbau verwendet oder wurde verfeuert.

Durch die Rodungen gewann man auch neue Acker- und Weideflächen sowie Raum zum Ausbau von Siedlungen. Der Raubbau an Wald und eine Überweidung führten zur verstärkten Zerstörung des Bodens. Flüsse und Bäche spülten den nährstoffreichen Boden ab. Die Gesteine des Untergrundes wurden freigelegt. Die Verkarstung setzte ein.

Erdäußere Kräfte wie Regen, Schnee und fließendes Wasser zerstörten das Kalkgestein. Durch feine Spalten, Risse und Poren kann das Wasser ins Gestein eindringen und im Untergrund versickern.
Dabei löst das Regenwasser Kalkstein auf und schafft unterirdische Gänge sowie Hohlräume, die im Lauf der Zeit immer größer werden. Flüsse können in ihnen verschwinden und an anderer Stelle wieder auftauchen.

Ist das Gestein zu weit ausgehöhlt, bricht die Höhlendecke ein. An der Erdoberfläche kommt es zu kleineren Einbrüchen (Dolinen) oder weiträumigen Einsenkungen (Poljen).
Der fruchtbare Boden wurde häufig in die Dolinen und Poljen geschwemmt und lagerte sich in ihnen ab. Deshalb befinden sich hier die Landwirtschaftsflächen, die von den Bauern sorgsam bestellt werden. Anbauprodukte sind zum Beispiel Mais, Kartoffeln und Gemüse.
Teile des Karstgebirges wurden inzwischen auch wieder aufgeforstet.

M3 Poljenlandschaft in Slowenien

M4 Landschaft mit Dolinen

> Tropfsteine, die von der Decke herabwachsen, nennt man „Stalaktiten". Die vom Höhlenboden nach oben wachsenden Tropfsteine sind die „Stalagmiten". Stalagtiten und Stalagmiten können auch zu Säulen zusammenwachsen.

1. Beschreibe die Formen einer Karstlandschaft anhand des Blockbilds (M2) und ordne die Karstformen der Fotos (M3, M4) dem Blockbild zu.
2. Zeichne einen Querschnitt durch eine Karsthöhle und beschrifte in der Zeichnung: Kalkstein, Risse bzw. Spalten, Tropfsteine, unterirdischer Fluss.
3. Informiere dich darüber, wo es in Deutschland Tropfsteinhöhlen gibt.
4. Welche Ursachen führten zur Verkarstung? Unterscheide nach natürlichen Ursachen und vom Menschen zu verantwortende Ursachen.

Erdbeben in Südeuropa

M1 In Athen nach dem Erdbeben von 1999

Erdbeben entstehen, weil der Erdmantel und die Erdkruste in ständiger Bewegung sind. Die Erdkruste ist zwischen sechs und 75 Kilometer dick. Verglichen mit einem Hühnerei ist dessen Schale weitaus dicker. Der darunter befindliche Erdmantel enthält formbares bis flüssiges Gestein. Flüssiges Gestein in Erdmatel und Erdkruste wird als „Magma" bezeichnet. Das Magma verursacht im Erdmantel Strömungen. Sie übertragen sich auf die Erdkruste, die auf diese Weise in mehrere Platten zerbrochen ist. Diese riesigen Erdplatten schieben sich aneinander vorbei oder eine drückt eine andere in die Tiefe. Dabei verhaken sie sich, bis die Spannungen so groß werden, dass sie sich in kurzen, heftigen Rucken der Platten entladen. Es entstehen Erdbeben, die nur wenige Sekunden oder Minuten dauern. Im Umkreis vieler Hundert Kilometer wird die Erdoberfläche in Schwingungen versetzt (ähnlich, wie wenn ein Stein ins Wasser geworfen wird).

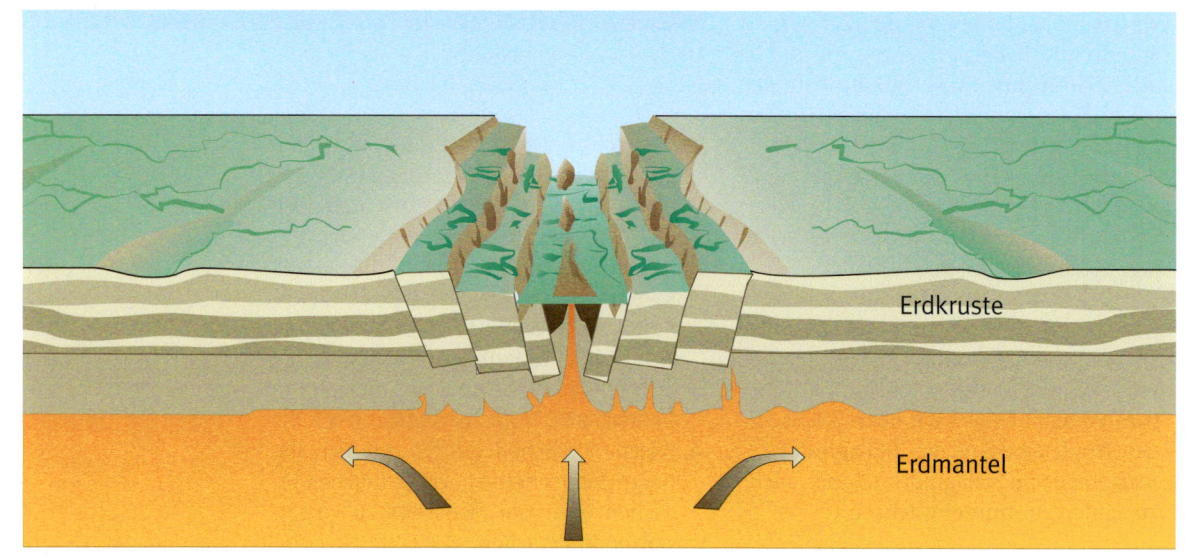

M2 Bewegungen im Erdmantel und in der Erdkruste

M3 Die Richter-Skala

Stärke	Auswirkungen
1	nur durch Instrumente nachweisbar
2	kaum spürbar
3	von einigen Menschen bemerkbar
4	von den meisten Menschen bemerkt
5	erste Schäden
6	Gebäudeschäden, Gebäudezerstörungen, Todesopfer in dicht besiedelten Regionen
7	schwere Gebäudeschäden und viele Opfer
8	Verwüstungen großer Gebiete
9	wurde noch nicht beobachtet

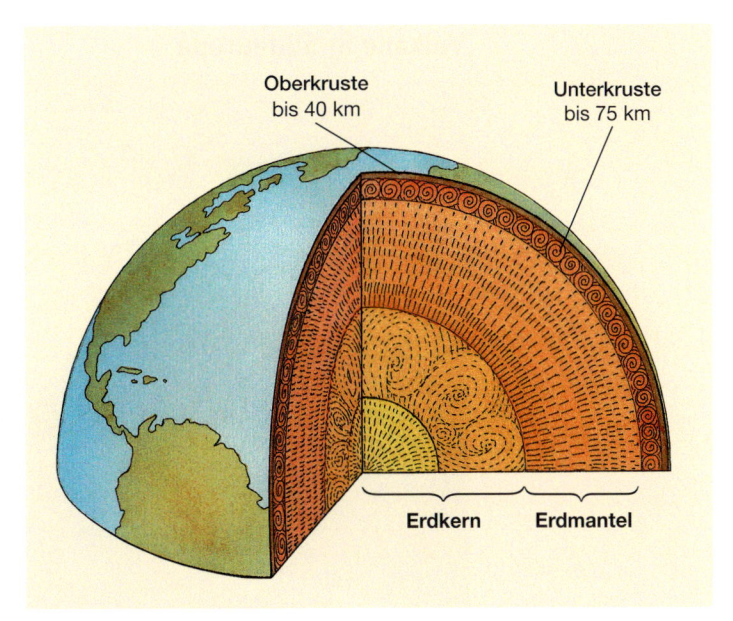

M4 Blick in das Erdinnere

Verlauf und Stärke von Erdbeben werden mit einem Seismografen aufgezeichnet. International üblich für die Angabe der Stärke eines Erdbebens ist die „Richter-Skala".

Zu beachten hierbei ist die Tatsache, dass die Stufen nicht – etwa wie bei einer Treppe – gleich hoch sind. Vielmehr bedeutet eine Veränderung von einem Wert zum anderen (also beispielsweise von sechs nach sieben) eine Verstärkung der Bebenkraft um ein Zehnfaches.

In Südeuropa verlaufen so genannte „Schwächezonen" in der Erdkruste. Hier sind die Erdplatten stärker in Bewegung als anderswo in Europa. Infolgedessen kommt es in Südeuropa immer wieder zu leichteren und manchmal auch zu schwereren Erdbeben.

Ende 1908 kam es in Messina (Sizilien) zu einem sehr schlimmen Beben der Stärke 7,5. Hierbei kamen zwischen 70 000 und 100 000 Menschen ums Leben

M5 Erdbeben in Athen

Am Dienstag, den 7. September 1999, ereignete sich in der Nähe der griechischen Hauptstadt Athen ein schweres Erdbeben. Die Erdstöße der Stärke 5,9 auf der Richter-Skala beschädigten oder zerstörten vor allem in den Industriebezirken im Norden Athens viele Gebäude. Mehr als hundert Menschen kamen ums Leben.

(Nachrichten-Meldung vom September 1999)

1. Beschreibe M2 und welche Auswirkungen der dort dargestellte Vorgang mit sich bringt.
2. Erläutere den Aufbau der Erde (M4). Benutze hierfür auch die Begriffe „Erdkern", „Erdmantel" und „Erdkruste".
3. Wie kommt es, dass besonders in Südeuropa Erdbeben entstehen (Text)?
4. Erkläre die Messung von Erdbebenstärken mit der Richter-Skala (M3, Text). Welche Besonderheit weist diese Skala auf?
5. Informiere dich über südeuropäische Erdbeben der Gegenwart und Vergangenheit. Berichte davon vor der Klasse.

Vulkane in Südeuropa

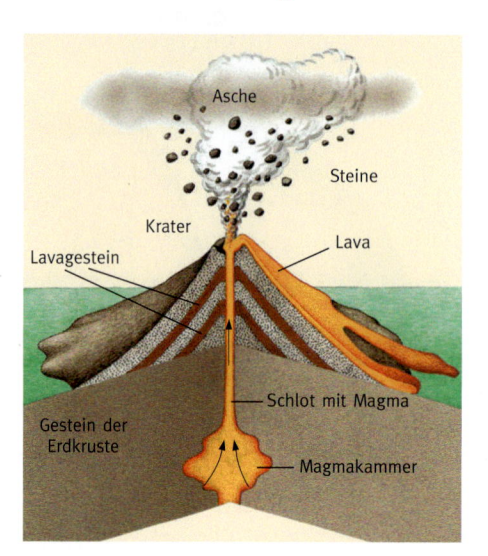

M1 Der Aufbau eines Schichtvulkans

(Beschriftungen: Asche, Steine, Krater, Lavagestein, Lava, Schlot mit Magma, Gestein der Erdkruste, Magmakammer)

M2 Am Vesuv – neues Leben auf der Lava

Der Boden um den Vesuv wurde in den letzten 2000 Jahren immer wieder durch Ascheregen gedüngt. Dadurch wachsen die Weinreben dort besonders gut. So konnte sich der Weinbau zu einem ertragreichen Erwerbszweig entwickeln.
Ein leichter Ascheregen ist für die Landwirtschaft ein Segen. Doch zu viel Asche ist ein Fluch. Noch schlimmer ist es, wenn die Felder von Lavaströmen bedeckt werden. Es dauert dann Monate, bis die Lava abkühlt. Erst nach Jahrzehnten siedeln sich auf dem kahlen Stein wieder Flechten und Moose an. Durch Verwitterung der Lava bildet sich ganz allmählich ein fruchtbarer Boden.

In Südeuropa gibt es viele Vulkane. Meist sind sie über Jahrhunderte ruhig, jedoch können sie plötzlich wieder in Erscheinung treten. Heiße Dämpfe steigen aus Rissen in den Berghängen auf. Aus der Öffnung des Vulkans (Krater) werden Asche und Gesteinsbrocken in die Luft geschleudert. Glühender Gesteinsbrei aus der Tiefe der Erde (Magma) wird im Schlot des Vulkans nach oben gedrückt.

Bei einem Ausbruch wird auch das Magma aus dem Krater herausgeschleudert. Als zähflüssige glühende Lava fließt der Gesteinsbrei am Berghang herab. Er ist kaum zu stoppen. Häuser, Bäume und Büsche werden durch die große Hitze in Brand gesetzt und unter dem Lavastrom begraben.

Der Lavastrom kühlt sich langsam an der Erdoberfläche ab und bleibt als dunkles Gestein liegen.

Asche rieselt aus dem Vulkan als feiner Staubregen auf die Lavafelder. Nach langer Zeit wachsen erste Flechten auf der Lava. Sie überziehen das Vulkangestein wie ein weicher Teppich. Das Gestein verwittert zu einem fruchtbarem Boden, denn der Mineralgehalt der sich neu bildenden Erde ist sehr hoch.

Auf dem Boden siedeln sich allmählich auch andere Pflanzen an. Später wurden die Lavafelder des Vesuvs in Terrassen angelegt. Dort wird heute vor allem Obst- und Weinbau betrieben. Da die Erträge hoch sind, sind die Gebiete um den Vesuv (wie die Gebeite um andere Vulkane) recht dicht besiedelt.

M3 Vulkane und Erdbebengebiete in Südeuropa

▲ Tätiger Vulkan △ Erloschener Vulkan ● 1967 Zentrum und Jahr eines Erdbebens Erdbebengebiet

Vulkane in Südeuropa 113

M4 Ausbruch des Vesuvs im Jahr 79
Gegen zehn Uhr am 24. August des Jahres 79 brach ohne besondere Vorwarnung der Vesuv mit einem lauten Knall aus. Der Ausbruch war so heftig, dass ein Teil des Kraters weggesprengt wurde. Millionen Tonnen von Lava sowie Asche wurden in den Himmel geschleudert und bewegten sich auf die Stadt Pompeji zu.
Nur drei Stunden später war dort jegliches Leben erloschen. Erd- und Seebeben begleiteten diese Katastrophe, die drei Tage andauerte. Schließlich war die Stadt unter einer rund fünf Meter dicken Schicht begraben.

M6 Ausbruch des Vulkans Ätna (Sizilien) im Jahre 2001. Aus einem Nebenkrater steigen gewaltige Staub- und Aschewolken auf.

M5 Notstand am Vulkan Ätna
Am Morgen des 17. Juli 2001 öffnete ein starkes Erdbeben eine rund 360 Meter lange Spalte in 2700 Metern Höhe am Ätna. Ein rund 200 Meter langer und 40 Meter hoher „Feuerstrahl" schoss aus der Spalte, dem folgte ein Lavastrom, der sich den Hang hinab wälzte. Später am Tag öffnete sich noch eine weitere Spalte. Am 22. Juli ereigneten sich mehrere Explosionen, in deren Folge sandkorngroße Steinchen, Lapilli, bis nach Catania geschleudert wurden. Deshalb musste der Flughafen geschlossen werden. Die Feuerwehr versuchte mit Bulldozern Wälle aufzuschütten, die die Lava in unbewohntes Gebiet ablenken sollten. Die Stirn des Lavastroms befand sich am Abend des 23. Juli nur noch vier Kilometer vom 700 Meter hoch gelegenen Ort Nicolosi entfernt.

M7 Terrassenfelder am Vesuv

Der Ätna und der Vesuv werden wie andere Vulkane auch von nahe gelegenen Beobachtungspunkten aus ständig überwacht um die Menschen rechtzeitig vor einem erneuten Ausbruch zu warnen. Anzeichen dafür können sein:
- Veränderungen der Temperaturen von Boden und Gewässern
- Veränderungen in der Zusammensetzung der Umgebungsluft durch Gase aus dem Vulkan.

1. Erläutere den Aufbau eines Schichtvulkans, wie er im Querschnitt M1 zu sehen ist.
2. Wie kannst du es begründen, dass Vulkanausbrüche besonders in Südeuropa zu beobachten sind (M3, Text)?
3. Beschreibe die Lage der Erdbebengebiete und Vulkane in der Karte M3.
4. Erkläre, weshalb Menschen in der Nähe von Vulkanen siedeln, obwohl es dort nicht ungefährlich ist. Wie versucht man, die Gefahr zu vermindern?
5. Beschreibe und erläutere M7. Kennst du einen Grund dafür, warum Felder in Terrassen angelegt wurden? Welchen?

Die Meere – mehr als Wasser

Bedeutende europäische Meere

Unsere Erde wird oftmals als „blauer Planet" bezeichnet. Aber warum ist das so? Das liegt daran, dass die Erdoberfläche zu über zwei Dritteln von Wasser bedeckt ist. Das entspricht einer Fläche, die 36mal so groß wie Europa ist. Auch Europa grenzt an Meere. Welche Besonderheiten haben diese Meere? Welche Bedeutung haben die Meere für die Menschen und innerhalb der Natur? Die europäischen Meere sind zum überwiegenden Teil Randmeere des Atlantischen Ozeans.

Europäisches Nordmeer
Im Norden grenzt das Europäische Nordmeer an das Nordpolarmeer, im Osten an Norwegen, im Süden an die Nordsee und im Westen an Island und Grönland. Das Meer bleibt dank des Golfstroms meist ganzjährig eisfrei. Im Europäischen Nordmeer gibt es wichtige Fischfanggebiete für Kabeljau und Hering.

Nordsee
Die Nordsee ist ein Randmeer des Atlantischen Ozeans. Zahlreiche Flüsse münden in die Nordsee. Wegen des starken Zustroms von salzreichem Wasser aus dem Atlantischen Ozean ist der Salzgehalt hoch. Aufgrund ihrer reichen Fischgründe hat die Nordsee hohe wirtschaftliche Bedeutung. Seit der Entdeckung von Erdöl- und Erdgaslagerstätten werden diese Rohstoffe hier abgebaut.

Ostsee
Die Ostsee, ein Binnenmeer, wird auch als „Baltisches Meer" bezeichnet. Sie ist ein „junges" Meer. Gegen Ende der letzten Eiszeit sammelte sich in den tiefsten Stellen der heutigen Ostsee das Schmelzwasser des Inlandeises. Das Wasser stieg immer weiter an und so entstand die Verbindung zur Nordsee. Dadurch kann nur verhältnismäßig wenig Salzwasser aus der Nordsee in die Ostsee strömen. Auch die Flüsse transportieren Süßwasser in die Ostsee. Deshalb weist das Wasser nur einen geringen Salzgehalt auf.

In der Ostsee treten häufig Stürme auf, die den Schiffen oft großen Schaden zufügen. Wegen dicker Eisschichten kann die Ostsee in den nördlichen Gebieten während der Wintermonate von Schiffen nicht befahren werden. Die wirtschaftliche Bedeutung der Ostsee für Nordeuropa ist groß. Der Fischfang spielt eine bedeutende Rolle.

M1 An der Nordseeküste

1 Straße von Gibraltar
2 Der Kanal
3 Deutsche Bucht
4 Nord-Ostsee-Kanal
5 Skagerrak
6 Wolga-Ostsee-Kanal
7 Adriatisches Meer
8 Bosporus

Randmeer
vom Ozean durch Inseln abgetrennter Meeresteil

Binnenmeer
Meeresteil, der nur eine schmale Verbindung mit dem Ozean hat

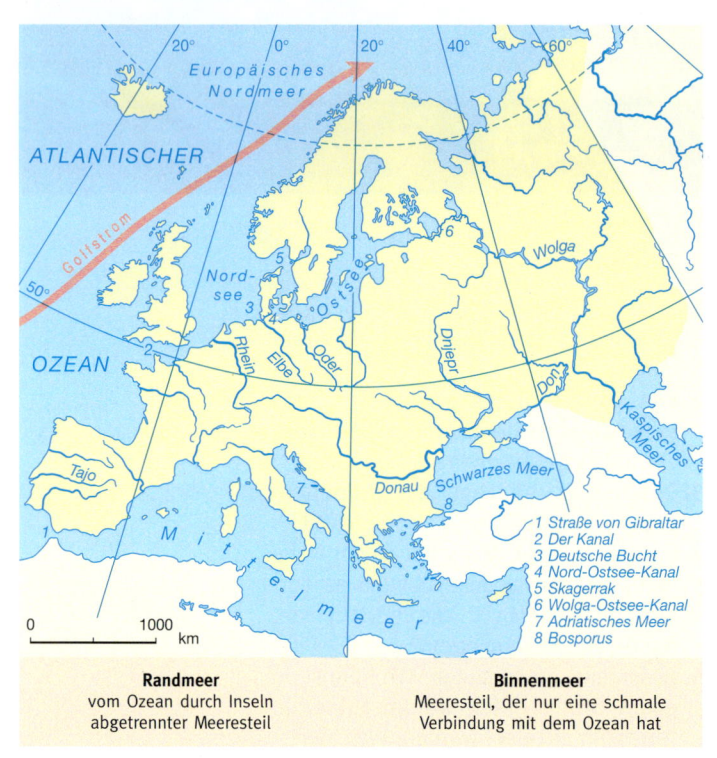

M2 Europa und die Meere

Bedeutende europäische Meere

M3 An der Ostseeküste

Schwarzes Meer
Das Binnenmeer ist mit dem Mittelmeer durch den Bosporus verbunden. Häufig treten Stürme auf, vor allem im Winter. Wertvoller Stör und andere Fischarten sind im Schwarzen Meer reichlich vorhanden. Durch die Einleitung von Abwässern wird das Meer erheblich verschmutzt.

Mittelmeer
Das Mittelmeer, ein Binnenmeer zwischen Europa, Asien und Afrika, hat einen hohen Salzgehalt. Wegen der heißen trockenen Sommer ist die Verdunstung sehr hoch. Außerdem bringen die Flüsse wenig Süßwasser ins Meer.
Da das Mittelmeer nur eine enge Verbindung zum nährstoffreichen Atlantischen Ozean aufweist, sind die Voraussetzungen für die Fischerei nicht sehr günstig. Hauptsächlich werden Sardinen, Makrelen und Thunfische gefangen.

Seit einigen Jahrzehnten unterliegt das Mittelmeer einer fortlaufenden Verschmutzung, die weit reichende Auswirkungen auf das Leben im Wasser hat.

1. Benenne in der Umrisskarte M2 die Meere, bedeutende Seehäfen, Flüsse und den Golfstrom.
2. Erkläre die Bedeutung der Meere (M4).
3. Erarbeite eine Tabelle: Ordne jedem Meer wenigstes zwei Flüsse zu, die in dieses Meer münden (M2, Atlas).
4. Nenne Beispiele für Randmeere und Binnenmeere. Erkläre die Begriffe anhand einer Skizze (M2).

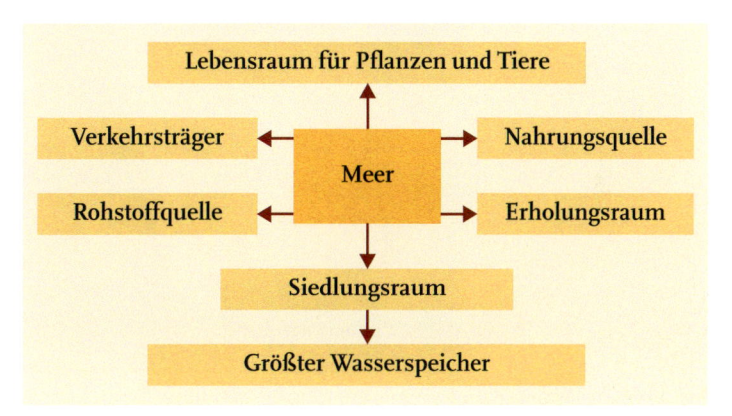

M4 Bedeutung der Meere

Randmeer			
	Größe (km²) ca.	Durchschnittliche Tiefe (m)	Durchschnittlicher Salzgehalt (Gramm pro Liter)
Nordsee	ca. 575 000	94	32–30

Binnenmeere			
	Größe (km²) ca.	Durchschnittliche Tiefe (m)	Durchschnittlicher Salzgehalt (Gramm pro Liter)
Mittelmeer	3,02 Mio.	1450	36–39
Schwarzes Meer	436 400	1830	18–15
Ostsee	414 400	50	5

M5 Randmeer und Binnenmeere in Europa

5. Begründe, warum der Salzgehalt der Meere unterschiedlich ist (M5, Text).
6. Erkläre die Wirkung des Golfstroms im Europäischen Nordmeer (Text).

Die Meere – mehr als Wasser

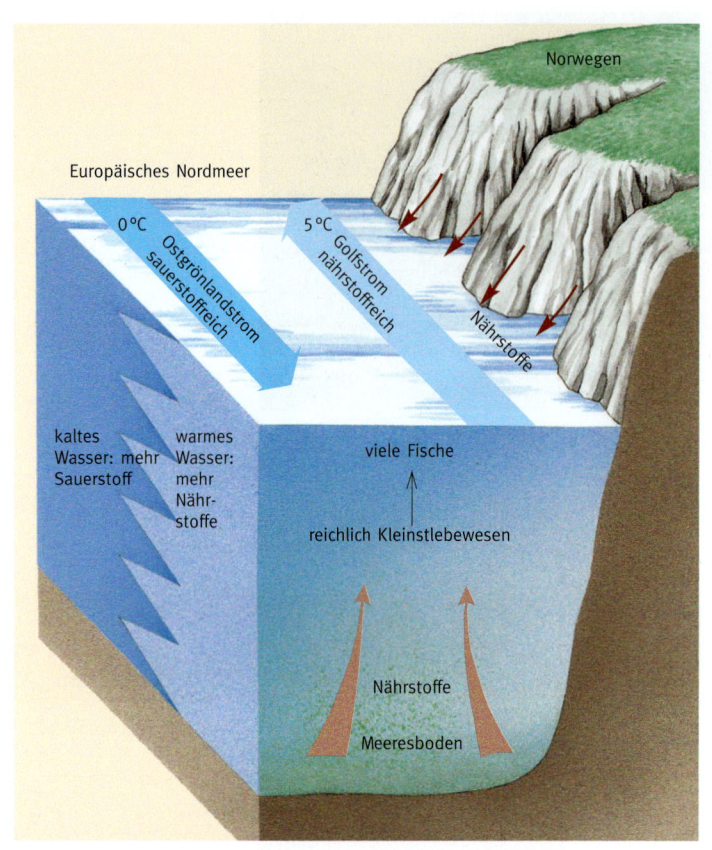

M1 Lebensbedingungen der Fische im Europäischen Nordmeer

(Bildbeschriftungen: Norwegen; Europäisches Nordmeer; 0 °C Ostgrönlandstrom sauerstoffreich; 5 °C Golfstrom nährstoffreich; Nährstoffe; kaltes Wasser: mehr Sauerstoff; warmes Wasser: mehr Nährstoffe; viele Fische; reichlich Kleinstlebewesen; Nährstoffe; Meeresboden)

Kabeljau
65–150 cm;
Nahrung: Krabben, Fische, Muscheln, Würmer

Rotbarsch
50–75 cm; Raubfisch;
lebt in Tiefen von 100–800 m;
Nahrung: Krebse, Fischlarven, Heringe, Lodde

Seelachs oder Köhler
60–130 cm; Raubfisch;
Nahrung: Jungfische, Heringe, Sprotten

M2 Europäische Meeresfische

Fischereiwirtschaft in Norwegen

Die Küste Norwegens ist über 57 000 Kilometer lang. Schon deshalb hat das Meer immer eine große Bedeutung für die Norweger gehabt. Das zeigt sich auch in der langen Tradition des Fischfangs. Wie sieht die Fischereiwirtschaft Norwegens heute aus? Mit welchen aktuellen Problemen ist sie verbunden?

Fanggebiet Europäisches Nordmeer

Vor der Küste Norwegens trifft das Wasser einer warmen Meeresströmung (Golfstrom) auf das kalte Wasser des Nordatlantiks und mischt sich mit diesem. Fische finden in diesen Gewässern besonders reichlich Nahrung (Kleinstlebewesen wie Algen, Larven, Krebse). Das Europäische Nordmeer ist deshalb eines der fischreichsten Meere der Erde.

Verwendung des Fischfangs

Von dem gefangenen Fisch wird nur ein kleiner Teil frisch verkauft. Die größere Menge wird in Fischfabriken der Hafenstädte tiefgefroren, getrocknet, geräuchert, zu Fischmehl (Tierfutter) oder zu Fischöl verarbeitet. Zur Fischereiflotte gehören auch „schwimmende Fischfabriken". Das sind Schiffe, auf denen der gefangene Fisch gleich auf hoher See zu Gefrierfisch oder zu Fischkonserven verarbeitet wird.

Gefahr der Überfischung

Die Nachfrage nach Fisch wuchs ständig. Folglich wurden auch die Fangmengen immer größer. Die Fischbestände von Kabeljau, Seelachs, Rotbarsch und Heringen nahmen sehr schnell ab. Selbst Jungfische blieben in den engmaschigen Netzen hängen. Die Fischbestände konnten gar nicht so schnell nachwachsen.

Um das Aussterben vieler Fischarten zu verhindern wurde ein Fischfang-Abkommen innerhalb der Europäischen Union beschlossen. Darin sind u. a. Festlegungen über Fangmengen, über die Nutzung von Treib- und Schleppnetzen und über ein Fangverbot während der Laichzeit der Fische getroffen worden.

Fischereiwirtschaft in Norwegen 117

Küstenfischerei

Hochseefischerei

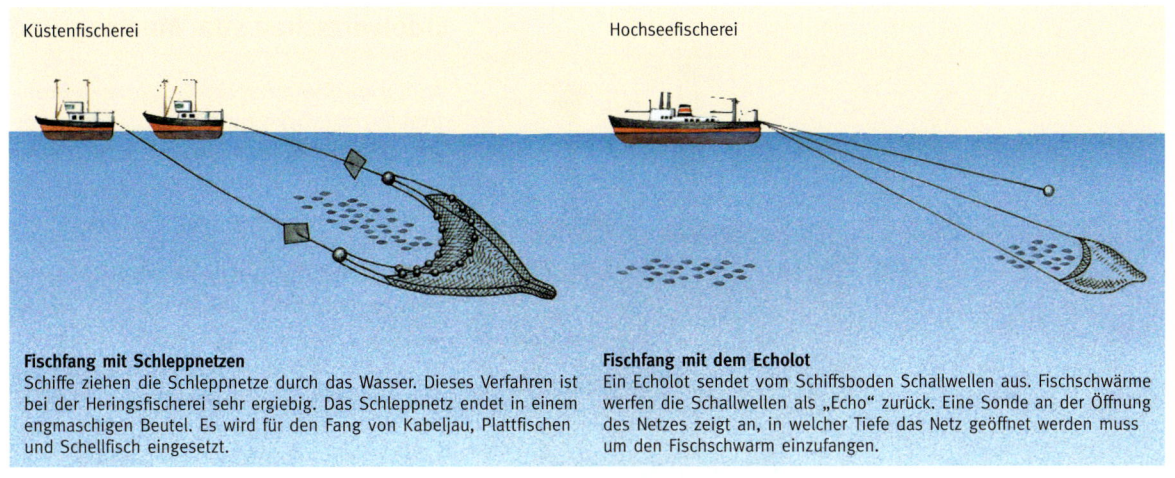

Fischfang mit Schleppnetzen
Schiffe ziehen die Schleppnetze durch das Wasser. Dieses Verfahren ist bei der Heringsfischerei sehr ergiebig. Das Schleppnetz endet in einem engmaschigen Beutel. Es wird für den Fang von Kabeljau, Plattfischen und Schellfisch eingesetzt.

Fischfang mit dem Echolot
Ein Echolot sendet vom Schiffsboden Schallwellen aus. Fischschwärme werfen die Schallwellen als „Echo" zurück. Eine Sonde an der Öffnung des Netzes zeigt an, in welcher Tiefe das Netz geöffnet werden muss um den Fischschwarm einzufangen.

M3 Küstenfischerei und Hochseefischerei

Fische nach Plan
An der buchtenreichen Küste Norwegens wird eine andere Art der Fischwirtschaft betrieben, das „fish-farming".
Wertvolle Speisefische, wie Lachse oder Forellen, werden in großen Netzkäfigen gezüchtet, die in den flachen Küstengewässern verankert sind. Die Fische werden regelrecht gemästet.

M4 In einer Lachsfarm
Die Farm liegt bei Ålesund im Nordfjord. Die Fische werden in sechseckigen Käfigen gehalten, über die Netze gespannt sind. Tausende von Fischen drängen sich dicht aneinander. Zur Vermeidung von Krankheiten der Fische werden sie sogar geimpft. Ein Computer prüft ständig den Zustand des Wassers. Abweichende Wassertemperaturen oder Verunreinigungen des Wassers meldet er sofort. Er berechnet auch genau die erforderliche Futtermenge. Das Futter besteht vorwiegend aus Fischmehl. Mit seiner Zusammensetzung werden der Geschmack und der Fettgehalt der Zuchtfische beeinflusst. Wir erfahren auch, dass es bereits Proteste der Bevölkerung gegen diese Massentierhaltung gegeben hat. Dabei ging es nicht nur um die artfremde Haltung der Tiere in Käfigen, sondern auch gegen die Verwendung von Chemikalien zur Reinigung der Käfige und die Überdüngung des Fjordwassers durch das Fischfutter.

M5 Eine Lachsfarm im Nordfjord

1. Suche auf einer Atlaskarte Fischereihäfen in Norwegen. In welchem Küstenabschnitt liegen sie vorwiegend (Atlas)?
2. Erläutere, weshalb es im Europäischen Nordmeer reiche Fischfanggebiete gibt (Text, M1).
3. Unterscheide Küstenfischerei und Hochseefischerei voneinander. Berücksichtige dabei auch die unterschiedlichen Arten des Fischfangs (M3).
4. Diskutiert in der Klasse Vor- und Nachteile der Fischzucht in Fischfarmen (Text, M4, M5). Bildet drei Arbeitsgruppen: Betreiber von Fischfarmen, Verbraucher, Umweltschützer. Fasst das Ergebnis eurer Diskussion in einem Kurzbericht zusammen.

Die Meere – mehr als Wasser

M1 Eine Bohr- und Förderinsel in der Nordsee

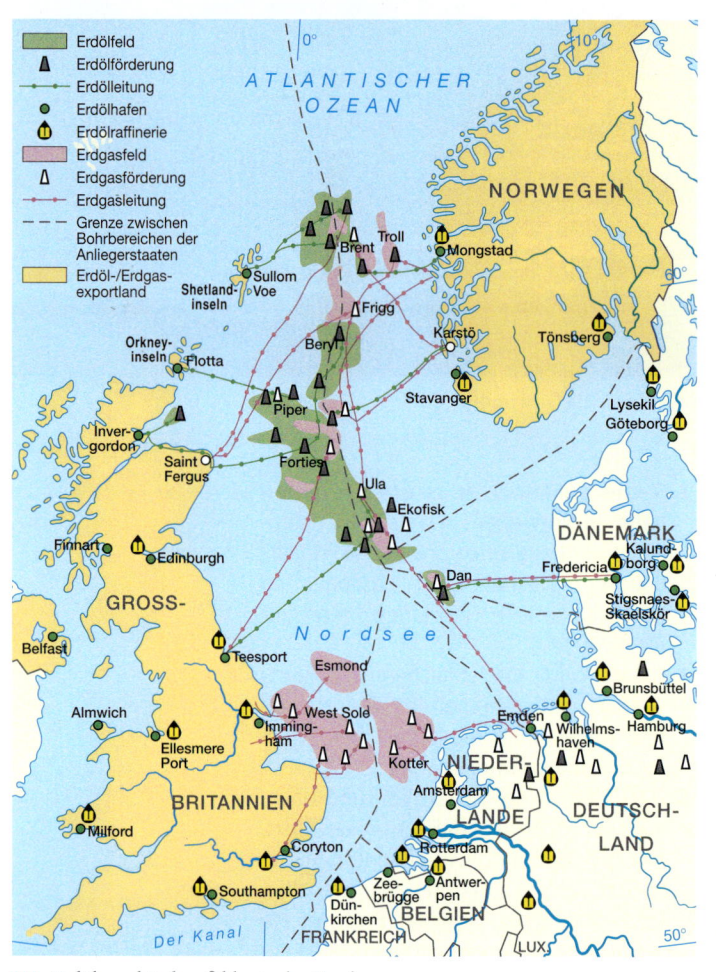

M2 Erdöl- und Erdgasfelder in der Nordsee

Erdölwirtschaft vom Meeresgrund

Im Jahre 1959 entdeckten Geologen Erdöl- und Erdgasvorkommen vor der norwegischen Küste. Binnen kurzer Zeit nahm die Förderung dieser Bodenschätze einen gewaltigen Aufschwung, weil heute keine moderne Wirtschaft ohne sie auskommt. Weltweit gehört Norwegen inzwischen mit zu den führenden Ländern in der Erdöl- und Erdgasförderung. Wie wird das Erdöl in der Nordsee gefördert? Welche Auswirkungen hat diese Entwicklung auf die Wirtschaft Norwegens?

M3 Auf einer Bohrinsel vor der norwegischen Küste
Wir starten mit dem Hubschrauber in Stavanger. Nach eineinhalb Stunden Flug landen wir auf einer Bohrplattform, die wie eine Insel im Erdölfeld Ekofisk liegt. Von oben sieht diese Insel wie eine Riesenspinne aus. Dicht unter dem Landedeck des Hubschraubers schäumen in 40 Meter Tiefe die Meereswellen. Eiskalte Regenböen fegen über das Deck. Im Winter gibt es hier Stürme mit Windgeschwindigkeiten von 240 km/h und mehr. Die Wellen schlagen dann bis zu 30 Meter hoch. Auf dem von Bohrschlamm verschmierten Arbeitsdeck schrauben Männer am Bohrgestänge. Sie tragen alle Schutzhelme. Ihre Gesichter sind völlig verdreckt. Wegen des Krachs der Dieselmotoren, die das Bohrgestänge antreiben, verständigen sie sich nur mit Handzeichen. Insgesamt arbeiten auf der Insel 50 Männer, immer in zwei Schichten zu je zwölf Stunden täglich. Trotz moderner Technik und strenger Sicherheitsbestimmungen ist die Arbeit sehr gefährlich.
Die Bohrinsel ist wie eine kleine Stadt. Hier gibt es Werkstätten, ein Kraftwerk, Labors, eine Wetter- und Funkstation, Unterkünfte und Aufenthaltsräume wie in einem guten Hotel, eine Großküche, eine Krankenstation und ein Freizeitheim. Nach sieben Tagen Tätigkeit haben die Arbeiter eine Woche lang Landurlaub. Ein Hubschrauber kommt dann vom Festland und bringt sie zur Hafenstadt Stavanger.

Erdölwirtschaft vom Meeresgrund · 119

Daten einer Bohrinsel	
Zahl der Pfeiler	4
Fläche des Arbeitsdecks	114 m x 55 m
Höhe	271 m
Gewicht	835 000 t
Unterkünfte	278
Baukosten	rd. 3 Mrd. Euro

Beachte:
Es gibt Bohrinseln, die auf dem Meeresboden fest stehen und schwimmende Bohrinseln, die im Meeresboden verankert sind.

Höhenvergleiche

Bohrinsel in der Nordsee: 271 m
Eiffelturm in Paris: 325 m
Brandenburger Tor in Berlin: 26 m

M4 Eine Bohrinsel im Vergleich

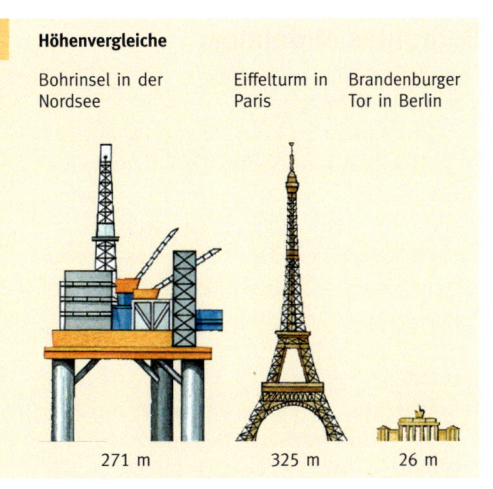

Auswirkungen der Förderung von Erdöl und Erdgas

Die Erdöl- und Erdgasfunde in der Nordsee lösten einen Wandel in der Wirtschaft Norwegens aus. Die Erdölwirtschaft wurde zum führenden Wirtschaftszweig. Der wirtschaftliche Aufschwung brachte viele neue Arbeitsplätze.

Nach dem Erdölfeld Ekofisk wurden weitere Lagerstätten erschlossen. An der norwegischen Küste entstanden vor allem Betriebe der chemischen Industrie. Einer davon ist der Erdölverarbeitungsbetrieb Mongstad nördlich von Bergen.

Die norwegische Firma Seismik, die geologische Untersuchungen vornimmt, entwickelte sich zum drittgrößten Unternehmen dieser Art in der Welt. Norwegen liefert aber auch die Rohstoffe Erdöl und Erdgas an andere Länder. Deutschland ist ein Hauptabnehmer.

Stavanger – Stadt im Aufwind

Die Hafenstadt Stavanger entwickelte sich in wenigen Jahren zum Zentrum der Erdölwirtschaft. Zahlreiche Erdölgesellschaften ließen sich hier nieder. Der Hafen wurde zum Versorgungshafen für die Erdölerkundung und Erdölförderung ausgebaut.

Wichtigste Industriezweige sind die Erdöl verarbeitende Industrie und die Werftindustrie (Bau von Versorgungsschiffen, Tankern, Bohrinseln).

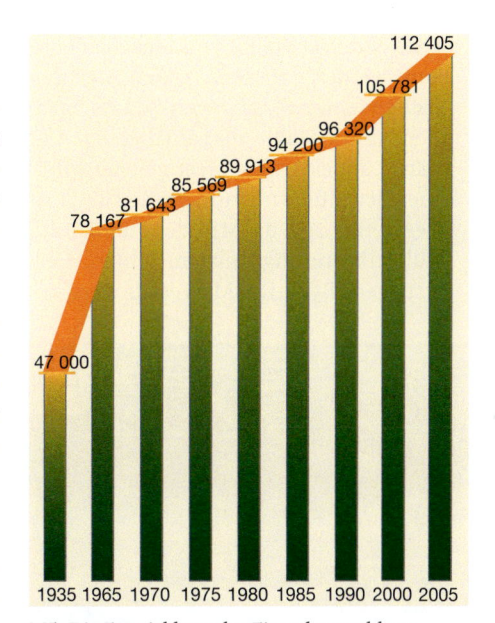

Einwohnerzahl Stavanger:
1935: 47 000
1965: 78 167
1970: 81 643
1975: 85 569
1980: 89 913
1985: 94 200
1990: 96 320
2000: 105 781
2005: 112 405

M5 Die Entwicklung der Einwohnerzahl von Stavanger

1. Suche Erdöl- und Erdgasfördergebiete in der Nordsee. Welche Länder fördern diese Rohstoffe (M2, Atlas)?
2. Miss die Länge der Erdgasleitung vom Ekofiskfeld zum Erdölhafen Karstö bei Stavanger (M2). Vergleiche sie mit einer Entfernung in deinem Heimatgebiet.
3. Begründe, warum es strenge Sicherheitsvorkehrungen auf einer Bohrinsel geben muss (M1, M3).
4. Weise am Beispiel der Stadt Stavanger nach, dass sie zu einer Stadt des Erdöls wurde (Text, M5).

Bedrohtes Mittelmeer

Greenpeace meldet:
Das Mittelmeer ist krank. Es muss alljährlich Millionen Tonnen Abfälle, Chemikalien und Rohöl verkraften. Zahlreiche Tierarten stehen vor dem Aussterben. Welche Ursachen hat die Verschmutzung des Meeres und wie kann das Mittelmeer vor weiteren Verschmutzungen geschützt werden?

Ursachen

- **Tourismus.** An den Küsten des europäischen Mittelmeers leben etwa 100 Millionen Menschen, weitere 100 Millionen besuchen jedes Jahr die Region als Touristen. Dies bedeutet, dass in den Sommermonaten die Abwässer und der Abfall von 200 Millionen Menschen entsorgt werden müssen. In den meisten Städten fehlen Kläranlagen, sodass noch mehr als die Hälfte aller anfallenden Abwässer ungeklärt ins Meer geleitet wird. Auch der Müll wird zum großen Teil ins Meer entsorgt, da Mülldeponien und Müllverbrennungsanlagen fehlen. Der gestiegene Bedarf an Meeresfrüchten bei den alljährlich anwachsenden Urlaubermassen führen zur Überfischung der Meere.

- **Landwirtschaft.** Die starken Regenfälle im Winter waschen Dünger und Pflanzenschutzmittel, die in der Landwirtschaft verwendet werden, aus dem Boden und schwemmen sie ins Meer. Die Düngemittel bringen viele Nährstoffe ins Meer, sodass es besonders in der warmen Jahreszeit überwiegend in den flachen Meeresteilen ein explosionsartiges Algenwachstum zur Folge haben kann. Man spricht dann von einer „Algenpest".

- **Schiffsverkehr.** Durch Tankerunfälle und Ölrückstände, die die Schiffe bei der Reinigung ihrer Tanks auf See ablassen, gelangt jährlich eine große Menge Erdöl ins Mittelmeer. Die besondere Artenvielfalt des Mittelmeers, zu der Fische, Wasservögel und Wasserpflanzen gehören, ist bedroht.

M1 Urlaubsort in Spanien (Benidorm)

M2 Belastungen von Regionen im Mittelmeerraum

Auswirkungen

Die Folgen eines sehr stark verschmutzten Mittelmeers können für die Natur nicht genau vorhergesagt werden. Für die Menschen im Mittelmeerraum wären sie mit Sicherheit verheerend. Nicht nur die Lebensgrundlage der Fischer und Muschelzüchter wäre vernichtet. Auch die Touristen würden ausbleiben und damit auch die Einnahmen aus dem Fremdenverkehr.

Maßnahmen

Wissenschaftler und Politiker aller Anliegerstaaten des Mittelmeers treffen sich jährlich zur großen Mittelmeerkonferenz. Alle Beteiligten wissen, dass die Lage sehr ernst ist. Seit 1990 werden die Mittelmeerländer verpflichtet bis zum Jahr 2025 das Mittelmeer zu retten. Dazu gehören:
- der Bau von Kläranlagen
- geringerer Düngemitteleinsatz in der Landwirtschaft
- verbesserte Ausrüstung der Häfen, damit Schadstoffe nicht ins Meer gelangen können
- sichere Öltanker, damit bei Unfällen das Öl nicht auslaufen kann.

In jedem Sommer treffen sich im Gebiet zwischen Korsika, Sardinien und Ligurien rund 2000 Großwale zur Paarung und Geburt ihrer Jungen. Sie aber sind durch Treibnetze, Meeresverschmutzung, Motorbootrennen und unkontrollierten Wal-Tourismus stark gefährdet.

---

1. **Erkläre**, wodurch das Mittelmeer bedroht ist (Text, M2, M4 bis M6).
2. **Werte** die Karte M2 aus. Nenne Regionen des Mittelmeers, die besonders gefährdet sind. Finde Ursachen.
3. **Diskutiert** in der Klasse über mögliche Auswirkungen der Verschmutzung des Mittelmeers für das Leben der Menschen in den Anliegerstaaten.
4. **Sammelt** Material über Meldungen zur Verschmutzung und zur Rettung des Mittelmeers.
5. **Finde** Gründe, warum die EU mehrere Milliarden Euro zum Bau von Kläranlagen im Mittelmeerraum ausgibt (Text).

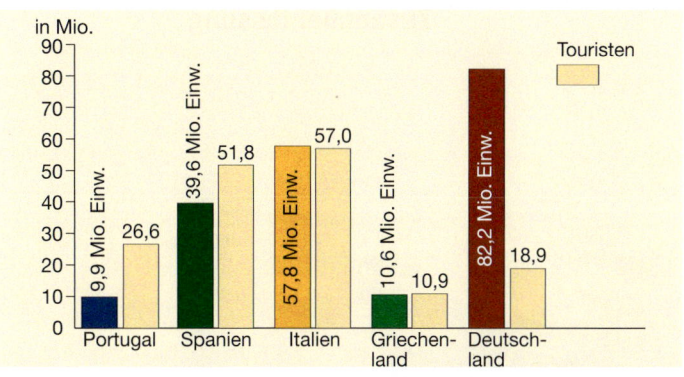

M3 Zahl der Touristen pro Jahr in einigen Ländern Südeuropas. Stand: 2000 (zum Vergleich: Größe der einheimischen Bevölkerung)

Land	Einwohner (Mio.)	Touristen (Mio.)
Portugal	9,9	26,6
Spanien	39,6	51,8
Italien	57,8	57,0
Griechenland	10,6	10,9
Deutschland	82,2	18,9

M4 Brennender Erdöltanker

M5 Ein Monster, das nicht zu bändigen ist

Eine der größten Bedrohungen stellt im Augenblick eine tropische Alge dar. Sie gelangte vermutlich 1984 versehentlich ins Meer. Dort aber breitete sie sich rasch aus und verdrängt dabei andere Wasserpflanzen. Man nennt sie deshalb „Killeralge". Während sie in ihrer Heimat langsam wächst und von Fischen gefressen wird, gedeiht sie im Mittelmeer in verschmutzten Häfen genauso wie in Buchten. Der Mensch hat durch Ankerketten zur Verbreitung der Alge in andere Teile des Mittelmeeres beigetragen. Eine wirksame Bekämpfung der Killeralge ist bisher gescheitert, denn was die Pflanze tötet, bringt auch alles andere um.

M6 Killeralge

Zusammenfassung

Europa lässt sich in geografische Großräume gliedern: Nord-, West-, Mittel-, Ost- und Südeuropa.

Die Europäische Union ist ein freiwilliger Zusammenschluss von 25 Staaten. Hauptziele der EU sind die Erhaltung des Friedens, die Gewährleistung von Freiheit, Sicherheit und Demokratie sowie die Förderung des wirtschaftlichen und sozialen Fortschritts.

Durch die abtragende Tätigkeit des Inlandeises entstanden in Nordeuropa die Oberflächenformen Fjell, Fjord und Schäre.

Westeuropa ist ein Großraum mit hoher Wirtschaftskraft. Hier befinden sich auch die großen Metropolen Europas. London und Paris sind Millionenstädte mit internationaler Bedeutung. Sie liegen im Zentrum von Verdichtungsgebieten.

Aufgrund seiner Lage ist Mitteleuropa besonders durch das Verkehrsaufkommen geprägt. Vor allem der Transitverkehr zwischen den Wirtschaftsräumen Europas ist eine Herausforderung.

Russland ist das flächengrößte Land der Erde und verfügt über umfangreiche Vorkommen an Bodenschätzen. Annähernd drei Viertel der ukrainischen Landesfläche ist mit Schwarzerdeböden bedeckt, die sehr fruchtbar sind. Hier wird vor allem Weizen angebaut.

Der Süden Europas gehört zu den durch Erdbeben gefährdeten Gebieten der Erde. Tätige Vulkane wie der Ätna sind eine ständige Bedrohung für Menschen, die in den Vulkangebieten aufgrund seiner fruchtbaren Böden siedeln.

Bedeutende europäische Meere sind das Nordmeer, Nord- und Ostsee, Schwarzes Meer und Mittelmeer. Meere erfahren eine vielfältige Nutzung: Fischerei und Schiffsverkehr, Gewinnung von Rohstoffen wie Erdöl und Erdgas, ferner als Ziel für Erholung Suchende. Die starke Nutzung der Meere birgt Gefahren für die Umwelt.

Erleben – Erkunden – Erforschen: Geografie praktisch

In diesem Kapitel kannst du nachschlagen, wenn du Hinweise zu Tätigkeiten suchst, die im Fach Geografie von Bedeutung sind. Für die Arbeit mit Karten, Diagrammen und Statistiken findest du ebenso Hinweise wie zur Durchführung von Erkundungen außerhalb des Schulgeländes.

Deutsche und europäische Landschaften – wir legen eine Sammlung an

M1 Storchennest in Vetschau (Wětošow)

Jede Landschaft hat ihre Besonderheiten, die sie von anderen Landschaften unterscheidet. Einiges – wie die Pflanzen- und Tierwelt – wird sehr ähnlich sein wie in benachbarten Landschaften. Aber in ihrer einzigartigen Mischung stellt eine Landschaft etwas Besonderes dar.
- Entscheidet euch für eine deutsche oder europäische Landschaft und legt hierzu eine Sammlung an.

- Legt fest, welche Gegenstände in die Sammlung aufgenommen werden und wie ihr eure Sammlung präsentieren wollt.

Merkmale einer Sammlung
Vielleicht kennt ihr jemanden, der eine Briefmarken- oder Münzsammlung hat. Auch bei einer solchen Sammlung ist es wichtig, eine Ordnung zu finden. Während Briefmarken und Münzen in Alben eingesteckt werden können, ist es bei Sammlungen für eine Landschaft nicht ganz so einfach. Denn es gibt immer sehr viele Gegenstände, die ihr sammeln könntet. Deswegen solltet ihr einige Grundsätze zu eurer Sammlung im Auge behalten:
- Was möchte ich sammeln (Steine, Blätter, Federn, Fotos usw.)?
- Welche Schwerpunkte gibt es in meiner Sammlung?
- Wo und wie bewahre ich das Gesammelte auf (Zwischenlagerung)?
- Wie und wo kann ich die Sammlung präsentieren?
- Wie erweitere ich meine Sammlung?

Karte zur Sammlung
Zu jeder guten Sammlung gehört eine Karte, in die die „Fundstücke" eingetragen werden. Nicht immer lässt sich ein genauer „Fundort" bestimmen. Nehmen wir mal als Beispiel die „Spreewaldgurke". Sie ist eine typische Nutzpflanze dieser Landschaft und wächst hier auf mehreren Quadratkilometern.
Anders wäre es mit der Storchenstation in Vetschau. Die ließe sich auf den Meter genau in eine Karte eintragen.

Informationen zu Sammelstücken
Es wäre wertlos, Dinge „einfach" nur zu sammeln. Besser ist es, wenn ihr eure Sammelstücke nummeriert und Hintergrundinformationen zu ihnen notiert. Beispielsweise Wissenswertes zum Storchendorf Vetschau im Spreewald: seit wann gibt es dort Störche, warum kommen sie immer wieder dorthin, ist es etwas Besonderes, etwas Typisches?

M2 Kartenausschnitt vom Spreewald

Nichts überstürzen

Eine Sammlung braucht Zeit. Es ist gar nicht so wichtig, schnell und viel zu sammeln. Stattdessen sollten die Sammelstücke mit Bedacht und Verstand ausgewählt werden. Dabei bleibt es allen freigestellt, was sie in die Sammlung aufnehmen möchten. Über Geschmack lässt sich nicht streiten. Aber kritisch solltet ihr schon sein, wenn ihr vor einer Entscheidung steht: Kitsch oder Kunst? Handelt es sich um etwas Typisches (von Hand und in der Region Gefertigtes) oder um industrielle Massenware (womöglich aus einem asiatischen Land eingeführt, aber „angeblich" ein Souvenir aus einer Region)? Ihr könnt durchaus auch solche kitschigen Dinge in die Sammlung einbringen – aber am besten mit einer entsprechenden Beurteilung von euch.

M5 Hinweise zum Anlegen einer Sammlung
- Legt eine Sammlung an, die möglichst vielfältige Einzelheiten und Informationen enthält. So ergibt sich allmählich das Typische und Einzigartige einer Landschaft.
- Tragt die Fundorte (bzw. Stellen, wo ihr fotografiert habt) in eine Karte ein.
- Überlegt euch eine schöne Form, wie ihr eure Sammlung aufbewahren und Interessierten zeigen könnt (z. B. eine Karte auf Karton oder Holz kleben, Zahlen eintragen und in einem Regal die Fundstücke nummeriert ablegen).
- Setzt das Sammeln fort. Ordnet – wenn möglich – eure Fundstücke/ Fotos nach Teilthemen (z. B.: Sorben).

M8 Zweisprachiges Ortsschild im Spreewald. Warum?

M3 Ostereier werden von Hand bemalt

M6 Typisch Spreewald: eine Bootsfahrt durch Fließe und Kanäle

M4 Handbemalte Ostereier aus dem Spreewald

M7 Spreewald-Gurke – heute mal nicht im Glas ...

Der Natur auf der Spur – Naturschutzgebiete in meiner Nähe

Geografie gibt es nicht nur im Klassenraum. Der interessanteste Geografieunterricht findet in der Natur statt. Hier kannst du geografische Kenntnisse anwenden und Zusammenhänge zwischen geografischen Sachverhalten und denen anderer Unterrichtsfächer finden.

In deiner unmittelbaren Nähe ist sicher ein Naturschutzgebiet, eine Wiese, ein Wald oder eine andere Landschaft zu finden. In einem Projekt ist diese natürliche Landschaft zu erkunden.

Themenfindung
Um das Thema richtig eingrenzen zu können müsst ihr zuerst einige Informationen sammeln.
- Welche Landschaft möchten wir untersuchen?
- Woher bekommen wir Material?
- Welche Karten haben wir?

Auf der Grundlage ausreichender Informationen kann die Themeneingrenzung erfolgen.
- Bestimmt einen Landschaftsausschnitt, den ihr untersuchen wollt.
- Legt fest, welche Untersuchungen ihr hier vornehmen möchtet.

Organisation
Diese Festlegungen könnt ihr aber nur im Zusammenhang mit organisatorischen Fragen lösen. Hier einige Anregungen:
- Wie lange wollen wir unsere Arbeiten im Gelände durchführen?
- Wollen wir einige Objekte über einen längeren Zeitraum beobachten (z. B. im Frühjahr, im Sommer, im Herbst und im Winter)?
- Wie erreichen wir das Untersuchungsgebiet?
- Welche Geräte müssen wir bereitstellen?
- Welche Vorsichtsmaßnahmen sind zu beachten?

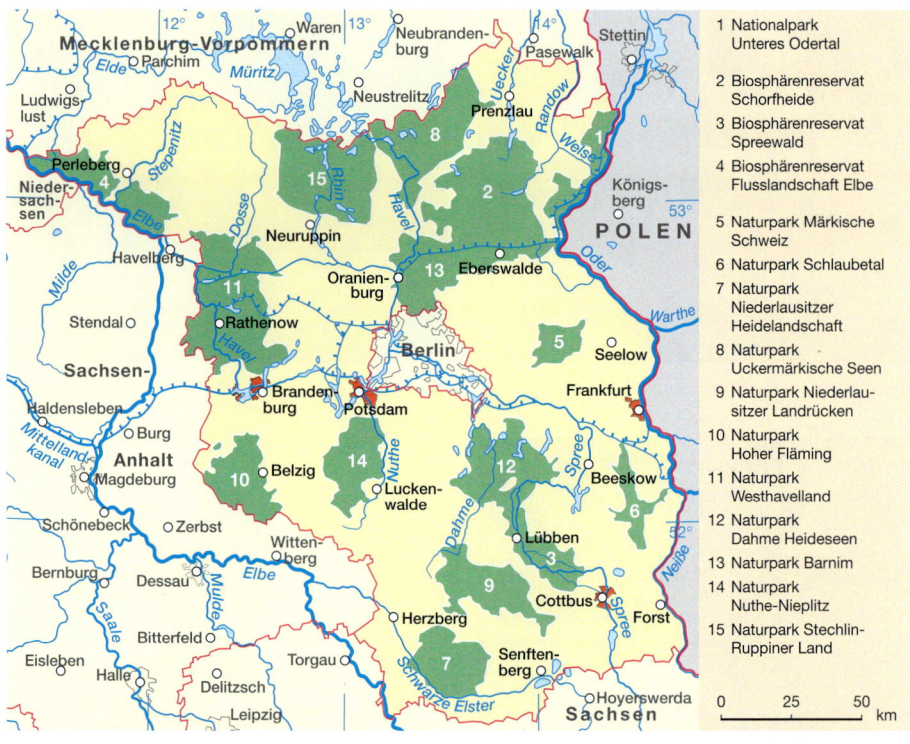

1 Nationalpark Unteres Odertal
2 Biosphärenreservat Schorfheide
3 Biosphärenreservat Spreewald
4 Biosphärenreservat Flusslandschaft Elbe
5 Naturpark Märkische Schweiz
6 Naturpark Schlaubetal
7 Naturpark Niederlausitzer Heidelandschaft
8 Naturpark Uckermärkische Seen
9 Naturpark Niederlausitzer Landrücken
10 Naturpark Hoher Fläming
11 Naturpark Westhavelland
12 Naturpark Dahme Heideseen
13 Naturpark Barnim
14 Naturpark Nuthe-Nieplitz
15 Naturpark Stechlin-Ruppiner Land

M1 Großschutzgebiete in Brandenburg

- Welche Experten wollen wir befragen?
- Welche Kleidung ist zweckmäßig?
- Wie werden die Ergebnisse festgehalten (Foto, Skizze, Aufzeichnungen)?
- Wie werden die gesammelten Materialien schonend transportiert?

Präsentation der Ergebnisse in einer Themenmappe

Die Ergebnisse eurer Untersuchung wird in einer Themenmappe aufgezeichnet. Sie enthält Karten- und Informationsmaterial über die verschiedenen Standorte und Untersuchungen, aber auch Fotos und Zeichnungen. Gesammelte Materialien werden aufbereitet und in Sammlungen geordnet.

> **M2 Hinweise zur Anfertigung einer Themenmappe**
> - Eure Mappe bekommt ein hübsch gestaltetes Deckblatt, das auf ihren Inhalt hinweist.
> - Das genaue Thema, die Namen der Schüler, die an der Erstellung der Mappe mitgearbeitet haben, sowie das Datum sind auf einer zweiten Seite dargestellt.
> - Legt ein Inhaltsverzeichnis an, das auch die genaue Seitenangabe enthält.
> - Formuliert auf einer gesonderten Seite Themenkreise und Fragen, die ihr untersuchen wollt.
> - Achtet bei den geschriebenen Texten unbedingt auf die Rechtschreibung. Gebt die Informationsquellen an, die euren Ausführungen zugrunde liegen. Denkt auch daran, dass die Texte Überschriften erhalten.
> - Auch Bilder, Zeichnungen und Grafiken erhalten eine Über- oder Unterschrift. Vergesst hier ebenfalls nicht, Quellen anzugeben.
> - Ordnet eure Blätter in einer sinnvollen Reihenfolge.
> - Die Zusammenfassung enthält die von euch formulierten Fragen und ihre kurze, stichwortartige Beantwortung. Sie dient euch auch als Grundlage zur Darstellung des Wesentlichen bei der Präsentation.

M3 Kompass und Karte – nützliche Begleiter

M4 Genau hingeschaut: Was krabbelt da?

M5 Der Aufenthalt im Freien macht hungrig

Erleben – Erkunden – Erforschen: Geografie praktisch

Wir erkunden einen landwirtschaftlichen Betrieb – eine Recherche

Erkundung eines landwirtschaftlichen Betriebs

Die Lehrerin und eine fünfte Klasse einer Berliner Grundschule beschließen, einen landwirtschaftlichen Betrieb zu erkunden, der nicht allzu weit von Berlin entfernt ist. Das Besondere an diesem Betrieb ist, dass dort gleich die Früchte und Tiererzeugnisse gekauft werden können.

Erkundung und Darstellung der Ergebnisse

Nach der Terminfestlegung wird die Klasse in Gruppen aufgeteilt. Bei der Betriebserkundung sollen mithilfe von Fragebogen, Karten, Messungen, Fotos und Skizzen Informationen gesammelt werden. Außerdem ist geplant die Antworten des Landwirts mit einem Kassettenrekorder aufzuzeichnen und dann in der Schule auszuwerten. Überdies soll ein Lageplan des Betriebs gezeichnet werden. Auch sollen Fotos der wichtigsten Einrichtungen gemacht werden.

Auswahl des Betriebs

Die fünfte Klasse hat sich einen Betrieb in Brandenburg, im Havellandkreis, ausgesucht, da er mit einem Bus der Verkehrsbetriebe gut zu erreichen ist. Mithilfe des Internets wurden schon im Vorfeld des Ausflugs wichtige Informationen über den landwirtschaftlichen Betrieb eingeholt, sodass die Schülerinnen und Schüler sich einen ersten Einblick verschaffen konnten.

M2 Zur Geschichte des landwirtschaftlichen Betriebs

Der landwirtschaftliche Betrieb hat eine Fläche von 20 Hektar, auf denen Obst und Gemüse angebaut werden. Die landwirtschaftlichen Erzeugnisse werden in einem Hofladen vermarktet. Zur Erntezeit haben Besucher des Betriebs die Möglichkeit, Erdbeeren, Himbeeren oder Johannisbeeren selbst zu ernten.

Der Betrieb hält zudem 1500 Hühner, die im Freiland gehalten werden. Eine besondere Anziehung besitzt ein kleiner Streichelzoo, der für Kinder eingerichtet wurde, die den Betrieb besuchen.

1991 wurde von zwei Landwirtsfamilien aus Schleswig-Holstein der Betrieb gegründet. Ein Jahr später wurden die Pflanzungen angelegt. Im Frühjahr 1994 wurde begonnen, die Hofgebäude zu errichten. Im selben Jahr wurden die ersten Hühner eingestallt. Es folgte die Fertigstellung eines Hofladens, einer Backstube und eines Lagerraums.

Heute arbeiten in dem landwirtschaftlichen Betrieb ein Landwirt und ein Landarbeiter, ferner ein Bäcker und drei Verkäuferinnen. Je nach Saison werden Aushilfen eingestellt, vor allem Pflücker.

M1 Frei laufende Hühner

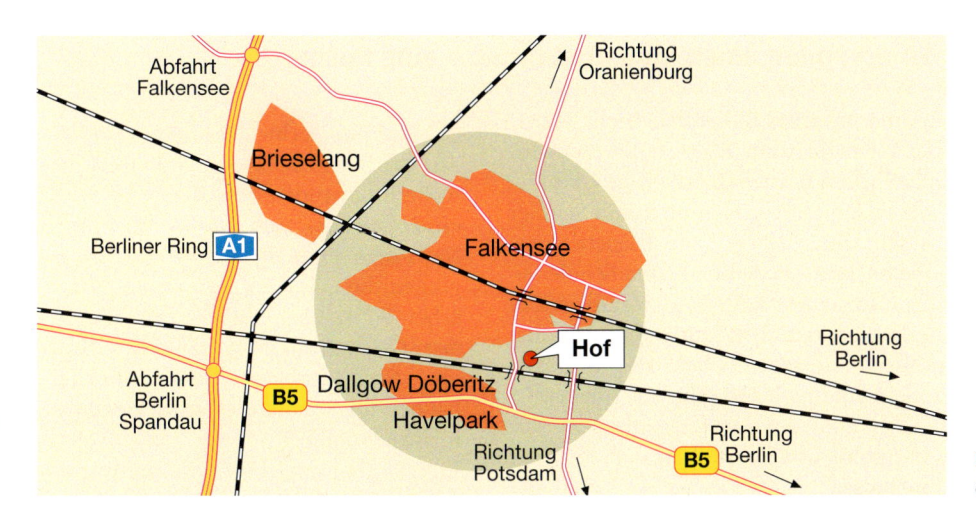

M3 Hier befindet sich der Hof

M4 Interview zur Erdbeerernte
Frage: Wann sind die Erdbeeren in Falkensee reif?
Antwort: Die Erdbeeren sind etwa im Juni reif. Aber die Reifezeit ist jedes Jahr von der Witterung abhängig. Deshalb muss stets aufs Neue der genaue Termin für den Start der Erdbeerpflücksaison bekannt gegeben werden.
Frage: Wie verkaufen Sie die Erdbeeren?
Antwort: Die Erdbeeren können in unserem Hofladen schon fertig gepflückt gekauft werden. Man kann sie aber bei uns auch selbst ernten, und zwar von morgens 8.30 Uhr bis abends 18.00 Uhr – auch am Wochenende. Hinweisschilder geben an, auf welchem Feld gepflückt werden darf.
Frage: Ist das keine schmutzige Arbeit?
Antwort: In der Blütezeit werden die Erdbeerpflanzen mit Stroh unterlegt, damit die Früchte nicht schmutzig werden, vor Nässe geschützt reifen und nicht faulen. Daher ist das Pflücken eine saubere und trockene Angelegenheit.
Frage: Welche Früchte außer Erdbeeren werden bei Ihnen angebaut?
Antwort: Wir bauen inzwischen Brombeeren, rote und schwarze Johannisbeeren, Stachelbeeren, Himbeeren und auch Heidelbeeren an.
Frage: Wann sind diese Beeren alle reif?
Antwort: Auch hier hängt die Reife von der Witterung ab. Johannisbeeren sind etwa ab Ende Juni reif, Himbeeren im Juli, Heidelbeeren im Juli und August, Brombeeren werden erst im August reif.

M5 Interview zur Hühnerhaltung
Frage: Wie viele Hühner besitzen Sie und wo leben sie?
Antwort: Unsere rund 1500 Hühner leben in Ställen, also nicht in Käfigen. Sie haben jeden Tag Auslauf auf der Weide hinter den Ställen.
Frage: Was fressen die Hühner?
Antwort: Die Hühner werden mit Getreide gefüttert.
Frage: Im Hofladen haben wir gesehen, dass alle Eier gestempelt sind. Was bedeuten die Buchstaben?
Antwort: Durch eine Verordnung der Europäischen Union sind auch wir verpflichtet unsere Eier nach der neuen Gewichtsklassen-Einteilung zu sortieren. Zwischen den alten Gewichtsklassen bestand eine Abstufung von jeweils fünf Gramm. Zwischen den neuen Gewichtsklassen betragen die Unterschiede jetzt zehn Gramm. Gleichzeitig wurde auch eine Änderung der Bezeichnung vorgenommen.
Frage: Aber was bedeuten denn jetzt die Buchstaben auf den Eiern?
Antwort: S bedeutet ein Gewicht von 45 bis 52 Gramm, M von 53 bis 62 Gramm, L von 63 bis 72 Gramm und XL von mehr als 72 Gramm. Weil sich die Hühner auf unserem Hof offenbar besonders wohl fühlen, legen sie Eier der Größe XL.
Frage: Halten Sie nur Hühner?
Antwort: Nein. Für Kinder, die uns besuchen, haben wir einen kleinen Streichelzoo eingerichtet. Dort leben auch Ziegen, Wildschweine, Esel und Ponys.

Wir erkunden einen Industriebetrieb – eine Recherche

Erkundung eines Industriebetriebs
Nachdem die fünfte Klasse einen landwirtschaftlichen Betrieb in Falkensee erkundet hat, wollen die Schülerinnen und Schüler wissen, wie in einem Industriebetrieb gearbeitet wird. Die Lehrerin und Schüler einigen sich auf das BMW-Motorradwerk in Berlin-Spandau. Die Fabrik gehört zu den großen Industriebetrieben in Berlin und ist zudem gut mit der U-Bahn zu erreichen.

Erkundung und Darstellung der Ergebnisse
Unter Berücksichtigung der Erfahrungen bei der Erkundung des landwirtschaftlichen Betriebs wird wieder ein Arbeitsplan festgelegt. Die Lehrerin hat hierfür Prospekte des Motorradwerks besorgt. Auch im Internet konnten wieder wichtige Informationen gesammelt werden. Es sollen Interviews durchgeführt werden. Mithilfe eines Stadtplans kann eine Lageskizze des Werks gefertigt werden. Fotos sollen zumindest vom Betriebstor und den Werkshallen aufgenommen werden, die von der Straßenseite des Werksgeländes gut zu sehen sind. Einige Schüler wollen in der Bezirksbücherei nach Büchern suchen, die über die Geschichte des Industriebetriebs Auskunft geben. Nach der Durchführung der Betriebserkundung soll wieder eine kleine Ausstellung durchgeführt werden.

M2 Zur Geschichte des Motorradwerks
Auf dem von BMW genutzten Gelände in Berlin-Spandau befand sich bis 1918 eine Gewehr- und Munitionsfabrik. Nach dem Ende des Ersten Weltkriegs gingen die Fabrikanlagen an die Deutschen Werke über. BMW ist seit 1939 auf dem Gelände ansässig. Zahlreiche Um- und Neubauten von Fabrikationsgebäuden folgten auf diesem Gelände bis in die heutige Zeit.
Erst 1967 begann BMW mit dem Aufbau der Motorradmontage in Berlin-Spandau. Schon acht Jahre später wurde hier das hunderttausendste Motorrad gebaut. 1976 wurde die erste voll verkleidete Serienmaschine der Welt vorgestellt. 1988 war BMW der erste Hersteller, der Motorräder mit einem automatischen Bremssystem ausstattete. 1991 bot BMW den ersten geregelten Motorrad-Katalysator an. Am 6. Februar 2001 verließ das einmillionste Motorrad das Spandauer Werk.
Im BMW-Werk in Berlin-Spandau werden aber nicht nur Motorräder hergestellt. Das Werk fertigt auch Teile für die Pkw-Herstellung. Inzwischen ist das BMW-Werk einer der wichtigsten Standorte der Verkehrsindustrie in Berlin und der fünftgrößte industrielle Arbeitgeber der Hauptstadt.

M1 Lageplan des BMW-Werks in Berlin

M3 Interview

Frage: Wie hat sich seit Beginn die Motorradherstellung verändert?
Antwort: 1967 schraubten 30 Monteure 40 Motorräder am Tag zusammen. Heute, rund 35 Jahre später, fertigen fast 2000 Mitarbeiter täglich bis zu 450 Motorräder.
Frage: Werden denn immer noch so viele Motorräder gekauft?
Antwort: Wir haben das zehnte Rekordjahr in Folge. Im Jahr 2002 ist der Umsatz im Bereich der Motorräder auf über eine Milliarde Euro gestiegen. Insgesamt wurden 93 000 Motorräder verkauft. Das BMW-Werk gehört zu den größten Motorradherstellern Europas.
Frage: Werden denn die Motorräder alle in Deutschland verkauft?
Antwort: Der Hauptabsatzmarkt ist Deutschland. Hier wurden allein über 26 000 Motorräder im Jahr 2002 verkauft. Rund 70 Prozent der Herstellung gehen allerdings ins Ausland.
Frage: Bleibt der Standort der Motorrad-Herstellung in Berlin erhalten?
Antwort: Seit dem Jahr 2000 hat BMW 165 Millionen Euro für den Ausbau der Werke in Spandau ausgegeben. Für das Jahr 2003 und 2004 werden weitere 90 Millionen Euro aufgewandt um die Fertigung von Motor- und Fahrwerkteilen auf den neuesten technischen Stand zu bringen. Auch wird eine neue Lackieranlage fertig gestellt.
Frage: Wie viele Menschen arbeiten in diesem Werk?
Antwort: Einschließlich der Mitarbeiter in der Fertigung für Pkw-Teile sind in Spandau 2700 Mitarbeiter beschäftigt. Davon sind in der Fertigung von Motorrädern fast 2000 Mitarbeiter tätig. Damit hat sich die Zahl der Beschäftigten in den letzten Jahren um rund 300 erhöht.
Frage: Bildet der Betrieb in Spandau auch aus?
Antwort: Um den steigenden Bedarf an Fachkräften nachzukommen wurde 2003 die Anzahl der Ausbildungsplätze auf über 90 erhöht. Sieben verschiedene Berufe werden im Werk ausgebildet: Industriemechaniker, Industrieelektroniker, Mechatroniker, Industriekaufleute, Bürokaufleute sowie Fachkräfte für Lagerwirtschaft und für Gastronomie.
Frage: Welche Pkw-Teile werden denn in Spandau hergestellt?
Antwort: Vor allem Bremsscheiben, Nockenwellen und Lenker werden hergestellt. Beispielsweise verlassen täglich rund 18 000 Bremsscheiben das BMW-Werk in Berlin-Spandau.

M4 Schrägluftbild des BMW-Werks (das Werksgelände ist farblich hervorgehoben)

Das Verkehrsnetz in unserem Heimatraum – eine Kartierung

Viele Schüler kommen mit dem Fahrrad zur Schule, andere benutzen den Schulbus. Manchmal bringen die Eltern die Schüler auch mit dem Auto zur Schule. Wir alle erzeugen Verkehr. Er ist notwendig, damit wir schnell und problemlos unser Ziel erreichen. In Orten, die mit verschiedenen Verkehrsmitteln gut zu erreichen sind, siedeln sich bevorzugt Geschäfte, Betriebe und Freizeiteinrichtungen an.

Viel Verkehr bringt aber auch Lärm, Abgase, verstopfte Straßen, parkende Autos auf den Fußwegen und macht insbesondere für Kinder das Überqueren der Straßen mancherorts zum Abenteuer.

In einem Projekt wollen wir untersuchen, wie das Verkehrsnetz in unserem Heimatraum ausgebaut ist, um vielleicht einige Vorschläge zur Verbesserung des Verkehrsnetzes unterbreiten zu können.

Themenfindung
Tragt eure Gedanken zusammen über die Probleme, die ihr untersuchen wollt.
- Verkehrswege (Straßen, Radwege, Fußwege)
- Öffentlichen Personennahverkehr (Bus, Straßenbahn, Regionalverkehr)
- Ruhender Verkehr (Parkplatzangebot, Parksituation zu verschiedenen Zeiten)
- Staus (Ursachen, Uhrzeiten)

Beschafft euch Informationen und Kartenmaterial um das Gebiet einzugrenzen, das ihr untersuchen wollt.

Organisation
Legt die Arbeitsgruppen fest und bestimmt die genauen Aufgaben der Arbeitsgruppen und der Gruppenmitglieder. Legt fest, mit welchen Arbeitsmethoden die Informationen zu gewinnen sind (z. B. Befragung von Verkehrsteilnehmern, Studium der Fahrpläne, Erfassung der Zahl der Fahrgäste, Verkehrszählungen).

Durchführung und Auswertung in der Gruppe
Arbeitet in der Gruppe nach eurem Zeitplan. Diskutiert die Ergebnisse und überlegt, wie ihr sie kartografisch, zeichnerisch und grafisch veranschaulichen könnt.

Präsentation der Ergebnisse
Alle Gruppen stellen ihre Ergebnisse dar, diskutieren über sie und tragen zusammen. Dabei werden Verkehrsprobleme erfasst und möglicherweise sogar Lösungsvorschläge formuliert.

Einschätzung
Schätzt eure Arbeitsweise kritisch ein. Stellt dar, welche Probleme in Zusammenhang mit der Arbeit entstanden sind, und wie diese in zukünftigen Projekten zu vermeiden sind.

Projekt: Wir erkunden die Radwege in unserem Heimatort

Gruppe 1	Gruppe 2	Gruppe 3
Erkundung und Kartierung der Radwege	Befragung der Schüler/innen unserer Schule	Zählung der Radfahrer an ausgewählten Knotenpunkten
▼	▼	▼
• Erstellen einer Radwegekarte	• Erstellen eines Fragebogens • Auszählen des Fragebogens • Grafische Darstellung und Auswertung der Ergebnisse	• Kartenskizze der Zählstellen • Zählung • Grafische/kartografische Darstellung der Ergebnisse

M1 Aufgabenplanung der Gruppen

M2 Projektplanvorschlag (Gruppe 1)

Projektthema: Wir erkunden die Radwege in unserem Heimatort
Hauptziel: Erkundung der Radwege in unserem Heimatort, Kartieren der Radwege und Feststellen möglicher Gefahrenquellen, Einschätzung der Nutzung der Radwege und Unterbreiten von Vorschlägen
Teilaufgabe der Arbeitsgruppe 1: Erkundung und Kartierung der Radwege
Mitglieder: Maria, Florian, Anna, Lea, Christian, Paula
Gruppensprecher: Lea

Ziele unserer Gruppe	Vorgehensweise

Erfassen der Radwege in unserem Heimatort	Einteilung des Ortes in (drei) verschiedene Untersuchungsgebiete; jeweils zwei Schüler befahren die Radwege in dem ihnen zugewiesenen Gebiet
	• Sie erfassen: Wo sind Radwege vorhanden?
	    In welchem Zustand sind die Radwege?
	    Wo sind evtl. Gefahrenquellen vorhanden?

Gemeinsames Anfertigen eines Plans der Radwege	• Eintragen der Radwege in die Kopie des Ortsplans • Kennzeichnen der Strecken, die in gutem Zustand sind • Kennzeichnen der Gefahrenstellen (Anlegen einer Legende)

Präsentation: Karte des Ortes, in der die Radwege verzeichnet sind. Aus der Karte ist der Zustand der Radwege abzulesen. Zur Verdeutlichung von Gefahrenstellen werden diese in Fotos festgehalten. Kurze Texte werden dazugeschrieben.

Verantwortlichkeit der Gruppenmitglieder	
Name	Aufgaben
Maria, Florian	Erfassung des Untersuchungsgebiets „Schule"
Anna, Lea	Erfassung des Untersuchungsgebiets „Bahnhof"
Christian, Paula	Erfassung des Untersuchungsgebiets „Marktplatz"
Alle Gruppenmitglieder	Erstellen der Karte

Expertenbefragung: –
Literatur und Quellen: Topografische Karte
Arbeitsmaterialien: Kopie eines Ortsplans, Schreibmaterialien, Zeichenmaterialien, Fotoapparat
Zusätzliche Bemerkungen/Hinweise: Verhaltensweisen im Verkehr beachten, Terminabsprachen in der Gruppe
Zusammentreffen aller Gruppen (Termin): 15. 11. 2004
Abschluss des Projekts (Termin der Präsentation): 26. 11. 2004

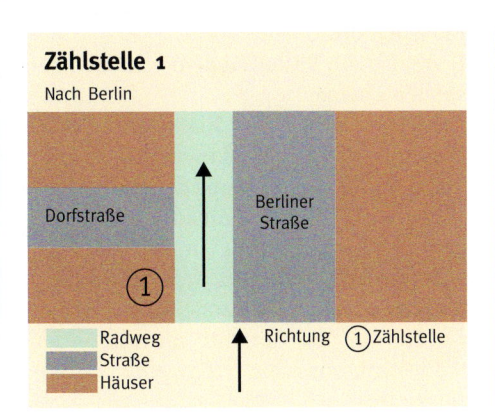

Zählstelle 1
Nach Berlin

Legende:
- Radweg
- Straße
- Häuser
- Richtung
- ① Zählstelle

M3 Skizze einer Zählstelle

M4 Verkehrszählbogen

Verkehrszählung (Radfahrer) in: Neustadt
Gruppe: 2 (Marcus, Frida)
Datum: 18. 10. 2004
Nr. der Zählstelle: 3
Standort: Dorfstraße/Berliner Straße
Verkehrsrichtung: stadtauswärts (Richtung Berlin)

Zeit	Radfahrer	Zeit	Radfahrer
bis 16.00	|||||	bis 16.45	||||| ||||| ||||| ||||| ||||
bis 16.15	||||| |||||	bis 17.00	||||| ||||| ||||| |||||
bis 16.30	||||| ||||| ||||| ||||| ||		

Eine Reise – wir gestalten ein Poster

„Grollt der Ätna, beten die Menschen" – „Angst am Ätna" – „Ein Feuer speiender Riese erwacht". Solche und ähnliche Meldungen erreichten uns in den letzten Jahren. Die Zeitungen berichteten über den Ätna, einen Berg, der im Süden Italiens auf der Insel Sizilien liegt. Der Ätna zieht besonders viele Besucher aus Europa, aber auch aus Ländern außerhalb Europas an.

Warum reisen so viele Touristen zum Ätna? In einer gedachten Reise sollen der Berg und die Landschaft um den Ätna erkundet werden. Solch eine Erkundung bedarf jedoch gründlicher Vorbereitungen. Wie ist diese „Erforschung" zu planen und wie können die Ergebnisse für alle in der Klasse sichtbar gemacht werden?

Themenfindung

Zunächst müsst ihr das Thema eingrenzen. Überlegt euch, wo ihr die Schwerpunkte setzen wollt. Interessieren euch z. B. die Geschichte des Vulkans, der letzte Ausbruch oder das Leben der Menschen mit dem Vulkan?

Um das Thema eingrenzen zu können muss der Reiseplanung zuerst ein Literatur- und Kartenstudium vorausgehen. Überlegt euch dabei wichtige Fragestellungen, wie:

- Wo liegt der Ätna? Welche Ortschaften liegen in der Nähe?
- Welche Besonderheiten zeichnen den Nationalpark aus?
- Welche bedeutenden Ausbrüche fanden statt?
- Welche Schäden entstanden?
- Wurden Menschen verletzt oder getötet, wurden Ortschaften zerstört?
- Wodurch entstanden die Schäden?
- Warum siedeln Menschen am Fuße des Vulkans?

Auf dieser Grundlage kann eine Einengung der Themen erfolgen:

- Welchen Themenschwerpunkt wollen wir gestalten?
- Welche Informationen brauchen wir zu diesem Themenschwerpunkt?
- Wie ist das Thema zu gliedern?

Organisatorische Fragen sind in diesem Zusammenhang zu klären:

- Woher bekommen wir Material zu diesem Schwerpunkt?
- Wer ist für welches Unterthema verantwortlich?
- Wie wollen wir die Unterthemen gestalten (Text, Bilder, Zeichnungen)?

Hilfen

Informiert euch anhand von Reiseführern. Es gibt für diese Thematik sehr viel Literatur. Ihr könnt auch in Reisekatalogen vorgeschlagene Reisewege überprüfen und nach euren Interessen abwandeln. Wichtige und umfangreiche Einzelinformationen erhaltet ihr auch aus dem Internet. Hier sind nur einige Adressen:

- http://www.educeth.ch/stromboli/etna/index-de.html
- http://www.iaag.geo.uni-muenchen.de/sammlung/Aetna.html
- http://www.educeth.ch/stromboli/others/etna/index-de.html

Bereitet eure Erkundung gemeinsam in der Gruppe vor. Lest das Material, diskutiert darüber, besprecht Unverständliches, schlagt nach oder befragt „Experten". Schreibt Stichworte auf, kopiert Bilder oder druckt sie aus dem Internet aus. Schneidet aus Reiseprospekten aus, fertigt Bilder, Skizzen und Texte an. Nur die schönsten und informativen Materialien sollen auf eurem Poster erscheinen.

Bestimmt in der Gruppe, wer für die Gestaltung verantwortlich ist.

Präsentation

Erarbeitet ein Poster zu dem von euch gestellten Thema.

Das Poster wird in der Klasse ausgestellt. Wesentliche Ergebnisse eurer Arbeit tragt ihr in der Klasse vor. Denkt dabei auch daran, euren Vortrag zu veranschaulichen, indem ihr die Gliederung an die Tafel oder auf eine Folie schreibt, typische Bilder, Skizzen oder andere Darstellungen einbeziet. Tragt die Berichte mithilfe einer Wandkarte vor oder fertigt eine Kartenskizze an.

Eine Reise – wir gestalten ein Poster   135

Hinweise zur Anfertigung des Posters
- Euer Poster bekommt eine schön gestaltete Überschrift, die auf den Inhalt hinweist.
- Die Namen der Schüler, die an der Erstellung des Posters mitgearbeitet haben, sowie das Datum sollten auf dem Poster zu erkennen sein.
- Wählt eure Beiträge kritisch aus. Sachverhalte, die ihr nicht verstanden habt, könnt ihr nachschlagen, nachfragen oder weglassen.
- Achtet bei den geschriebenen Texten unbedingt auf die Rechtschreibung. Gebt die Literatur bzw. die Quellen an, die euren Ausführungen zugrunde liegen. Denkt auch daran, dass die Texte Überschriften erhalten.
- Bilder, Zeichnungen und Grafiken erhalten eine Über- oder Unterschrift. Vergesst auch hier nicht, eure Quellen anzugeben.

M2 Was ist los am Ätna?
Der Ätna (Etna) ist mit 3343 Metern (2001) einer der größten, tätigen Vulkane der Welt und der größte und höchste Europas. Er erhebt sich kegelförmig an der Ostküste von Sizilien. Wer sich mit dem Schiff Sizilien von Osten nähert, sieht ihn schon von weitem, den Gipfel meist von einer weißen Dampfwolke verhüllt. Vier Krater und an seinen Seitenwänden mehr als 200 Seitenkrater und Risse zieren den Vulkan. Man nimmt an, dass bisher etwa 135 Ausbrüche stattgefunden haben. Der Ausbruch von 1971 zerstörte das Observatorium an der Südseite des Endkegels. Ein großer Ausbruch fand am 28. März 1983 statt – die Lava floss aus 2450 Metern Höhe bis auf 1000 Meter herunter in Richtung Nicolosi. Der jüngste Ausbruch fand im Juni und Juli 2001 statt und war der stärkste seit 30 Jahren. Aufgrund der Einzigartigkeit des Gebietes wurde rund um den Ätna 1981 durch ein Gesetz der Regierung von Palermo ein Nationalpark errichtet. Um die Schönheiten dieser Region zu erkunden kann man auf der so genannten „Strada dell'Etna" wandern oder mit dem Auto oder mit einer Eisenbahn rund um den Ätna fahren. Vom Schutzhaus Sapienza führt eine Seilbahn bis auf etwa 2600 Meter Höhe, von dort aus kann man sich mit Allradfahrzeugen zum Kraterrand fahren lassen.

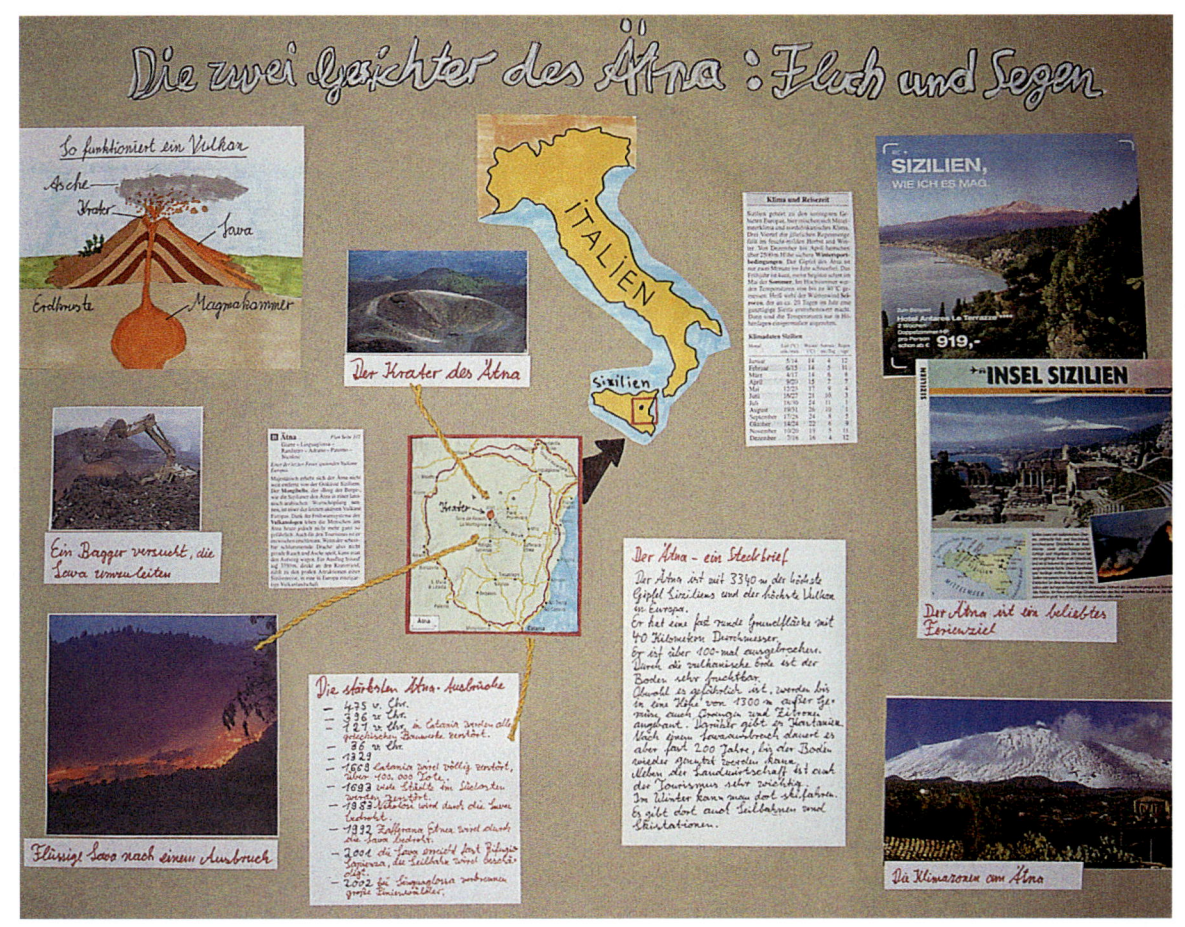

M1 Eine Reise zum Ätna – ein Poster wurde gestaltet

Lesen und Auswerten eines Sachtextes

Was ist Nachhaltigkeit?

Es ist gut, dass der Begriff „Nachhaltige Entwicklung" immer bekannter wird, wie die Umfrageergebnisse belegen. Das allerdings dürfen wir nicht ignorieren: Der Begriff wird oft beliebig benutzt, ohne dass sein wirklicher Inhalt gemeint wird. Es besteht die Gefahr, dass die Ziele und Inhalte der Nachhaltigkeit verloren gehen: Das faire Miteinander der Menschen, die Erhaltung der Umwelt und die Rücksicht auf die Bedürfnisse zukünftiger Generationen – dass wir einen zukunftsfähigen Umgang mit den endlichen, erschöpfbaren Naturressourcen finden müssen, dass den Menschen auf der ganzen Welt ein Ausweg aus Armut, Verlorenheit und Hoffnungslosigkeit hin zu nachhaltiger Entwicklung eröffnet wird. [...]

Die Auseinandersetzung um die Windkraft, um nachhaltigen Konsum, um Technologietransfer oder um Baukultur und Landschaftsverbrauch sind allesamt wichtig. Sie finden aber oft in Expertenkreisen statt und eben nur dort. Expertenrunden aber sollten doch zum Ziel haben, für andere Optionen und ihre Konsequenzen zu klären. Nur dann sind sie m. E. erfolgreich, wenn auf diesem Feld auch Nicht-Experten eine Einsicht in die Sachnotwendigkeiten haben und daraus Wahlmöglichkeiten entstehen. Leider misslingt dieser Übersetzungsprozess offensichtlich immer wieder und der Funke springt kaum auf die Gesellschaft über. Begeisterung für die Idee der Nachhaltigkeit kommt kaum – oder sagen wir: zu wenig – auf. Das liegt wohl vor allem daran, dass wir das Verhältnis von Nachhaltigkeit zu Gerechtigkeit noch nicht durchdrungen haben. [...] Wir müssen heute entscheiden, welche Energieformen wir zukünftig nutzen. Und wir entscheiden damit auch über unsere wirtschaftliche Leistungskraft und unsere Chancen auf dem Weltmarkt.

Quelle: Rede zur Eröffnung der Jahreskonferenz des Rates für Nachhaltige Entwicklung am 1.10.2003 im Staatsratsgebäude Berlin-Mitte
[Dr. Margot Käßmann]

M1 Ausschnitt aus einer Rede

Sachtexte

Ein Schulbuch ist auch eine Sammlung von Sachtexten. Diese Texte sind so geschrieben, dass sie von den Schülerinnen und Schülern ohne größere Schwierigkeiten verstanden werden können.

Um euch über ein Thema noch besser zu informieren, solltet ihr weitere Sachtexte heranziehen. Solche findet ihr im Internet, in Fachbüchern, in Zeitungen und Zeitschriften. Es ist allerdings nicht immer leicht, alles sofort zu verstehen.

Wenn ihr einen Sachtext lesen und auswerten wollt, sind einige Hinweise ganz nützlich. Auf jeden Fall lassen sich auch schwierige Texte besser auswerten, wenn ihr sie schrittweise erarbeitet.

Unbekannte Wörter schlagt ihr am besten in einem Lexikon nach. Ihr solltet aber auch keine Scheu davor haben, jemanden zu fragen, der euch beim Verstehen eines Textes helfen kann. Wenn ihr einen Sachtext nicht restlos versteht, ist es auch nicht schlimm. Übung macht den Meister!

M2 Vom Markieren zum Stichwortgerüst

- Fertige dir von dem Sachtext (in diesem Falle ist es ein Teil der Rede) eine Fotokopie für deine Zwecke an.
- Nimm dir einen Textmarker oder Buntstift als Arbeitsmittel.
- Lies den Inhalt einmal rasch durch um dir einen Überblick zu verschaffen. Lies ihn dann noch einmal, aber sehr aufmerksam durch und unterstreiche dabei wichtige (wenige) Stellen mit Buntstift oder Textmarker.
- Notiere auf einem Blatt oder einer Karteikarte zuerst deine markierten Wörter (Begriffe).
- Schreibe hinter diese Begriffe stichwortartig die weiteren Informationen aus deinem Sachtext.

M3 Anwendungsmöglichkeiten

Du bist es gewohnt, dass du im Unterricht sofort etwas zu deinem Text sagen sollst, den du gerade erst gelesen hast. Das ist nicht allzu schwierig, denn du hast ihn ja noch „im Kopf". Wenn du über die Ergebnisse deines Lesens aber erst später berichten sollst, helfen dir Stichwortsammlungen.

- Für Präsentationen:
  Wenn du ein Referat, eine Diskussion, ein Rollenspiel usw. vorbereiten willst.
- Für Prüfungen:
  Wenn du dich auf einen Text, eine Klassenarbeit usw. vorbereiten willst.
- Für Situationen außerhalb der Schule:
  Wenn du (z. B. auf einer Feier) eine kurze Rede halten sollst usw.

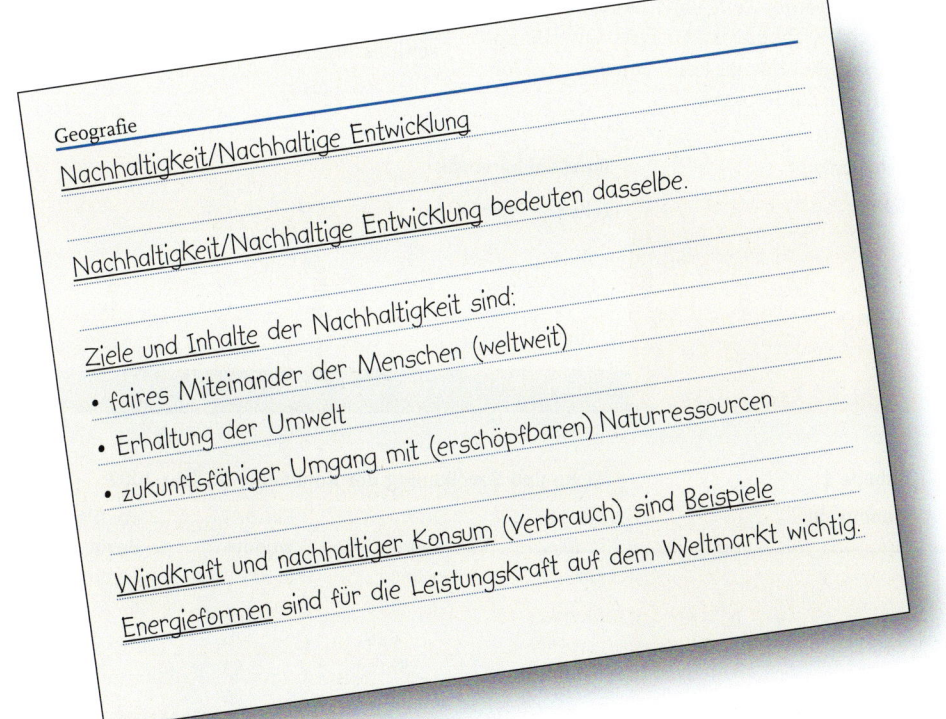

Geografie

Nachhaltigkeit/Nachhaltige Entwicklung

Nachhaltigkeit/Nachhaltige Entwicklung bedeuten dasselbe.

Ziele und Inhalte der Nachhaltigkeit sind:
- faires Miteinander der Menschen (weltweit)
- Erhaltung der Umwelt
- zukunftsfähiger Umgang mit (erschöpfbaren) Naturressourcen

Windkraft und nachhaltiger Konsum (Verbrauch) sind Beispiele
Energieformen sind für die Leistungskraft auf dem Weltmarkt wichtig.

Arbeit mit Diagrammen und Statistiken

Im Geografieunterricht werden Zusammenhänge oder Entwicklungen verschiedener Regionen bzw. Zeitphasen oft mit Zahlenvergleichen oder Zahlenfolgen dargestellt. Die Zahlenwerte sind zum Beispiel Mengenangaben oder Durchschnittswerte. Man nennt solche Vergleichszahlen auch Statistiken. Zur besseren Lesbarkeit sind die Zahlen in Tabellen geordnet oder in Diagrammen veranschaulicht. Hier seht ihr, wie Statistiken gelesen und Diagramme ausgewertet werden.

Tabellen ordnen Zahlenwerte

Die Tabelle besteht aus waagerechten Zeilen und senkrechten Spalten. Ganz wichtig ist die Tabellenüberschrift mit dem Thema der Tabelle. In der ersten Spalte und in der oberen Zeile stehen die Inhaltsangaben und Maßeinheiten. Ihnen zugeordnet sind in den folgenden Spalten und Zeilen die Zahlenwerte. Man liest die Zahlenwerte innerhalb einer Zeile von links nach rechts. Unter der Tabelle kann eine Quellenangabe stehen, das ist eine Angabe zur Herkunft der Zahlenwerte.

M2 Checkliste für die Auswertung einer Tabelle oder eines Diagramms
1. Schritt: Einordnen der Tabelle oder des Diagramms
Wie lautet das Thema? Welcher Zeitraum ist angegeben? Ist die Tabelle aktuell oder veraltet?
2. Schritt: Form der Darstellung
In welcher Maßeinheit sind die Zahlenwerte dargestellt?
3. Schritt: Klärung des Tabellen- oder Diagramminhalts
Gibt es Unverständliches oder unbekannte Begriffe?
Welche Werte sind miteinander zu vergleichen, welche lassen sich nicht vergleichen? Welche Besonderheiten sind zu nennen?
4. Schritt: Beschreibung des Tabellen- oder Diagramminhalts
Welche Höchst- und Tiefstwerte oder Durchschnittswerte fallen auf?
Was lässt sich aus den Daten der Tabelle schlussfolgern?

Tabellenkopf	Tabellenüberschrift		
Spalte	Zeilen →		
	1. Zeile	Spalte	Spalte
	2. Zeile		
	3. Zeile		
	Summenzeile		

Tabelle 1	Fläche und Bevölkerung der Kontinente im Jahr 2002			
Kontinente	Fläche in Mio. km²	Einwohner in Mio.	Einwohner je km²	städtische Bevölkerung in %
Europa	9,8	685	76	73
Asien	44,7	3714	83	35
Afrika	30,3	794	26	33
Nordamerika	24,2	314	13	75
Südamerika	17,8	519	29	74
Australien	8,9	31	3	70
Antarktika	13,2	–	–	
Erde	148,9	6057	38	60

M1 Aufbau einer Tabelle und Tabellenbeispiel (Tabelle 1)

Diagramme veranschaulichen Zahlenwerte

Diagramme sind zeichnerische Darstellungen von Zahlenwerten. Man nennt sie auch „gezeichnete" Tabellen. Der Vorteil des Diagramms gegenüber der Tabelle liegt in der besseren Anschaulichkeit.

Ein Stabdiagramm erleichtert Vergleiche. Bei dieser Art von grafischer Darstellung werden das Säulendiagramm und das Balkendiagramm unterschieden. Bei einem Säulendiagramm stehen die farbigen Streifen aufrecht (wie im oberen Teil von M3). Bei einem Balkendiagramm „liegen" die Farbstreifen (wie im unteren Teil von M3). Mit solchen Diagrammen lassen sich relative (Prozente) und absolute Werte (z. B. Millionen Einwohner) darstellen.

Großräume Europas

	Fläche (Mio. km^2)	Einw. (in Mio.)
Nordeuropa	1,2	23
Westeuropa	0,9	142
Mitteleuropa	1,0	158
Südeuropa	1,0	117
Südosteuropa	0,6	53
Osteuropa	5,3	189

1. Erläutere mithilfe der Checkliste M2 (Auswertung einer Tabelle) den Aufbau einer Tabelle. Wähle in deinem Geografiebuch eine Tabelle aus und beschreibe sie.
2. Erkläre das Balken- und das Säulendiagramm anhand von Beispielen aus deinem Geografiebuch.

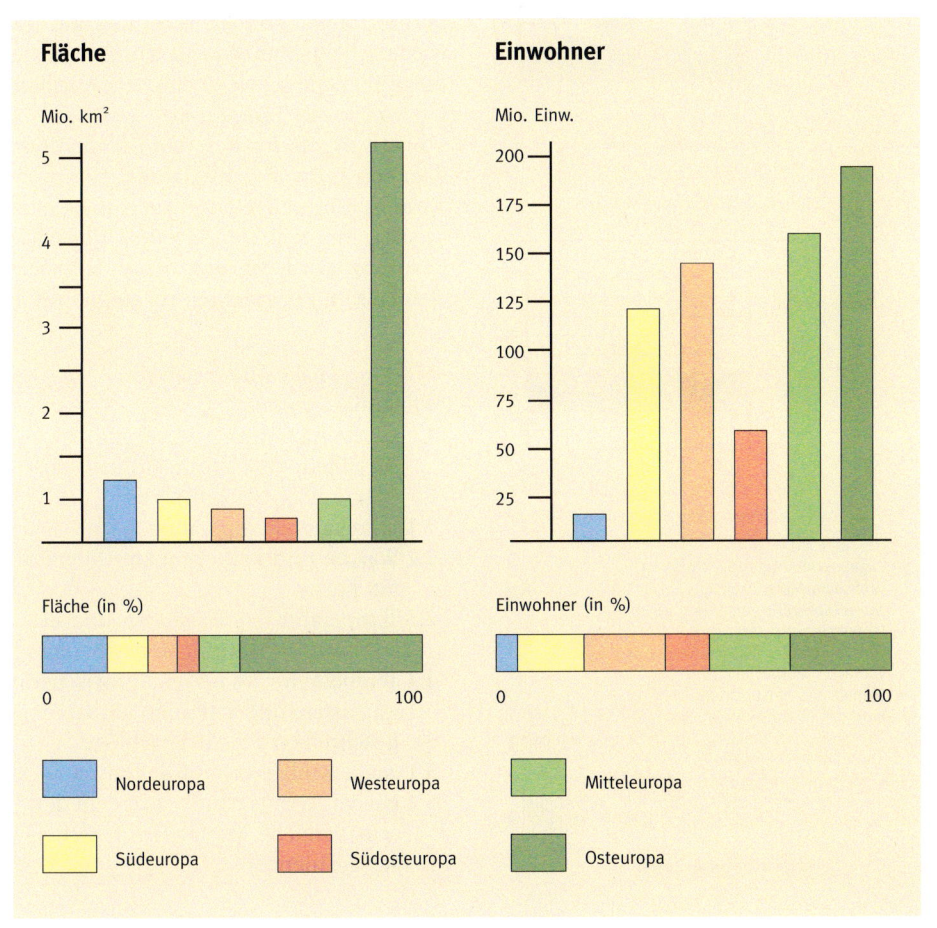

M3 Großräume Europas

Klimadiagramme auswerten und zeichnen

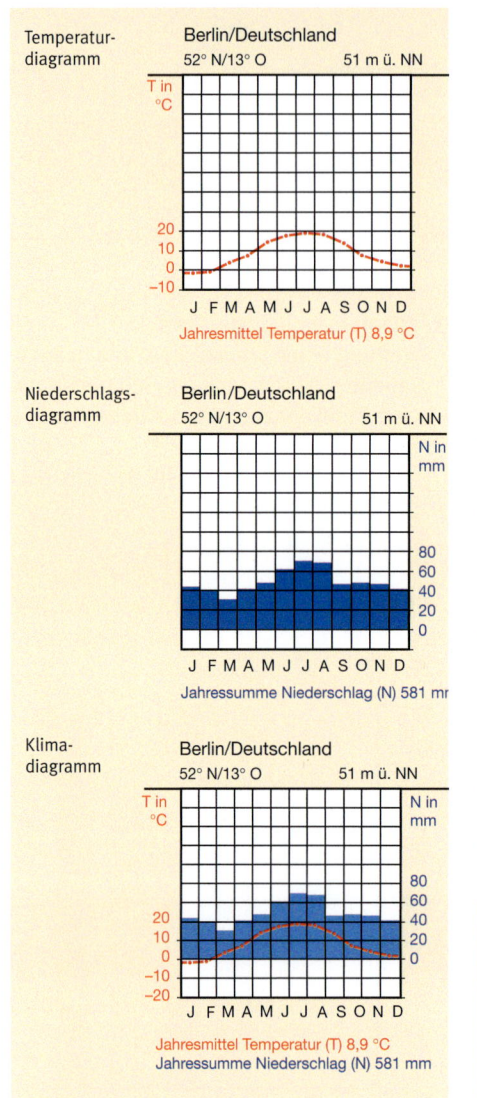

Vom Wetter reden alle. Es ist zu kalt, zu warm, zu trocken, zu nass, zu stürmisch und anderes mehr. Wetter ist immer ein aktuelles Ereignis. Die Beobachtungs- und Messergebnisse gelten allerdings stets nur für einen bestimmten Zeitpunkt.

Das Klima erfasst den durchschnittlichen Wetterablauf, der aus jahrzehntelangen Mess- und Beobachtungsergebnissen errechnet worden ist. Klimawerte sind immer Durchschnittswerte (Mittelwerte).

Die Mess- und Beobachtungsergebnisse werden in Klimatabellen erfasst. Neben Temperatur- und Niederschlagswerten gehören dazu auch Angaben zur Windstärke oder zur Sonnenscheindauer.

In Klimadiagrammen werden die Temperaturen (Monats- und Jahresmittel) und der Niederschlag (Monats- und Jahressumme) dargestellt. Sie geben einen anschaulichen Überblick des Temperatur- und Niederschlagsverlaufs für den betreffenden Ort über den Zeitraum eines Jahres.

Weil das Klima eines Ortes auch durch dessen Lage im Gradnetz und seine Höhenlage bestimmt wird, werden diese Angaben ebenfalls im Klimadiagramm aufgeführt.

M1 Auswerten des Klimadiagramms Berlin

- Lagebeschreibung: 52° N/13° O; Großraum Mitteleuropa, 51 m ü. NN (= über dem Meeresspiegel); gemäßigte Klimazone
- Jahresmitteltemperatur: 8,9 °C
- warme Monate: Mai bis September
- wärmster Monat: Juli 18,5 °C
- Monate mit Frost: Januar, Februar
- kältester Monat: Januar −0,6 °C
- Temperaturschwankung zwischen dem wärmsten und kältesten Monat: 19,1 °C
- Niederschlagssumme des Jahres: 581 mm
- niederschlagsreichste Monate: Juni, Juli, August
- niederschlagsärmste Monate: Februar, März, Dezember
- keine Monate ohne Niederschlag

M2 Checkliste: Auswerten von Klimadiagrammen
1. Lagebeschreibung der Klimastation (Gradnetz, Großraum, Höhenlage)
2. Beschreiben der Temperatur
2.1 Jahresmitteltemperatur
2.2 Warme und kalte Monate (Monate mit Frost)
2.3 Temperatur des wärmsten und des kältesten Monats (mit Monatsnamen)
2.4 Temperaturschwankungen zwischen wärmstem und kältestem Monat
3. Beschreiben der Niederschläge
3.1 Niederschlagssumme des Jahres
3.2 Niederschlagsarme und niederschlagsreiche Monate (mit Niederschlagsmenge)

Klimadiagramme auswerten und zeichnen   141

London/Großbritannien												
	J	F	M	A	M	J	J	A	S	O	N	D
T (°C)	4	5	7	9	13	16	18	17	15	11	8	5
N (mm)	54	40	37	37	46	45	67	59	49	57	64	48

Jahresmittel Temperatur: 10 °C; Jahressumme Niederschlag: 593 mm

Moskau/Russland												
	J	F	M	A	M	J	J	A	S	O	N	D
T (°C)	−10	−10	−4	5	12	17	19	17	11	4	−2	−7
N (mm)	31	28	33	35	52	67	74	74	58	51	36	36

Jahresmittel Temperatur: 4 °C; Jahressumme Niederschlag: 575 mm

M3 Klimawerte von London und Moskau

M4 Checkliste: Zeichnen eines Klimadiagramms

1. An der waagerechten Achse werden alle Monate des Jahres in gleichmäßigen Abständen aufgetragen.
2. An der linken senkrechten Achse werden die Temperaturwerte in Grad Celsius aufgetragen.
3. An der rechten senkrechten Achse werden die Niederschlagswerte in Millimetern aufgetragen.
4. Die Temperaturwerte eines jeden Monats werden in der Mitte der Monatsspalte eingetragen. Anschließend werden die Monatstemperaturen durch eine rote Linie miteinander verbunden.
5. Die Niederschlagswerte werden ebenfalls für jeden Monat aufgetragen. Anschließend werden die Monatswerte als blaue Säulen eingezeichnet.

Beachte vor dem Zeichnen der senkrechten Achse, ob es Temperaturen unter 0 Grad Celsius gibt.

M5 Stufen der Monatsmitteltemperaturen und des Jahresniederschlags

1. Werte mithilfe der Checkliste M2 (Auswerten eines Klimadiagramms) das Klimadiagramm (M1) von Berlin aus.
2. Zeichne auf Millimeterpapier Klimadiagramme von London und Moskau. Gehe nach der Checkliste M4 vor.

Karten und Maßstab

M1 Ein ICE im Original

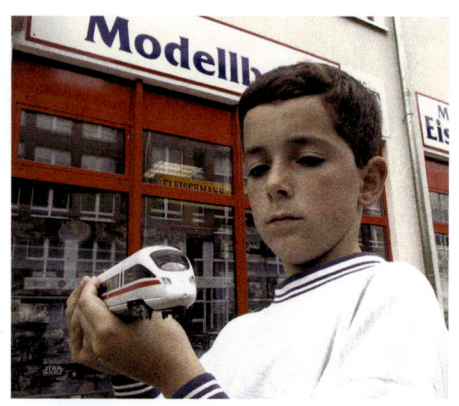

M2 Ein ICE im Modell

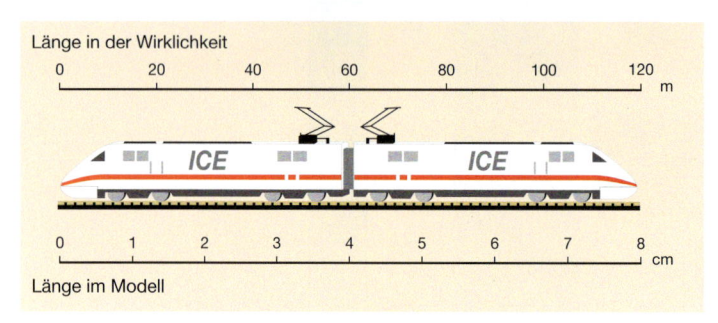

M3 Länge eines ICE im Original und im Modell

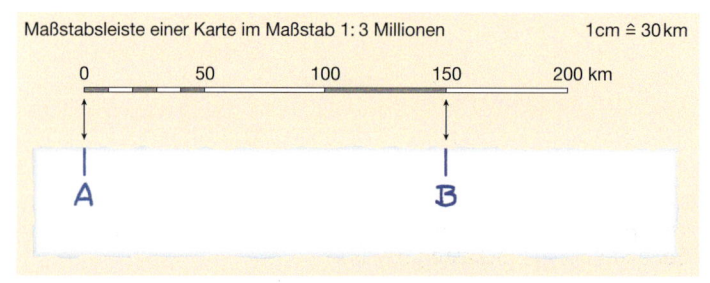

M4 Entfernungsbestimmung mit Maßstabsleiste und Papierstreifen

Auch eine Karte ist eine modellhafte Abbildung der Wirklichkeit. Sie bildet die Wirklichkeit verkleinert auf einem Blatt ab. Auskunft über das Maß der Verkleinerung gibt immer der Maßstab, der am Kartenrand steht.

Der Maßstab wird als Maßstabsleiste oder als Zahlenmaßstab angegeben. Er gehört zu jeder Karte. Die Maßstabsleiste ist eine Skala, auf der man Entfernungen direkt ablesen kann. Der Zahlenmaßstab gibt das Verkleinerungsverhältnis an, mit dessen Hilfe man die tatsächliche Länge berechnen kann.

M5 Checkliste für Entfernungsbestimmungen mit Maßstabsleiste und Papierstreifen
1. Schritt: Lege eine gerade Seite des Papierstreifens an die zu bestimmende Strecke auf der Karte.
2. Schritt: Markiere die Endpunkte auf dem Papierstreifen und benenne sie mit A und B.
3. Schritt: Lege den Papierstreifen an die Maßstabsleiste so an, dass sich der Punkt A deiner Strecke genau bei 0 an der Maßstabsleiste befindet.
4. Schritt: Lies am Endpunkt B der markierten Strecke die Länge der Strecke AB an der Maßstabsleiste ab.

Der Zahlenmaßstab wird durch eine Zahl ausgedrückt, die hinter einer 1 und einem Doppelpunkt steht. Beispielsweise könnte das sein 1 : 5000.
Das liest man: eins zu fünftausend. Dies bedeutet, dass ein Zentimeter in der Karte fünftausend Zentimetern in der Wirklichkeit entspricht.
Da es ungewöhnlich ist, große Zahlen in Zentimetern auszudrücken, wird die Zahl hinter dem Doppelpunkt umgerechnet.
1 : 5000 bedeutet, dass ein Zentimeter auf der Karte 50 Meter in der Wirklichkeit sind. Noch deutlicher wird es, wenn es in den Millionenbereich geht. Dann rechnet man in Kilometerangaben um.

Karten und Maßstab 143

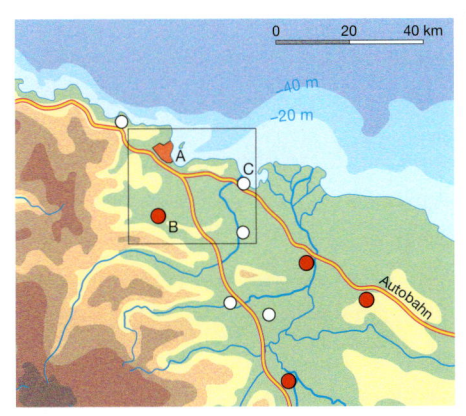

M6 Karte im Maßstab 1 : 2 000 000

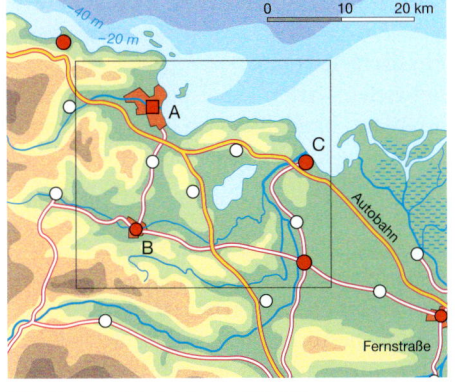

M7 Karte im Maßstab 1 : 1 000 000

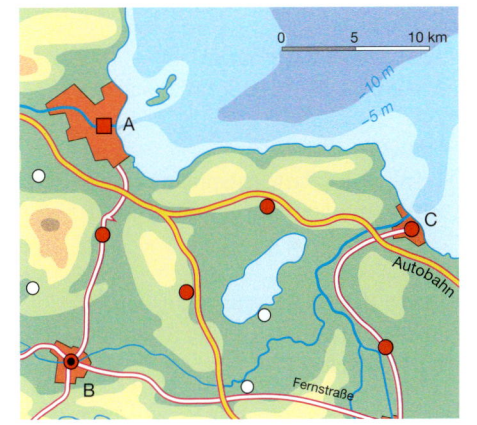

M8 Karte im Maßstab 1 : 500 000

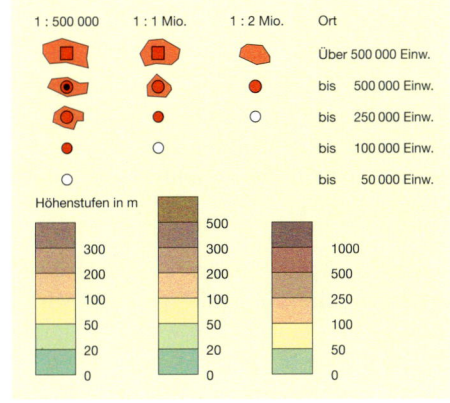

M9 Zeichenerklärung für die Karten M6 bis M8 (Auswahl)

Mit dem Maßstab einer Karte ändert sich auch deren „Genauigkeit". Ist die Verkleinerung der Wirklichkeit nur gering (also die Zahl hinter dem Doppelpunkt nur verhältnismäßig klein), lassen sich in der Karte noch viele Einzelheiten erkennen.

Wird der Maßstab kleiner (die Zahl hinter dem Doppelpunkt größer), so sind in der Karte viele Einzelheiten der Wirklichkeit nicht mehr darstellbar. Die Karte muss „generalisiert" werden.

Verschiedene Generalisierungsstufen zeigen euch die Karten M6 bis M8.

Auch in der Zeichenerklärung lässt sich erkennen, dass eine Karte mit einem kleinen Maßstab stark generalisiert ist. So werden beispielsweise kleinere Orte und exakte Straßenverläufe nicht mehr dargestellt.

1. Beschreibe den Unterschied zwischen M1 und M2. Beziehe in die Beschreibung auch M3 ein.
2. Führe eine Entfernungsbestimmung in einer Atlaskarte durch, so wie sie in M4 und M5 beschrieben wird. Wie gehst du dabei vor?
3. Erkläre den Zahlenmaßstab einer Karte am Beispiel von „1 : 20 000".
4. Beschreibe M6 bis M8. Beziehe in die Beschreibung auch M9 ein. Was ist in diesen drei Karten zu erkennen? Was ändert sich durch den Maßstabswechsel?
5. Finde heraus, wie viel ein Zentimeter in den Karten M6 bis M8 in der Wirklichkeit entspricht.
6. Welchen Zahlenmaßstab hat eine Karte, in der ein Zentimeter 50 Kilometern in der Wirklichkeit entspricht?

Lesen und Auswerten von Karten

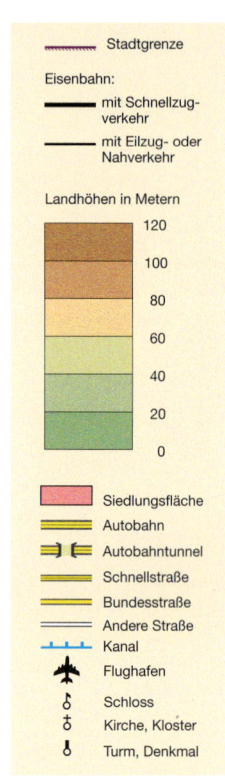

Physische Karten

Bei vielen Karten – beispielsweise denen im Atlas – handelt es sich um so genannte „physische Karten". Sie zeigen, die Höhenverhältnisse einer Landschaft (bzw. eines Raumes), das Gewässer- und Wegenetz (Straßen, Eisenbahnlinien) sowie Orte – gestaffelt nach verschiedenen Größen. Die vorherrschenden Farben sind grüne bis bräunliche Töne. Diese Farben sagen allerdings nicht aus, ob es sich in der Wirklichkeit etwa tatsächlich um ein grünes Tal handelt.

Die Höhenverhältnisse – also Berge und Täler (was auch als „Relief" bezeichnet wird) – werden in Stufen bzw. Schichten dargestellt. Dabei sind nur grobe Zuordnungen innerhalb mehrerer Meter (oder bei Weltkarten mehrerer Hundert Meter) möglich.

Zu jeder Karte gehört eine Zeichenerklärung, die „Legende" genannt wird. Die Zeichen einer Karte werden „Signaturen" genannt.

M1 Legende für M2

M3 Höhenschichten

M4 Was Maßstabszahlen bedeuten

1 : 25 000
1 cm auf der Karte entspricht
25 000 cm = 250 m in der Wirklichkeit

1 : 50 000
1 cm auf der Karte entspricht
50 000 cm = 500 m in der Wirklichkeit

1 : 100 000
1 cm auf der Karte entspricht
100 000 cm = 1000 m = 1 km in der Wirklichkeit

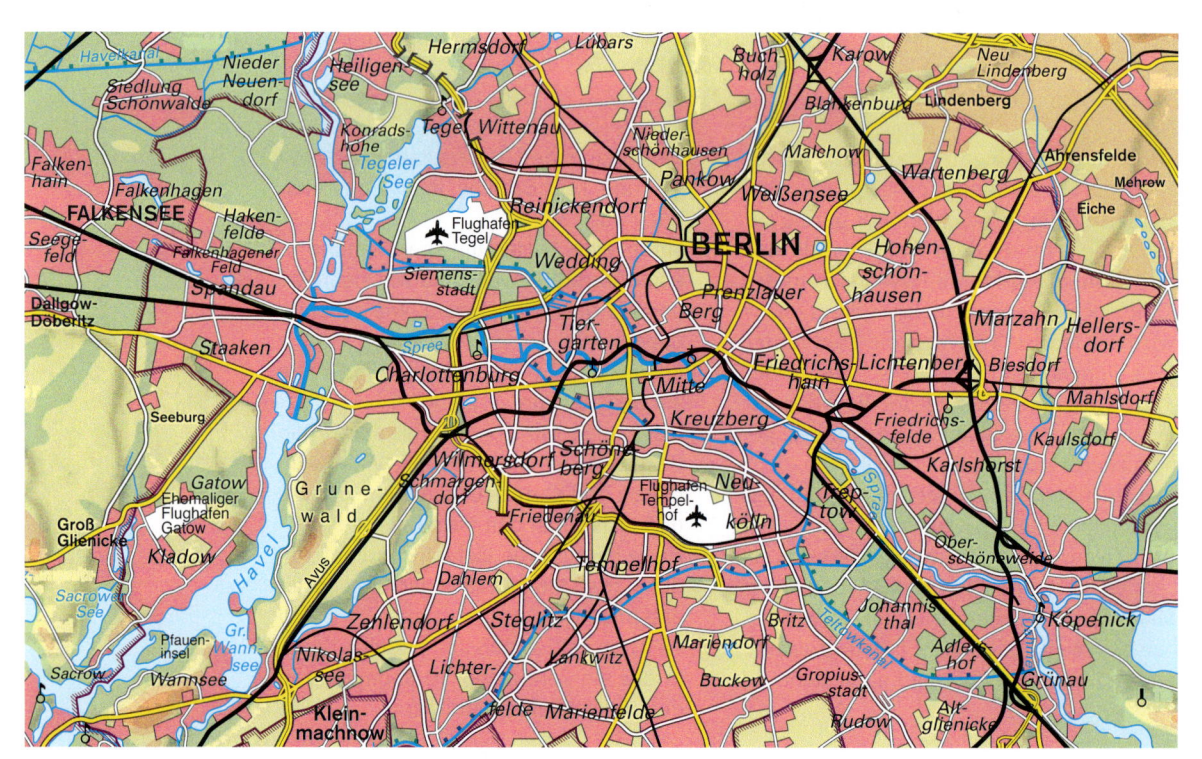

M2 Ausschnitt aus einer physischen Karte Maßstab 1 : 250 000 (1 cm = 2,5 km)

Lesen und Auswerten von Karten

Wirtschaftskarten

Wirtschaftskarten vermitteln einen Überblick der wirtschaftlichen Verhältnisse eines Gebietes (Räume, Einzelstandorte). Themen von Wirtschaftskarten können beispielsweise die Verbreitung von Landwirtschaft, Bergbau, Industrie, Dienstleistungen oder Verkehr sein. Sie können aber auch eine Verknüpfung dieser Bereiche zum Inhalt haben.

Auch diese Karteninhalte werden durch Kartenzeichen dargestellt. Zum Lesen der Wirtschaftskarte musst du die Kartenzeichen ebenfalls genau betrachten. Sie werden – wie bei allen anderen Karten – in der Legende erklärt (vgl. M7).

M5 Checkliste für Wirtschaftskarten

1. Schritt: Informiere dich über das Thema der Karte. Lies den Kartentitel.
2. Schritt: Einordnen der Karte. Bestimme die Lage und die Größe des dargestellten Gebietes (z. B. Lage im Gradnetz, in Staaten oder Staatengruppen).
3. Schritt: Kennzeichnen der dargestellten Karteninhalte. Verschaffe dir einen Überblick mithilfe der Legende.
4. Schritt: Beschreiben des Karteninhalts. Beschreibe die räumliche Anordnung von Einzelerscheinungen innerhalb des gesamten Gebietes. Unterteile die Karte in Teilgebiete. Beschreibe anschließend die Einzelerscheinungen in diesen Gebieten mit den bestehenden Zusammenhängen.

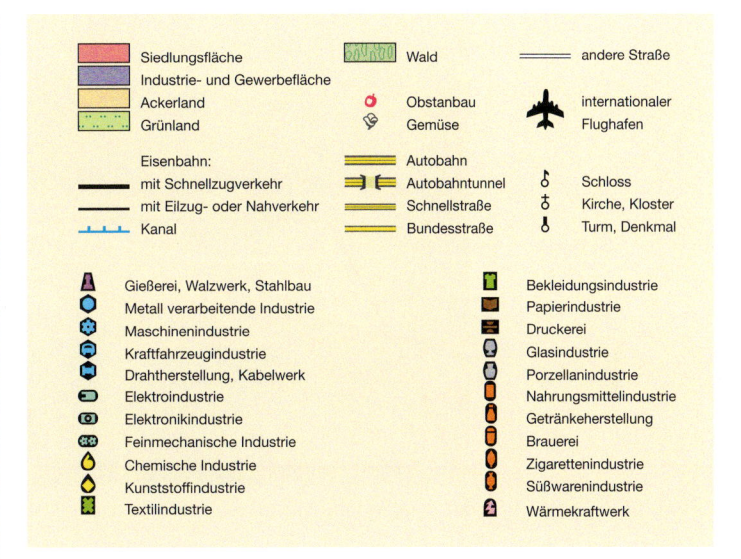

Legende:
- Siedlungsfläche
- Industrie- und Gewerbefläche
- Ackerland
- Grünland
- Wald
- Obstanbau
- Gemüse
- andere Straße
- internationaler Flughafen
- Eisenbahn: mit Schnellzugverkehr / mit Eilzug- oder Nahverkehr
- Kanal
- Autobahn
- Autobahntunnel
- Schnellstraße
- Bundesstraße
- Schloss
- Kirche, Kloster
- Turm, Denkmal
- Gießerei, Walzwerk, Stahlbau
- Metall verarbeitende Industrie
- Maschinenindustrie
- Kraftfahrzeugindustrie
- Drahtherstellung, Kabelwerk
- Elektroindustrie
- Elektronikindustrie
- Feinmechanische Industrie
- Chemische Industrie
- Kunststoffindustrie
- Textilindustrie
- Bekleidungsindustrie
- Papierindustrie
- Druckerei
- Glasindustrie
- Porzellanindustrie
- Nahrungsmittelindustrie
- Getränkeherstellung
- Brauerei
- Zigarettenindustrie
- Süßwarenindustrie
- Wärmekraftwerk

M7 Legende für M6

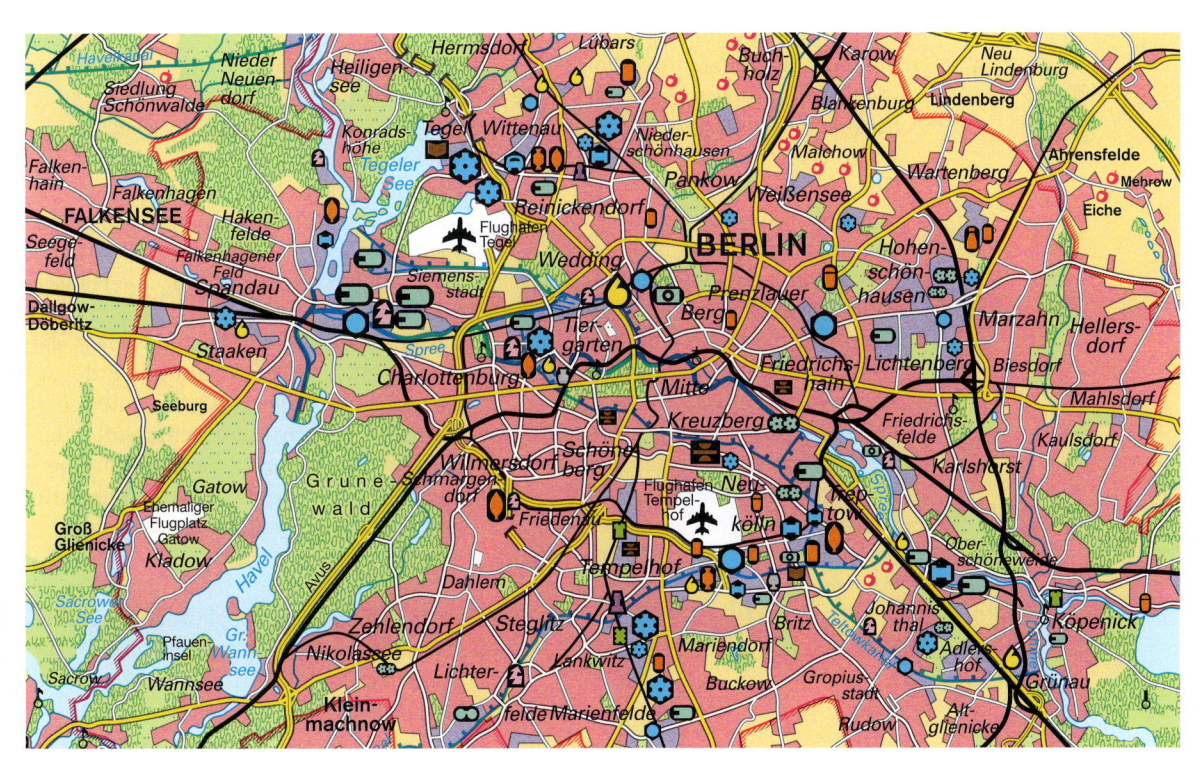

M6 Ausschnitt aus einer Wirtschaftskarte Maßstab 1 : 250 000 (1 cm = 2,5 km)

Auswerten von Fotos

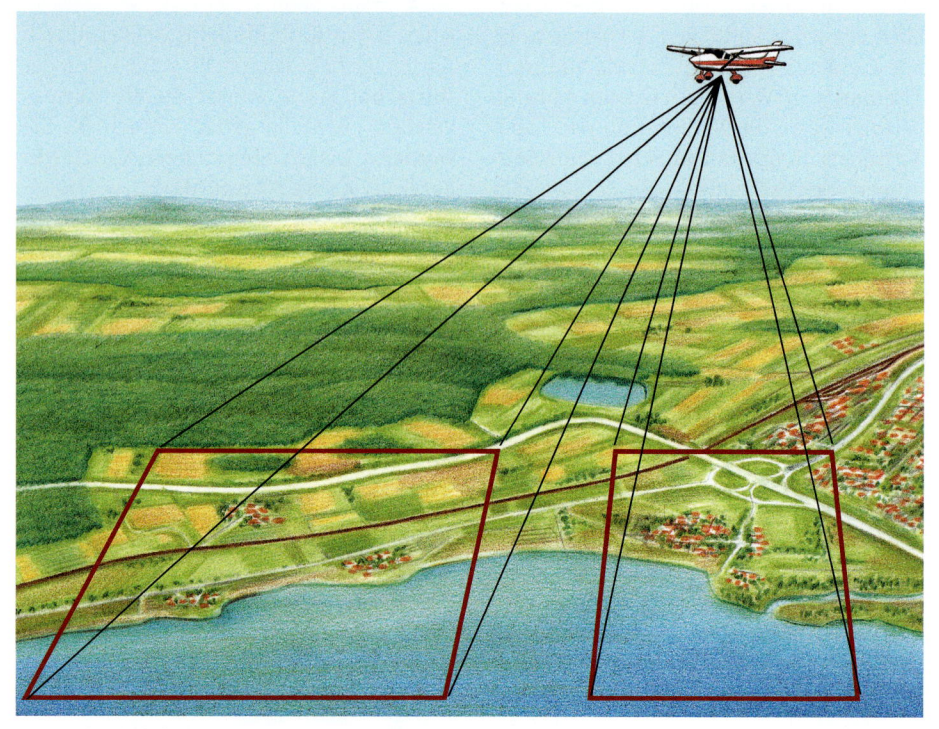

M1 Senkrechtluftbild (rechts) und Schrägluftbild (links)

M2 Auswertung von Fotos
1. Benenne das Thema des Fotos und stelle die Darstellungsart fest. Finde heraus, wo das Foto aufgenommen worden ist.
2. Gliedere das Foto in einzelne Ausschnitte. Dabei ist es hilfreich, das Foto in Vordergrund, Bildmitte und Hintergrund, linke Seite, rechte Seite zu unterteilen. Beginne die Beschreibung mit einem Überblick, der Wesentliches und Auffälliges auf dem Foto berücksichtigt.
3. Beschreibe dann die Bildausschnitte.
4. Erkläre, was dir aufgefallen ist. Verwende hierbei auch Fachbegriffe.
5. Du kannst bei geeigneten Sachverhalten eine Faustskizze anfertigen. Vergiss nicht, eine Legende anzulegen.

Viele geografische Sachverhalte werden in Fotos dargestellt. Sie sollen zeigen, wie die Wirklichkeit aussieht. Häufig werden dazu Fotos verwendet.

Fotos (Bilder) lassen sich in zwei Hauptgruppen unterteilen.

Erstens: Bodenbilder; das sind Fotos, die von der Erde aus aufgenommen wurden. Sie zeigen einen kleinen Ausschnitt von der Erdoberfläche – z. B. einzelne Häuser, Berge und Seeufer.

Zweitens: Luftbilder; das sind Fotos, die einen größeren Ausschnitt der Erdoberfläche zeigen. Hier wird noch unterschieden in: Senkrecht- und Schrägluftbilder. Sie vermitteln einen räumlichen Überblick. Auf der Grundlage von Senkrechtluftbildern werden Karten angefertigt.

Bei der Auswertung eines Fotos sollte in einer festgelegten Schrittfolge vorgegangen werden. Dadurch gelingt es besser, die geografischen Informationen aus dem Bild herauszulesen.

M3 Ausgleichsküste im Schrägluftbild

Beispiel für eine Bildauswertung
1. Das Foto zeigt einen Teil der Ostseeküste und ist ein Schrägluftbild.
2. Deutlich hebt sich auf dem Foto die Strandlinie ab, welche die Strandseen von der Ostsee trennt. In der Bildmitte ist die Bebauung an der Uferlinie des Strandsees zu erkennen. Der Ort befindet sich überwiegend am landseitigen Ufer der Strandseen.
3. Auf der linken Seite des Fotos sind am Strandverlauf so genannte „Haken" zu sehen. Der Bildhintergrund gibt einen Einblick in das flache Norddeutsche Tiefland.
4. An der Küste der Ostsee formten Gletscher und Schmelzwasser Buchten und Täler. In diese Hohlform drang das Meer vor. Meeresströmungen entlang der Küste verfrachten Geröll und Sand. An Buchten entstehen dabei Haken, Nehrungen und Sandstrände. Wo Buchten durch die Verlagerung von Sand gänzlich abgeschnürt sind, liegen Strandseen. Die Meeresströmungen entlang der Küste führen zur Ausgleichsküste.
Die Sandstrände der Ausgleichsküste sind heute beliebte Ziele des Fremdenverkehrs. Zahlreiche Hotelbauten befinden sich in Ufernähe.

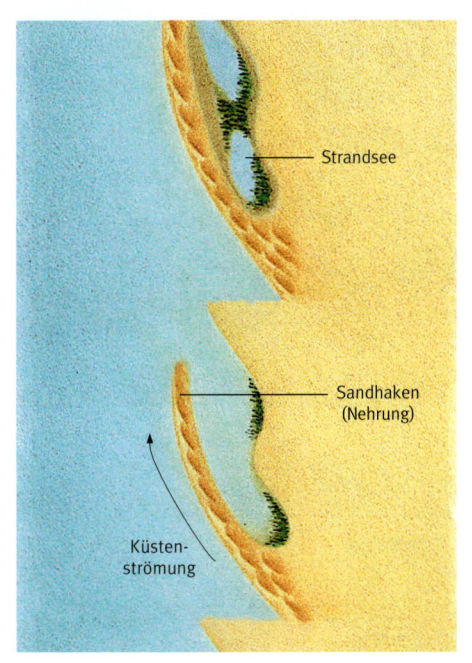

M4 Skizze einer Ausgleichsküste

M5 Anfertigen einer Skizze aus einem Foto
Du kannst auch eine Folie über das Foto legen und wichtige Linien nachzeichnen. Wenn du noch wenig Übung im Beschreiben von Fotos hast, ist es günstig, die Faustskizze vor deiner Bildbeschreibung anzufertigen. Beim Zeichnen lernst du genau hinzuschauen, Wichtiges im Bild festzustellen und auch Einzelheiten zu erkennen.

Erleben – Erkunden – Erforschen: Geografie praktisch

Eine Befragung durchführen, recherchieren

Wie bekomme ich Informationen durch Befragungen?
Neben dem Suchen von niedergeschriebenen Informationen in Büchern oder im Internet gibt es auch noch eine andere Form der Recherche: Fragen im Gespräch. Zu dieser Form zählt das Interview.

1. Schritt: Fragestellung
Überlege, zu welchem Thema du ein Interview durchführen willst. Sammle dazu Fragen und notiere sie.

2. Schritt: Zielgruppe festlegen
Überlege, wer zu den Fragen etwas wissen und sagen könnte. Wenn jemand gefragt wird, der viel über ein Thema weiß, wird das als „Expertenbefragung" bezeichnet. Eine Person, die über ein Ereignis in ihrem Leben berichtet, ist ein „Zeitzeuge".
Es kann auch interessant sein, die Meinung von Personen zu einem bestimmten Thema herauszufinden.

3. Schritt: Durchführung
Wenn ihr als Gruppe arbeitet, müsst ihr entscheiden, wer die Fragen stellt und wer die Antworten aufschreibt.
Ihr könnt auch einen Kassettenrekorder benutzen. Sprecht eure Interviewpartner freundlich an und erklärt ihnen, weshalb ihr sie etwas fragen wollt. Bittet um Erlaubnis, wenn ihr Antworten auf einem Tonband aufnehmen wollt. Wenn Dinge unklar sind, fragt nach. Bedankt euch nach dem Gespräch.

M1 Befragung auf dem Schulhof

4. Schritt: Auswertung
Tragt im Anschluss an die Befragung die Ergebnisse zusammen. Schreibt dazu die Antworten mit eigenen Worten auf Notizzettel und heftet sie an eine Pinnwand.

5. Schritt: Darstellung der Ergebnisse
Überlegt euch, wie ihr die Interviewergebnisse darstellen könnt (z. B. Wandzeitung, Collage, Rollenspiel). Ergebnisse lassen sich beispielsweise auch in Form von Diagrammen darstellen (z. B. Verhältnis der Ja-Nein-Antworten) oder durch Fotos und Berichte ergänzen.

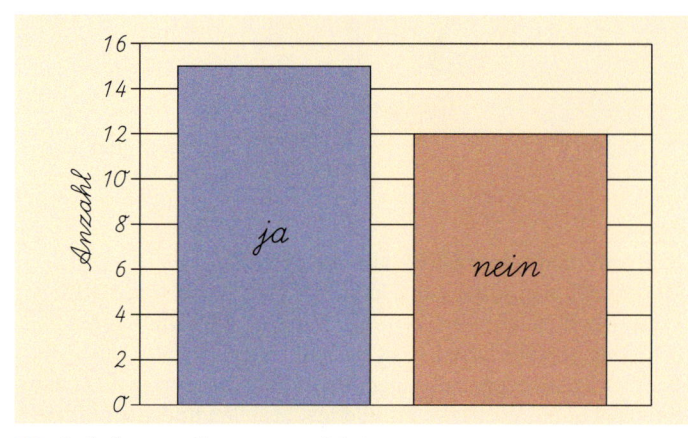

M2 Grafische Darstellung von Häufigkeiten

Recherchieren

Recherchieren wird das Sammeln und Auswerten von Informationen genannt. Ausgehend von einer Fragestellung werden Informationen gesucht und ausgewertet um damit Antworten auf die Fragestellung geben zu können. Recherchieren kann man in Bibliotheken oder auch im Internet.

Informationen aus der Bücherei
1. Schritt: Im Katalog suchen
Im Autorenkatalog sind alle Bücher alphabetisch nach den Namen der Buchverfasser geordnet. Darüber hinaus gibt es Schlagwortkataloge. Zu bestimmten Themen werden hier Bücher genannt, die Auskunft über das aufgeführte Thema geben. In den meisten Bibliotheken sind inzwischen die Kataloge in Computern erfasst.

2. Schritt: Katalog/Computer benutzen
Wenn euch der Verfasser eines Buches bekannt ist, lässt sich schnell der Titel finden. Auf der Karteikarte im Katalog ist die Signatur verzeichnet, das sind Buchstaben oder Zahlen, unter denen ihr das gesuchte Buch in den Regalen der Bücherei findet. Im Computer müsst ihr den Namen eingeben, dann wird euch vom Suchprogramm die Signatur angegeben.

3. Schritt: Informationen im Buch finden
Im Buch findet ihr die gesuchte Information über das Inhaltsverzeichnis oder das Register am Ende des Buches. Ein Register enthält Schlagwörter, Orte und Namen, die mit Seitenzahlen versehen sind.

4. Schritt: Informationen festhalten
Notiert in Stichworten, was ihr gelesen habt oder fotokopiert die Seiten, die ihr braucht. Notiert immer den Buchtitel, den Verfasser und die Signatur auf euren Notizen oder Kopien. So könnt ihr – falls nötig – das Buch schnell wieder finden.

M3 Arbeit mit dem Katalog

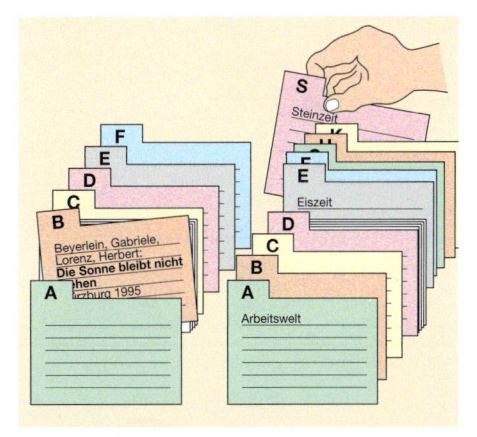

M5 Karteikarten im Katalog

M4 In der Bücherei

Informationen aus dem Internet beschaffen

1. Schritt: Adresse eines Suchkatalogs eingeben

In dem Adressfeld oben auf dem Bildschirm wird der Name einer Suchmaschine eingegeben, z. B.: http://www.google.de. Dabei müsst ihr ganz genau auf die richtige Schreibweise achten. Die Adresse wird mit der Enter-Taste bestätigt. Auf eurem Bildschirm erscheint danach die so genannte „Eingabemaske".

2. Schritt: Suchbegriff eingeben

In das freie Feld könnt ihr nun einen Begriff zu dem gesuchten Thema eingeben, z. B. „Europa". Dann klickt ihr auf das Feld „Google Suche" und der Computer beginnt zu suchen.

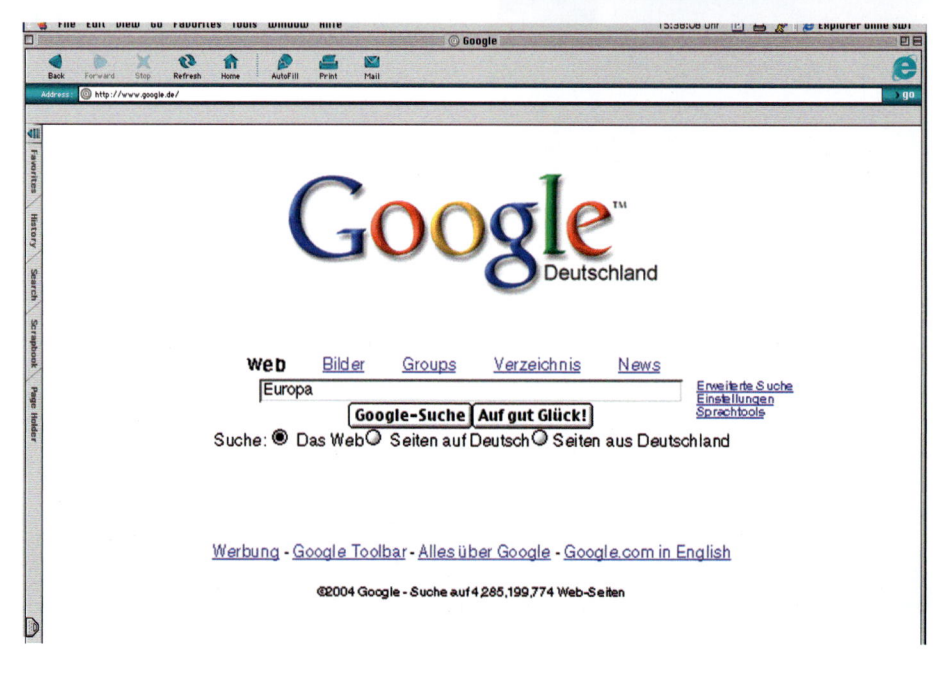

3. Schritt: Trefferliste auswerten

Nach einer Weile erscheint eine Trefferliste auf eurem Bildschirm. Wählt aus den gefundenen Einträgen, den so genannten „Links", einen passenden aus und klickt ihn wieder an – beispielsweise: „Europäische Union".

4. Schritt: Gezielte Informationen finden

Die Links erkennt ihr daran, dass sie immer unterstrichen sind. Wenn ihr einen anklickt, gelangt ihr auf eine neue Seite. Über die Links klickt ihr euch immer näher zu den gewünschten Informationen, bis ihr schließlich einen Text zu eurem Thema findet (z. B. „Europäische Union").

5. Schritt: Informationen festhalten

Die Informationen könnt ihr entweder ausdrucken oder auf eurem Computer abspeichern. Sortiert Sie nach Stichwörtern und sammelt alles in einem Hefter.

Was ist noch wichtig?
1. Der Suchbegriff muss genau sein, sonst gibt es zu viele „Treffer", die nichts oder nicht direkt mit einer Suche zu tun haben.
2. Ergebnisse stichwortartig notieren.
3. Benutzte Internet-Adresse aufschreiben, damit sie später noch einmal wiedergefunden werden kann.

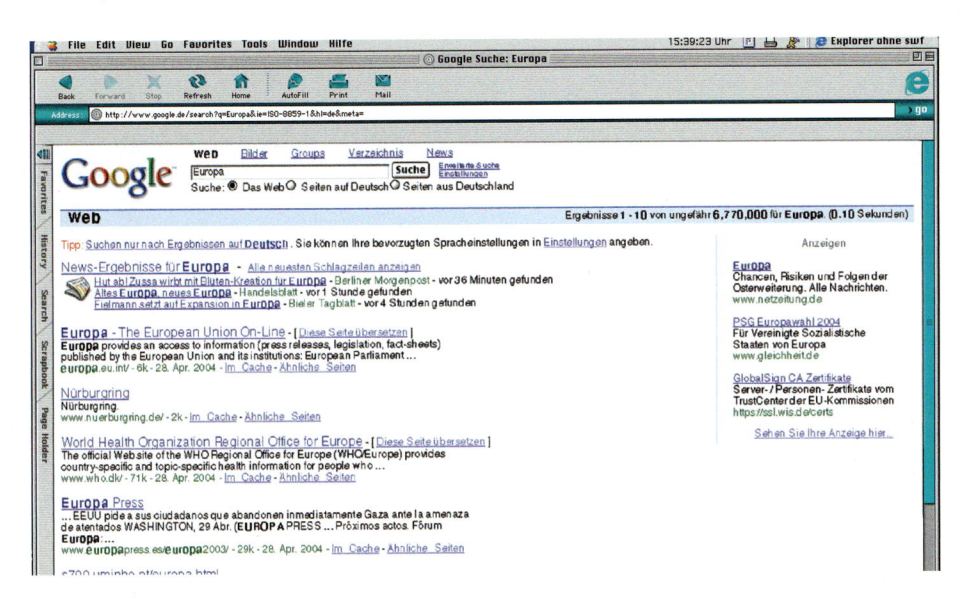

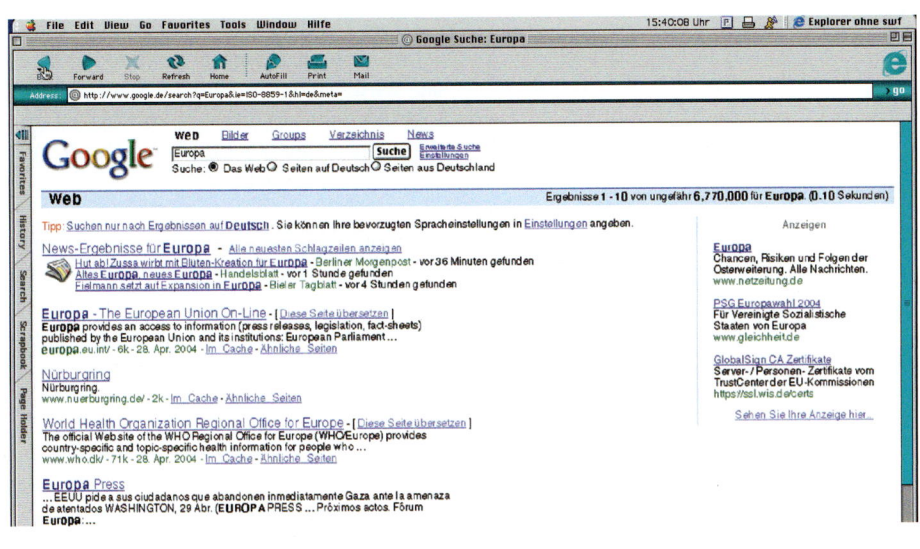

Referat und Präsentation

M1 Eine Gruppe präsentiert ihre Ergebnisse

Referat

Bei einem Referat wird ein Thema mündlich vorgetragen. Hier ist es wichtig, dass die Zuhörer alles gut verstehen können.

Ihr solltet euren Tisch verlassen und euch vor die Klasse stellen oder an den Lehrertisch setzen. Jeder trägt dann seinen Teil vor, zu dem anschließend von der ganzen Klasse Fragen gestellt werden können.

Kurze Sätze sind bei einem mündlichen Vortrag immer gute Sätze, da sie sich besser merken lassen. Es ist leichter zuzuhören, wenn frei gesprochen wird. Allerdings ist es für die Vortragenden schwieriger, wenn sie keine fertigen Sätze parat haben, sondern mit einem Stichwortzettel das Referat frei vortragen. Wird die Sprache auch ein wenig holprig, ist das für den Zuhörer durchaus nicht unangenehm, weil das Gehirn so mehr Zeit bekommt, eine Information zu verarbeiten.

Das Interesse an einem Vortrag kann rasch erlahmen, wenn nur gesprochen, nicht aber erläutert wird.

Für die Zuhörer ist es besonders angenehm, wenn zu Beginn des Referates gesagt wird, wo der inhaltliche Schwerpunkt liegt. Ein gutes Ende eines Vortrags ist immer, wenn das Wichtigste noch einmal kurz zusammengefasst wird.

Und noch eine Regel zum Schluss: Ihr solltet versuchen, so oft wie möglich mit den Zuhörern Blickkontakt zu halten und so wenig wie möglich auf eure Stichwortzettel zu sehen.

Wenn ihr noch etwas unsicher seid, vor anderen frei vorzutragen, übt einfach zu Hause vor einem Spiegel oder vor Freunden, Verwandten usw.

M2 Gliederung eines Referats
- Unser Thema: Worum es dort geht ...
- Wie wir unser Thema vorstellen
- Wie wir unser Thema bearbeitet haben
- Schwerpunkte:
- 1. ...
- 2. ...
- 3. ...
- Zeit für Rückfragen
- Bewertung unserer Präsentation

M3 Tipps fürs Referat
- kurzer Hinweis zum Thema am Anfang des Referats
- kurze Sätze benutzen
- deutlich sprechen
- möglichst frei sprechen
- Blickkontakt mit Zuhörern halten
- lächeln
- kurze Zusammenfassung am Ende

Referat und Präsentation

Präsentation

Wie ihr bei einer Präsentation vorgehen könnt:

1. Vorbereitung

a) Euren Mitschülerinnen und Mitschülern kurz erläutern, zu welchem Thema ihr etwas vortragt und um welches Problem bzw. welche Probleme es dabei geht.

b) An die Tafel oder auf eine Folie den Ablauf eures Vortrags skizzieren (Gliederung).

c) Aufzeigen, auf welche Weise ihr euer Thema bearbeitet habt, also ob ihr z. B. in der Bücherei oder im Internet nach Informationen gesucht oder eine Befragung durchgeführt habt. Das ist besonders deshalb wichtig, weil ihr meistens mehr als nur die Arbeitsmaterialien des Buches benutzen werdet.

Bei einer Präsentation solltet ihr euren Mitschülern genug Zeit einräumen um Fragen stellen zu können.

Wichtig für eine gute Präsentation ist es, Ergebnisse sichtbar zu machen. Dies kann in ganz unterschiedlicher Form geschehen. Ihr könnt eine Grafik zeigen, ein Diagramm, eine Statistik, Fotos und vieles mehr.

Einprägsam sind beispielsweise Collagen. Eine Collage ist ein zusammengeklebtes Bild aus Materialien oder Fotos. Ihr könnt Bilder aus Zeitungen, Illustrierten, Werbebeilagen, Katalogen und Prospekten ausschneiden oder andere Fotos verwenden. Und ihr könnt auch eigene Zeichnungen einfügen. Ihr benötigt:

- eine Unterlage (Pappe oder Tapetenbahn), die beklebt werden kann
- breite bunte Stifte
- Klebstoff
- Scheren
- viel (möglichst farbiges und großes) Bildmaterial

Bei Themen, die sich auf einen bestimmten Erdteil, ein Land, eine Region beziehen, bietet es sich an, seine Arbeitsergebnisse auf einer großen Landkarte darzustellen. Um eine passende Karte herstellen zu können, überträgt man aus einem Atlas den Umriss der Karte auf eine Folie. Mithilfe der Folie und des Tageslichtprojektors lassen sich die Umrisse der Karte an die Wand „werfen" (projizieren). Von dort übertragt ihr sie auf einen großen Bogen Papier. Auf dieser selbst hergestellten Karte könnt ihr Bilder, Grafiken, Tabellen, Zeitungsüberschriften oder eigene Zeichnungen aufkleben.

Es kann vorkommen, dass ihr zu viel Material habt und die Karte deswegen zu voll und unübersichtlich wirken würde. Dann müsst ihr auswählen: Welches ist das aussagekräftigste Material? Was ist besonders wichtig? Was können wir ruhig weglassen?

M4 Tipps für die Präsentation

- Vorüberlegung: Wie kann ich einen mündlichen Vortrag (ein Referat) wirkungsvoll unterstützen?

- Wo beschaffe ich mir die nötigen Materialien?
- Wie lange wird die Anfertigung (z. B. einer Collage) dauern?
- Wo befinden sich meine Zuhörer im Raum?
- Bin ich von überall gut zu sehen und zu hören?
- Sind die Beschriftungen groß genug und gut lesbar?
- Wie lange wird die Präsentation dauern?

- Am besten zu Hause erst einmal einen „Probelauf" üben.

M5 Eine gelungene Präsentation – mit Collage und einem „Hausfreund"

Lexikon

Almwirtschaft: Form der Viehhaltung im Hochgebirge, bei der das Vieh im Winter in den Stallungen im Tal ist, den Sommer aber auf den Almen verbringt

Ausgleichsküste: flache Küste, die überwiegend gradlinig verläuft; die ehemals unregelmäßig gegliederte Küste ist durch die Tätigkeit von Wasser und Wind ausgeglichen worden. Ausgleichsküsten haben zwar Badestrände, sind aber für die Anlage von Häfen weniger geeignet.

Bannwald: Wald, der Naturgefahren wie Lawinen, Rutschungen und Bodenabschwemmungen an Steilhängen zu verhindern (zu bannen) hilft

Bevölkerungsdichte: durchschnittliche Zahl von Einwohnern pro Quadratkilometer; die Bevölkerungsdichte betrug 2003 in Deutschland 231 Einwohner pro Quadratkilometer, in Berlin 3803 Einwohner und in Brandenburg 88 Einwohner pro Quadratkilometer.

Binnenmeer: Binnenmeere sind dem Festland eingelagert und besitzen nur verhältnismäßig schmale Öffnungen zum Weltmeer. Das Mittelmeer wird den Binnenmeeren zugeordnet.

Bodden: eine meist ausgedehnte Meeresbucht an Flachküsten mit einem unregelmäßigen Umriss

Börde: Kulturlandschaft, die aufgrund fruchtbarer Böden landwirtschaftlich genutzt wird (Weizen- und Zuckerrübenanbau)

Braunkohle: hat eine hell- bis schwarzbraune Farbe; wegen ihres hohen Wassergehalts von 50 bis 60 Prozent besitzt sie einen geringeren Heizwert als Steinkohle. Braunkohle entstand durch Zersetzung von Pflanzen unter Luftabschluss.

Bruchschollengebirge: Die feste Erdkruste zerbricht in einzelne Gesteinsschollen. Sie können aufsteigen und absinken. Beim Aufsteigen entstehen Gebirge.

Bundesland: Die Bundesrepublik Deutschland ist in 16 Bundesländer eingeteilt. Jedes Bundesland besitzt eine eigene Landeshauptstadt. Drei der 16 Bundesländer sind so genannte Stadtstaaten: Berlin, Hamburg und Bremen.

Deich: aufgeschütteter Wall entlang der Küste oder am Flussufer, der das dahinter gelegene Land vor Überschwemmungen schützen soll

Delta: Das Mündungsgebiet eines Flusses mit einem Netz von Flussarmen, das sich durch ständige Ablagerung von Schwebstoffen ins Meer oder in einen See vorschiebt. Griechen haben das Mündungsgebiet des Nil wegen seines dreieckigen Grundrisses mit dem griechischen Buchstaben Delta verglichen.

Durchbruchstal: tief eingeschnittenes Tal, in dem ein Fluss ein Gebirge vollständig durchbricht

Eiszeitalter: Vor etwa zwei Millionen Jahren begann ein Zeitabschnitt der Erde, der durch den Wechsel von wärmeren und kälteren Abschnitten gekennzeichnet ist. Es gab mehrere Kaltzeiten, die von Warmzeiten unterbrochen waren.

endogene (erdinnere) Kräfte: sind solche, deren Energie aus dem Erdinneren stammt, hierzu gehören Bewegungen der Erdkruste und vulkanische Erscheinungen

Erdbeben: Erschütterungen der Erdkruste, die durch erdinnere Vorgänge hervorgerufen werden; sie führen häufig zu Zerstörungen an der Erdoberfläche.

Erdgas: brennbares Gas, das bei der Bildung von Erdöl entsteht und gemeinsam mit Erdöl in dessen Lagerstätten vorkommt; Erdgas wird bei der Strom- und Wärmeerzeugung eingesetzt.

Erdöl: wichtiger Brennstoff, entstand aus den Ablagerungen abgestorbener Kleinstlebewesen am Meeresboden; Erdöl ist Ausgangsstoff zur Herstellung von Treibstoff, chemischen Produkten (z. B. Kunststoffen), Arzneimitteln usw.

Erdzeitalter: Abschnitte der Erdgeschichte; unterschieden werden Erdurzeit, Erdaltzeit, Erdmittelzeit, Erdneuzeit; Erdurzeit (von der Entstehung der Erde bis 600 Mio. Jahre) wird geprägt durch Bildung einer festen Erdkruste, Entstehung der Urkontinente und der Urmeere, erstes Auftreten primitiver Lebewesen; Erdaltzeit (600–220 Mio. Jahre) ist das Zeitalter der Gebirgsauffaltungen, Entstehung wichtiger Rohstofflagerstätten, darunter Bildung der Steinkohleschichten, Fortentwicklung des Lebens zu höheren Formen, erste Landtiere; Erdmittelzeit (220–60 Mio. Jahre) ist das Zeitalter der Bildung von Kalk- und Sandstein, am Ende der Erdmittelzeit lebten die Saurier; in der Erdneuzeit (beginnend vor 60 Mio. Jahren) setzte die Entwicklung der Säugetiere ein.

Europäische Union: freiwilliger Zusammenschluss europäischer Staaten, der 1993 aus der Europäischen Gemeinschaft hervorgegangen ist; seit 2004 hat die Europäische Union 25 Mitgliedstaaten.

Exogene (erdäußere) Kräfte: sind solche, die von außen auf die Erdoberfläche einwirken, z. B. fließendes Wasser, Wind, Eis oder Temperaturunterschiede

Flachküste: flacher Anstieg des Landes an der Küste wird als Flachküste bezeichnet; Brandung am flachen Ufer auslaufend bildet Strandwälle (Küstendünen) und Sandbänke.

Fjord: von Gletschern im Eiszeitalter ausgeschürftes Trogtal am Rand von Gebirgen, das sich nach Abtauen des Eises mit Meerwasser füllte

Geografie: (auch: Geographie) untersucht Naturlandschaften und Landschaften, die vom Menschen geprägt sind; sie beschreibt das Verhältnis des Menschen zu seiner Umwelt aus räumlicher Sicht.

Gezeiten: regelmäßiges Heben und Senken des Meeresspiegels; als Flut wird das Ansteigen des Wassers und als Ebbe das Sinken des Wassers bezeichnet.

Glaziale Serie: Abfolge von Oberflächenformen, die durch das Inlandeis und durch seine Schmelzwässer während des Eiszeitalters entstanden sind; die Oberflächenformen der glazialen Serie sind: Grundmoräne, Endmoräne, Sander und Urstromtal.

Gletscher: geschlossene Eismasse von flächenhafter oder länglicher Ausprägung

Golfstrom: warme Meeresströmung, die vom Golf von Mexiko kommend, den Atlantischen Ozean quert und bis an die Küsten West- und Nordeuropas führt; der Golfstrom beeinflusst (mildert) das west- und nordeuropäische Klima.

Grabenbruch: lang gestreckter Einbruch in einer Gesteinsscholle der Erdkruste

Gradnetz: gedachtes Gitter von Längen- und Breitenkreisen auf der Erde; es erleichtert die Orientierung und ermöglicht die genaue Lagebestimmung von Orten.

Granit: wichtigstes Gestein aus der Gruppe der Tiefengesteine, die durch langsames Erkalten in größeren Tiefen aus Magma entstanden sind; Granit wird zur Herstellung von Pflastersteinen verwendet. Granitsteinbrüche gibt es in allen deutschen Mittelgebirgen.

Hafen: Anlegeplatz für Schiffe mit den für die Be- und Entladung notwendigen Einrichtungen

Haff: durch eine schmale Landzunge vom offenen Meer fast gänzlich abgetrennte, seichte Meeresbucht

Hartlaubgewächse: Pflanzen mit einer lederartig harten Blattoberfläche; hierdurch passen sich die immergrünen Pflanzen an die sommerliche Trockenheit im Mittelmeerklima an, denn die Verdunstung wird auf diese Weise herabgesetzt. Zu den Hartlaubgewächsen zählen Lorbeer, verschiedene Eichenarten usw.

Hauptstadt: Stadt, in der Regierung und Parlament eines Staates ihren Sitz haben; häufig sind Hauptstädte auch das wirtschaftliche und kulturelle Zentrum des Landes.

Hochgebirge: deren Berge erreichen Höhen über 1500 Meter und ragen über die Waldgrenze hinaus; sie haben überwiegend schroffe Formen und tief eingeschnittene Täler.

Hochgebirgsklima: die klimatischen Bedingungen höherer Gebirgsbereiche oberhalb der Waldgrenze; Kennzeichen des Hochgebirgsklimas sind unter anderem starke Winde, lange Schneebedeckung des Bodens, großer Gegensatz zwischen Temperaturen an und im Boden sowie in höheren Luftschichten.

Hochseefischerei: Fischfang auf offener See außerhalb der Küstengewässer; die Fangflotten sind heute mit modernsten Fanggeräten und Verarbeitungsmöglichkeiten an Bord ausgestattet.

Höhenstufen: In Gebirgen ändert sich die Pflanzenwelt mit zunehmender Höhe, weil es nach oben immer kälter und feuchter wird. In den Alpen folgen übereinander Laubwald-, Nadelwald-, Matten-, Fels-, Schnee- und Eisstufe.

Inlandeis: mehrere Tausend Meter mächtige Eismasse, die große Teile der Landfläche bedeckt

Kältewüste: Sammelbezeichnung für Lebensräume an Nord- oder Südpol; in der Kältewüste fehlt die Pflanzenwelt. Kältewüsten werden auch als „Eis- und Schneewüsten" bezeichnet.

Karst: Bezeichnung für besondere Oberflächenformen in Gebirgen mit wasserlöslichen Gesteinen (Kalkstein)

Klima: Gesamtheit der einen Raum prägenden Witterungsabläufe über einen längeren Zeitraum gleich bleibend

Kontinent: große zusammenhängende Festlandsmasse der Erde, die auch als „Erdteil" bezeichnet wird

Kraftwerk: eine Anlage zur Erzeugung elektrischer Energie

Küste: Übergangsbereich zwischen Land und Meer; Küsten können als Flach- oder Steilküsten ausgeprägt sein.

Küstenfischerei: innerhalb der Küstengewässer betriebene Fischerei; im Fischereirecht ist festgelegt, dass die Küstenfischerei den Staatsangehörigen des betreffenden Küstenstaats vorbehalten ist.

Landklima (Kontinentalklima): Klimatyp der gemäßigten Klimazone; durch größere Entfernung vom Ozean fehlt dessen ausgleichende Wirkung auf die Lufttemperatur, deshalb sind die Sommer wärmer und die Winter kälter und es fallen weniger Niederschläge.

Landschaft: Teil der Erdoberfläche, der durch das Zusammenwirken von Naturerscheinungen, aber auch menschliche Einflüsse geprägt wird, damit ein bestimmtes Erscheinungsbild besitzt, das es von anderen Teilen der Erdoberfläche unterscheidet und zu einer räumlichen Einheit werden lässt.

Laub- und Mischwaldzone: natürlicher Waldbewuchs der kühlgemäßigten Klimazone (z. B. in Mitteleuropa), vorwiegend aus Laubbäumen (Buchen und Eichen) bestehend, bedeckte vor den Rodungen über 90 Prozent der Fläche Mitteleuropas

Lawine: an Gebirgshängen abgleitende Schneemasse; Lawinen entstehen nach starkem Schneefall und plötzlich einsetzendem Tauwetter. Oft werden Lawinen durch Erschütterungen ausgelöst.

Löss: feiner, gelblicher Gesteinsstaub, der wegen seines hohen Kalk- und Nährstoffgehalts fruchtbarste Böden bildet

Mattenstufe: Höhenstufe oberhalb der Baumgrenze im Gebirge, besteht aus Zwergsträuchern, Stauden und Gräsern; in den Alpen ist sie die Höhenstufe der Almen, der Hochweiden.

Metropole: wirtschaftlicher und kultureller Mittelpunkt eines Staates; Metropolen sind oft Hauptstädte, meist mit Millionen Einwohnern.

Mittelgebirge: deren Berge erreichen mäßige Höhen bis etwa 1500 Meter; sie haben weniger schroffe und steile Formen und sind waldreich.

Nadelwaldzone: bestehend aus Fichten-, Kiefern- und Tannenarten; die Nadelbaumarten sind am besten dem kaltgemäßigten Landklima angepasst.

Nationalpark: großräumig abgegrenzte, in Deutschland mindestens 1000 Hektar große Naturschutzgebiete, die besonders schöne oder seltene Naturlandschaften umfassen, in denen strenge Schutzbestimmungen gelten um den Lebensraum für Pflanzen- und Tierwelt zu erhalten

Nehrung: schmale, lang gestreckte dammartige Landzunge, die an der Küste eine Bucht abschließt

Ökologische Landwirtschaft: Die ökologische Landwirtschaft verzichtet auf den Einsatz von Kunstdünger, chemischen Pflanzenschutz- und Unkrautvertilgungsmitteln. Vielmehr werden Naturdünger und eine mechanische Unkrautbekämpfung angestrebt.

Ozeane (Weltmeere): die zusammenhängende Wasserfläche der Erde, die durch die Kontinente in den Atlantischen, Indischen und Pazifischen Ozean gegliedert wird

Pipeline: Rohrleitung über mehr oder weniger große Entfernungen, die der Beförderung von flüssigen oder gasförmigen Gütern dient (z. B. Erdöl oder Erdgas)

Planet: nicht selbstständiger Himmelskörper, der eine Sonne umkreist; die Erde ist einer der neun Planeten unserer Sonne.

Polarnacht: Zeitspanne, in der die Sonne mindestens 24 Stunden nicht aufgeht

Polartag: Zeitspanne, in der die Sonne mindestens 24 Stunden nicht untergeht

Randmeer: Das Weltmeer weist eine Reihe von Randmeeren auf, die den Kontinenten vorgelagert und nur durch Inseln oder Inselketten vom offenen Meer abgetrennt sind. Zu den Randmeeren wird die Nordsee gezählt.

Rekultivierung: Neugestaltung eines durch wirtschaftliche Nutzung (z. B. Braunkohletagebau) stark veränderten und verwüsteten Landschaftsraums; die Folgelandschaft kann landwirtschaftlich, forstwirtschaftlich oder als Erholungsgebiet genutzt werden.

Ressourcen: Alle auf der Erde vorhandenen Voraussetzungen für menschliches Leben und Wirtschaften, dazu zählen Luft und Wasser ebenso wie die Fruchtbarkeit der Böden, die Wälder und alle Rohstoffe

Sandstein: weit verbreitetes Gestein, das aus Ablagerungen durch Wasser, Wind oder Eis entstanden ist; Sandstein nimmt große Gebiete der Erdoberfläche ein.

Schäre: Felsbuckel, der nach dem Abtauen des Inlandeises vom Meer überflutet wurde und eine Insel bildet

Schiefer: Gesteine, die sich in dünne Platten aufspalten lassen; Schiefer entstehen durch Verfestigung von zunächst lockeren Ablagerungen zu einem festen Gestein.

Schwarzerde: Boden mit dunkelbrauner bis schwarzer Färbung, nährstoff- und humusreich, besonders gut auf Löss ausgebildet; Schwarzerde ermöglicht Ackerbau mit besten Erträgen.

Seeklima: Klimatyp der gemäßigten Klimazone; das Meerwasser des Ozeans verursacht eine hohe Luftfeuchtigkeit und wirkt ausgleichend auf die Lufttemperatur, deshalb sind die Sommer kühl und die Winter mild. Seeklima ist ganzjährig feucht.

Sorben: Volksgruppe, die in der Lausitz beiderseits der Spree ansässig ist; die Sprache der Sorben ähnelt dem Tschechischen und Polnischen.

Standortfaktor: ist die Voraussetzung, die z. B. für die Errichtung von Industrieanlagen bestimmend ist. Standortfaktoren sind: Energieversorgung, Verkehrserschließung, Angebot von Arbeitskräften, Rohstoffversorgung, Absatzmarkt usw.

Steinkohle: ist vor vielen Millionen Jahren aus untergegangenen Wäldern durch den Druck der darüber liegenden Gesteinsschichten und der dadurch hervorgerufenen hohen Temperatur entstanden; wegen ihres hohen Heizwertes wird sie besonders in der Industrie bei der Eisen- und Stahlerzeugung oder zur Elektrizitätsgewinnung verwendet; sie ist schwarzglänzend und wird in Deutschland im Untertagebau gewonnen.

Steilküste: steil zum Meer abfallend, dem Angriff der Brandung ausgesetzt; durch Unterschneidung (Brandungshohlkehle) entsteht ein Kliff.

Talsperre: Staumauer oder Staudamm, die bzw. der einen Wasserlauf in einem Tal zum See aufstaut; geeignet für Hochwasserschutz, zur Wasserversorgung und Energieerzeugung sowie als Erholungsgebiet

Tiefland: Gebiet auf dem Festland, das unter 200 Meter hoch liegt

Torf: Umwandlungsprodukt, das unter Luftabschluss aus Pflanzenresten entstand, wird in Mooren abgebaut; diente früher auch zu Heizzwecken, heute häufig zur Auflockerung von Böden im Gartenbau

Tourismus: zusammenfassender Begriff für alle Erscheinungen und Auswirkungen, die mit der Reise von Personen an einen Ort zusammenhängen, der weder Wohn- noch Arbeitsort ist; häufig wird der Begriff Tourismus mit dem Wort Fremdenverkehr gleichgesetzt.

Transitverkehr: Verkehr, der durch ein Land führt (Transitland); über die Transitwege gelangen Reisende sowie Waren in nicht direkt benachbarte Länder.

Tundra: baumlose Vegetationszone der subpolaren Klimazone mit Flechten und Moosen sowie sommergrünen Stauden und Zwergsträuchern

Übergangsklima: Klimatyp der gemäßigten Klimazone in Mitteleuropa, Übergang vom Seeklima in Westeuropa zum Landklima in Osteuropa

Verdichtungsraum: Gebiet, in dem viele Menschen auf engem Raum zusammenleben (hohe Bevölkerungsdichte), mit starker Ballung von Städten (hohe Siedlungsdichte), mit starker Ballung von Betrieben (hohe Industrie- und Dienstleistungsdichte) und mit einem gut entwickelten, engmaschigen Verkehrsnetz (hohe Verkehrsdichte)

Verkehrsknoten: Ort, an dem sich Verkehrsströme kreuzen oder verbinden; der Begriff kann auf Städte, aber auch auf Verkehrsanlagen eines bestimmten Verkehrsmittels (z. B. Autobahnkreuz) oder Standorte mit Umladebeziehungen (z. B. Häfen) angewandt werden.

Verkehrsträger: Verkehrsmittel zur Beförderung von Personen, Gütern und Nachrichten; zu den Verkehrsträgern zählen: Eisenbahn, Straßenverkehr, Binnen- und Seeschifffahrt sowie Luftverkehr.

Vulkan: meist kegelförmiger Berg, der aus einem Krater regelmäßig oder unregelmäßig Gas, Lava, Gesteinsbrocken und Asche ausstößt

Wattenmeer: das täglich zweimal überflutete Gebiet an flachen Gezeitenküsten, das bei Ebbe trocken fällt

Register

Ätna 113, 135
Alpen 25, 62, 63, 66, 70, 98
Alpenvorland 25
Antarktis 12, 18
Äquator 14, 17, 18
Asien 12, 17, 18, 20, 72
Atlantischer Ozean 12, 17, 18, 30
Atlas 143
Ausgleichsküste 32
Australien 12, 18, 72

Befragung 148
Bevölkerungsverteilung 89
Binnenmeer 30, 114, 115
Bodden 31, 32
Boden 39
Bodenprofil 107
Bodenschatz 104
Börde 39
Brandenburg 23, 42
Braunkohle 49–51, 70
Brenner-Pass 98
Bruchschollengebirge 55
Bundeshauptstadt 26
Bundesland 22

Delta 100, 101
Deutschland 19–26, 70, 72
Donau 23
Donezbecken 104
Durchbruchstal 56

Eiszeitalter 84
Elbe 23, 24
Erdaltzeit 54, 55
Erdbeben 110–112, 122
Erdkruste 110
Erdmittelzeit 54, 55
Erdneuzeit 55
Erdgas 103, 118, 119, 122
Erdöl 102, 103, 118, 119, 122
Europa 12, 16–20, 70–78, 80–82, 88, 89, 94, 96
Europäisches Nordmeer 11, 114
Europäische Union 78, 79, 91, 122
Eurotunnel 92

Fjell 86, 87
Fjord 86, 87
Flachküste 32, 33
Förde 32, 70

Gezeiten 31
Gletscher 66, 67

Globus 12, 13
Gradnetz 14, 15, 18
Granit 54, 55

Hauptstadt 22, 70, 90
Heide 35
Hochgebirge 55, 64
Hochgebirgsklima 80, 81
Hochseefischerei 117
Höhenstufe 63

Indischer Ozean 12, 17, 18
Industrie 46, 88, 89
Inlandeis 86, 87

Karst 108, 109
Karte 142–145
Klima 80
Klimadiagramm 83, 140, 141
Klimatyp 81
Klimazone 80, 81, 106
Kontinent 12, 17, 18
Küste 24, 30, 32, 34, 70
Küstenfischerei 117
Küstenform 33

Landeshauptstadt 23
Landklima 80, 81, 106
Landschaft 63, 124
Landschaftsschutz 42
Landwirtschaft 36, 37, 39, 40, 42, 45, 107
Löss 39

Massentierhaltung 40, 41
Maßstab 142–144
Matten 62, 63
Metropole 90, 92, 122
Mittelgebirge 25, 54, 56
Mittelmeer 112, 114, 120–122

Nadelwaldzone 82
Nationalpark 34, 35, 126
Natur 126
Naturraum 35
Naturschutz 34, 70
Naturschutzgebiet 126
Neckar 60, 61
Nehrung 32
Niederlausitz 44, 53
Nordamerika 12, 17, 72
Norddeutsches Tiefland 24, 36, 70
Nordpol 14, 15
Nordsee 11, 21, 23, 30, 31, 34–36, 70, 114, 122

Oder 23, 36, 42
Ökologischer Landbau 42, 43
Ostsee 11, 21, 23, 30–32, 36, 70, 114, 122
Ozean 12, 17, 18

Pipeline 103
Planet 8, 9, 18
Polarnacht 10, 11
Polartag 10, 11
Präsentation 152, 153

Randmeer 30, 114, 115
Recherche 128, 130, 149
Referat 152, 153
Rekultivierung 53
Rhein 23, 36, 56
Ruhrgebiet 44–47

Sand 48
Sankt-Gotthard 99
Schäre 86, 87
Schwarzerde 106, 107, 122
Schwarzes Meer 114, 115
Seeklima 80, 81
Sonnensystem 8, 9
Stadt 28, 92
Standortfaktor 45
Statistik 138
Steilküste 33
Steinkohle 44–47, 49–51, 70
Steppe 82, 84, 106
Südamerika 12, 17, 72
Südpol 14

Thüringer Wald 25
Tiefland 24, 70
Torf 48, 49
Tourismus 29, 69, 70
Tundra 82, 84

Umland 28, 29, 93

Vegetation 82, 83
Vegetationszone 82
Verdichtungsraum 45, 60, 61, 88
Verkehrsmittel 94, 95
Verkehrsnetz 94, 132
Verkehrsweg 94, 98
Verkehrszählung 133
Vesuv 112, 113
Vulkan 112, 113, 134

Wattenmeer 34

Bildquellenverzeichnis

Titelbild: Klein & Halm, Berlin | S. 7 Science Foto Library: London, NASA | S. 8 Zeiß, Oberkochen | S. 10 Cornelsen Verlag, Berlin | S. 13 Binder, Berlin | S. 15 Astrofoto/ESA, Sörth | S. 17 M5 akg-images | S. 18 oben: Mauritius/Grahammer, Mitte: Astrafoto/NASA, Sörth | S. 19 Superbild (Gräfenhain), Berlin | S. 24 M1 Superbild (Gräfenhain), Berlin; M2 Willmann, Schorfheide | S. 25 M3 Kiedrowski, Ratingen; M4 Mauritius (Herfort), Berlin | S. 26 Cornelsen Verlag, Berlin | S. 27 M3 dpa/PA (B. Settnik); M4 G. Hoffmann, Berlin; M5 Binder, Berlin | S. 28 dpa/PA/ZB | S. 29 M5 dpa/PA/ZB | S. 30 M1/M2 Transdia, Kiel; M3 Ertel, Dortmund | S. 33 M3 Deutsche Luftbild, Hamburg; M4 Kiedrowski, Ratingen | S. 34 Transdia, Kiel | S. 37 Schmidt-Wulffen, Hannover | S. 38 M1 Zuckerfabrik Könnern; M2 (1–3) agrar-press, Nörvenich | S. 40 Mauritius (Lehn) S. 41 M5 I. E. Hoyer; G. Otto, Galenbeck; M5r. Döring, Hohen Neuendorf | S. 42 Werkfoto Ökodorf, Brodowin S.| 43 Soest, Berlin | S. 44 Thyssen Krupp Stahl, Duisburg | S. 47 M3 Ehrich, Düsseldorf; M4 Siemens und Shell Solar, Gelsenkirchen, M5 Ruhruniversität, Bochum | S. 49 Archiv-VWV, Berlin | S. 50 Gerber, Leipzig | S. 52 DEBRIV, Köln | S. 54 Knopfe, Freiburg | S. 57 Superbild (Ducke), Berlin | S. 60 M1 Staatsgalerie, Stuttgart; M2 Eck, Ammerbuch | S. 62 Bavaria (Krauskopf), Gauting | S. 63 M4 (1) Superbild (Luchs), Berlin; (2) Nationalparkverwaltung, Berchtesgaden; (3) Petrik, Prag; (4) VWV-Archiv, Berlin | S. 64 Grindelwald Tourismus | S. 65 Soest, Berlin | S. 67 Breitbach, Köln | S. 68 Grindelwald Tourismus | S. 69 Soest, Berlin | S. 70 oben: Superbild (Gräfenhain), Berlin; unten: Mauritius (Herfort), Berlin | S. 71 dpa, Frankfurt/Main | S. 74 Reinert, Reutlingen | S. 75 Reinert, Reutlingen | S. 79 M3 Europäische Zentralbank, Frankfurt/Main; M4 Mauritius, Frankfurt/Main; M5 dpa, Frankfurt/Main | S. 86 M1 Mauritius (Schmied), Berlin; M2 Picture Pool (Nordis/ Bünte), Essen; M3 Bach-Kolster, Duisburg | S. 87 Wetzel, Freiburg | S. 89 Cornelsen Verlag, Berlin | S. 90 M1 Mauritius (Power Stock), Berlin; M2 Glaser, Berlin | S. 91 Glaser, Berlin | S. 93 Mauritius (Witzgall), Berlin | S. 95 Mauritius, Mittenwald | S. 96 Deutsche Bahn AG, Berlin | S. 98 Mangold, Ottobrunn | S. 99 M4 Schäfer, Hannover; M5 Cornelsen Verlag, Berlin | S. 100 Ria-Nowosti, Berlin | S. 102 dpa, Bilderdienste | S. 104 Thyssen Krupp Stahl AG, Duisburg | S. 105 Ria-Nowosti, Berlin | S. 106 Cornelsen Verlag, Berlin | S. 107 Ria-Nowosti, Berlin | S 109 M3 Niemz, Neu-Isenburg; M4 Pfeffer, Tübingen | S. 110 ROPI, Freiburg | S. 113 M6 dpa/Bildarchiv/Carapezza; M7 Fiedler, Güglingen | S. 114 Deutsche Luftbild, Hamburg | S. 115 Deutsche Luftbild, Hamburg | S. 117 Bildagentur Schuster/Jogschies, Oberursel | S. 118 Statoil, Berlin | S. 120 IFA (Graf), Taufkirchen | S. 121 dpa (ANSA-Foto), Frankfurt/Main | S. 122 oben: Mauritius (Schmied), Berlin; Mitte: Mauritius (Witzgall), Berlin; unten: Niemz, Neu-Isenburg | S. 123 Döring, Hohen Neuendorf | S. 124 picture-alliance (Schutt) | S. 125 M4 picture-alliance (Killig); M5 picture-alliance (Hiekel); M7 Geyer, Köln; M8 picture-alliance (Pleul) | S. 127 M3 Binder, Berlin; M4/M5 Platner, Geert | S. 128 agrar-press, Nörvenich | S. 131 BMW AG, Werk Berlin | S. 135 Becker, Frankfurt/ Main | S. 142 M1 Deutsche Bahn AG Berlin; M2 Döring, Hohen Neuendorf | S. 147 Deutsche Luftbild, Hamburg | S. 148 Cornelsen Verlag, Berlin | S. 149 Gerken, Borken | S. 150 Westhoff, Werne | S. 152 Wirtz, Dormagen

Illustrationen: Karl-Heinz Wieland, Hans Wunderlich, Wolfgang Ziegler

Legend

- Siedlungsfläche
- Industrie- und Gewerbefläche
- Ackerland
- Grünland
- Wald
- Obstanbau
- Gemüse

Eisenbahn:
- mit Schnellzugverkehr
- mit Eilzug- oder Nahverkehr
- Kanal

- Autobahn
- Autobahntunnel
- Schnellstraße
- Bundesstraße
- Andere Straße

- Schloss
- Kirche, Kloster
- Turm, Denkmal
- Internationaler Flughafen
- Flugplatz

- Eisenverhüttung und Stahlherstellung
- Gießerei, Walzwerk, Stahlbau
- Metall verarbeitende Industrie
- Maschinenindustrie
- Kraftfahrzeugindustrie
- Waggon- und Lokomotivenbau
- Drahtherstellung, Kabelwerk
- Elektroindustrie
- Elektronikindustrie
- Feinmechanische Industrie
- Optische Industrie
- Chemische Industrie
- Kunststoffindustrie
- Gummiindustrie
- Textilindustrie
- Bekleidungsindustrie
- Holzindustrie
- Papierindustrie
- Druckerei
- Glasindustrie
- Porzellanindustrie
- Zementindustrie
- Nahrungsmittelindustrie
- Getränkeherstellung
- Brauerei
- Zigarettenindustrie
- Süßwarenindustrie
- Wärmekraftwerk
- Kalkabbau
- Landesgrenze

Scale: 0 — 2,5 — 5 — 7,5 — 10 km

Geografie 5/6

**Herausgegeben von
Dr. Margret Buder und Christian Ernst**

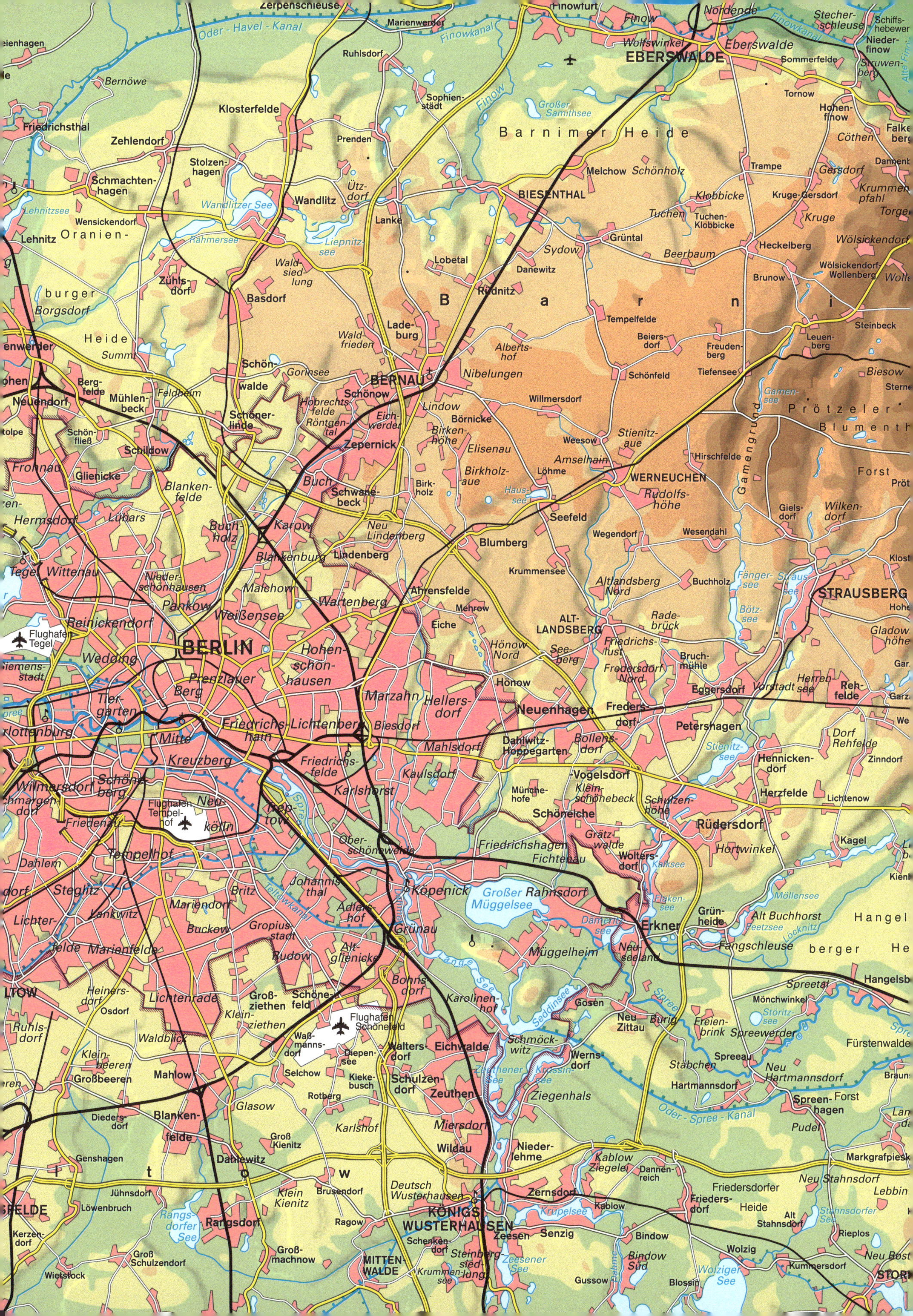
Zerpenschleuse
Finowfurt
Oder - Havel - Kanal
Marienwerder
Finowkanal
Finow
Nordende
Stecherschleuse
Schiffshebewerk
Niederfinow
Wolfswinkel
EBERSWALDE
Eberswalde
Sommerfelde
Ruhlsdorf
Bernöwe
Sophienstädt
Großer Samithsee
Tornow
Hohenfinow
Klosterfelde
Barnimer Heide
Cöthen
Friedrichsthal
Zehlendorf
Prenden
Trampe
Gersdorf
Dannenberg
Stolzenhagen
Schmachtenhagen
Melchow
Schönholz
Wandlitz
Ützdorf
BIESENTHAL
Klobbicke
Kruge-Gersdorf
Krummenpfahl
Wandlitzer See
Lehnitzsee
Wensickendorf
Lanke
Tuchen
Tuchen-Klobbicke
Kruge
Torgelow
Lehnitz
Oranienburger Heide
Rahmersee
Liepnitzsee
Grüntal
Heckelberg
Wölsickendorf
Sydow
Beerbaum
Waldsiedlung
Lobetal
Danewitz
Wölsickendorf-Wollenberg
Zühlsdorf
Brunow
Basdorf
Rüdnitz
Barnim
Borgsdorf
Tempelfelde
Steinbeck
Ladeburg
Beiersdorf
Heide
Waldfrieden
Albertshof
Freudenberg
Leuenberg
Summt
Hennigsdorf
Schönwalde
Gorinsee
BERNAU
Nibelungen
Schönfeld
Tiefensee
Biesow
Neuendorf
Bergfelde
Mühlenbeck
Feldheim
Schönow
Lindow
Willmersdorf
Gamensee
Prötzeler
Blumenthal
Hobrechtsfelde
Röntgental
Eichwerder
Börnicke
Birkenhöhe
Schönerlinde
Weesow
Stienitzaue
Schönfließ
Schildow
Zepernick
Elisenau
Gamengrund
Hirschfelde
Amselhain
Forst
Frohnau
Glienicke
Buch
Birkholzaue
Löhme
WERNEUCHEN
Blankenfelde
Schwanebeck
Birkholz
Haussee
Rudolfshöhe
Hermsdorf
Lübars
Buchholz
Karow
Neu Lindenberg
Seefeld
Gielsdorf
Wilkendorf
Wegendorf
Wesendahl
Blankenburg
Lindenberg
Blumberg
Tegel
Wittenau
Niederschönhausen
Krummensee
Malchow
Ahrensfelde
Altlandsberg Nord
Buchholz
Fängersee
Straussee
STRAUSBERG
Pankow
Wartenberg
Mehrow
Bötzsee
Reinickendorf
Weißensee
Eiche
ALT-LANDSBERG
Radebrück
Flughafen Tegel
BERLIN
Hohenschönhausen
Hönow Nord
Friedrichslust
Gladowhöhe
Wedding
Seeberg
Bruchmühle
Siemensstadt
Prenzlauer Berg
Hönow
Fredersdorf Nord
Eggersdorf
Vorstadt
Herrensee
Rehfelde
Tiergarten
Marzahn
Hellersdorf
Neuenhagen
Fredersdorf
Petershagen
Charlottenburg
Friedrichshain
Lichtenberg
Biesdorf
Mitte
Mahlsdorf
Dahlwitz-Hoppegarten
Bollensdorf
Stienitzsee
Hennickendorf
Dorf Rehfelde
Zinndorf
Kreuzberg
Friedrichsfelde
Kaulsdorf
Vogelsdorf
Kleinschönebeck
Herzfelde
Wilmersdorf
Schöneberg
Karlshorst
Münchehofe
Schulzenhöhe
Lichtenow
Schmargendorf
Flughafen Tempelhof
Neukölln
Treptow
Schöneiche
Rüdersdorf
Friedenau
Spree
Kagel
Tempelhof
Oberschöneweide
Friedrichshagen
Fichtenau
Grätzwalde
Woltersdorf
Kalksee
Hortwinkel
Dahlem
Johannisthal
Köpenick
Großer Müggelsee
Rahnsdorf
Flakensee
Möllensee
Steglitz
Britz
Mariendorf
Teltowkanal
Adlershof
Dämeritzsee
Erkner
Grünheide
Alt Buchhorst
Peetzsee
Hangelsberger
Lankwitz
Buckow
Gropiusstadt
Grünau
Neu Zittau
Lichterfelde
Marienfelde
Rudow
Altglienicke
Langer See
Müggelheim
Neuseeland
Fangschleuse
Teltow
Heinersdorf
Lichtenrade
Großziethen
Schönefeld
Bohnsdorf
Karolinenhof
Seddinsee
Gosen
Spreetal
Hangelsberg
Osdorf
Kleinziethen
Flughafen Schönefeld
Mönchwinkel
Störitzsee
Ruhlsdorf
Waldblick
Waßmannsdorf
Diepensee
Waltersdorf
Eichwalde
Schmöckwitz
Burig
Freienbrink
Spreewerder
Fürstenwalde
Kleinbeeren
Selchow
Kiekebusch
Schulzendorf
Wernsdorf
Zeuthener See
Krossinsee
Spreeau
Stäbchen
Neu Hartmannsdorf
Großbeeren
Mahlow
Rotberg
Zeuthen
Ziegenhals
Hartmannsdorf
Spreenhagen
Glasow
Oder - Spree - Kanal
Diedersdorf
Blankenfelde
Karlshof
Miersdorf
Pudel
Großkienitz
Wildau
Niederlehme
Genshagen
Dahlewitz
Teltow
Kablow
Ziegelei
Dannenreich
Markgrafpieske
Neu Stahnsdorf
Jühnsdorf
Klein Kienitz
Brusendorf
Deutsch Wusterhausen
Zernsdorf
Friedersdorf
Friedersdorfer Heide
Lebbin
Löwenbruch
Rangsdorfer See
KÖNIGS WUSTERHAUSEN
Krüpelsee
Kablow
Alt Stahnsdorf
Stahnsdorfer See
Rangsdorf
Ragow
Zeesen
Senzig
Bindow
Rieplos
Kerzendorf
Groß Machnow
Schenkendorf
Steinberg
Zeesener See
Bindow Süd
Wolzig
Neu Boston
Groß Schulzendorf
MITTENWALDE
Krummensee
Siedlung
Wolziger See
Kummersdorf
Wietstock
Gussow
Blossin
Storkow